朱晓娟／主编

QINGMIAOFAXUE LUNCONG

青苗法学论丛

（第1卷）

中国政法大学出版社

2022·北京

图书在版编目（ＣＩＰ）数据

青苗法学论丛.第 1 卷/朱晓娟主编. —北京：中国政法大学出版社，2022.11
ISBN 978-7-5764-0707-5

Ⅰ. ①青… Ⅱ. ①朱… Ⅲ. ①法学－文集 Ⅳ. ① D90-53

中国版本图书馆 CIP 数据核字(2022)第 203836 号

出 版 者	中国政法大学出版社
地　　址	北京市海淀区西土城路 25 号
邮寄地址	北京 100088 信箱 8034 分箱　邮编 100088
网　　址	http://www.cuplpress.com (网络实名：中国政法大学出版社)
电　　话	010－58908586(编辑部) 58908334(邮购部)
编辑邮箱	zhengfadch@126.com
承　　印	北京中科印刷有限公司
开　　本	720mm×960mm　　1/16
印　　张	20
字　　数	340 千字
版　　次	2022 年 11 月第 1 版
印　　次	2022 年 11 月第 1 次印刷
定　　价	79.00 元

前 言

　　《青苗法学论丛》的编辑和出版，是中国政法大学培训学院进行同等学力研修班培养模式改革系列举措的重要成果之一。本论丛配合同等学力研修班的课程设置，督促同等学力研修班学员在学习期间进行学术思考与学术写作的尝试，学院组成评审小组评选出优秀的习作汇集出版，及时反映学员们的学习成果，促进学员们进行独立思考与学术创作，建构探索性学术思维。

　　中国政法大学培训学院的主要职能之一是开展法学相关专业同等学力研修班的招生与系统化培养工作。同等学力研修班是为了贯彻实施依法治国方略，推进中国特色社会主义法治体系建设，适应社会对法律人才的需要，根据国务院学位委员会、教育部、国家发展和改革委员会关于授予具有研究生毕业同等学力人员硕士、博士学位工作的有关规定，为满足在职人员申请硕士学位的需求而设置。

　　习近平总书记在 2017 年 5 月 3 日考察中国政法大学时强调，法学学科是实践性很强的学科，法学教育要处理好知识教学和实践教学的关系。培训学院在科学而丰富的同等学力研修班课程体系设置基础上，特别注重对同等学力研修班学员学术能力的培养，结合学员实践经验丰富的特点，加开了学术论文写作方法课以及面向不同专业的针对性论文写作辅导课，激发了学员们的写作热情，大家纷纷开展理论与实践结合的学术论文写作尝试，经过严格筛选，优中选优，便形成了青苗法学论丛。即便学员们非常严谨和认真，但也不可否认，很多论文是他们在本科毕业后的第一篇学术性习作，文风略显稚嫩，内容也有待提升，但如青苗一样，一旦破土而出，必会苗壮成长，并收获沉甸甸的果实——此为"青苗"之意所在。

　　我们希望，本论丛的出版在展示同等学力研修班学员学术思考成果的同时，能够对理论与实务界就相关问题有相同志趣的人士有所启发。我们相信，大家在本论丛中也能够感受到未来的青年法律人才善于学习、不断探索、不断自我升华的学术品质。我们希望越来越多法学相关专业有学力提升需求的有识之士加入我们，一起进行理论知识的探索，一起开展实践经验的交流，并及时总结推出理论与实践相结合的高质量研究成果，在一个充满挑战但更是学术研究"富矿"的时代展示我们的思考，并在我国法治建设进程中贡献绵薄之力。

中国政法大学民商经济法学院党委副书记　朱晓娟

于中国政法大学学院路校区办公室

2022 年 5 月 30 日

目 录
CONTENTS

平台经济反垄断的困境与对策探析

雷 达[*]

（中国政法大学 北京 100088）

摘要：近年来，我国平台经济发展趋于成熟，但无序竞争、垄断行为也逐渐显露，损害了市场经济秩序和消费者权益。在我国的平台经济反垄断实践中，存在传统的相关市场界定方式具有局限性、事后监管模式滞后和失灵、相关立法不完善等问题，为我国的平台经济反垄断规制带来了巨大的挑战。为进一步规制平台经济垄断行为，打造良好的市场经济秩序，应当在平台经济领域中积极探寻对相关市场的界定方式，建立前置式监管模式，并同时完善平台经济领域的相关立法。

关键词：平台经济反垄断 市场界定 监管模式

一、问题的提出

依托于飞速发展的信息技术与日益增加的网民数量，互联网公司在过去几年中均向平台转变，平台经济已成为我国数字经济的有机组成部分，大型平台企业也在社会经济中扮演着越来越重要的作用。平台经济能够在中国迅速发展，离不开宽松的市场环境和"包容审慎"的监管基调。但宽松也暗含制度供给不足，立法不够完善的问题，平台在竞争过程中存在无序的现象。例如，电商平台的"强制二选一"，外卖平台的"大数据杀熟"等垄断行为便非常突出，不仅侵犯了网民的权益，也扰乱了正常的市场竞争秩序，不利于数据经济的健康持续发展。

---

* 作者简介：雷达（1984 年-），男，汉族，四川省自贡市人，中国政法大学同等学力在读研究生，研究方向为法务会计。

在平台经济日趋成熟，由增量市场转变为存量市场的情况下，对平台垄断行为进行规制刻不容缓。国家的反垄断措施可分为立法与执法两部分：立法上，国务院反垄断委员会印发《关于平台经济领域的反垄断指南》、中央全面深化改革委员会第二十一次会议强调要加强反垄断、反不正当竞争的监管力度；执法上，国家反垄断局挂牌成立后，对阿里巴巴集团滥用市场支配地位罚款 182.28 亿元，对美团公司滥用市场支配地位罚款 34.42 亿元。以上情况表明，我国对平台经济的反垄断规制正由"包容审慎"向"强监管"转变。

二、平台经济反垄断面临的困境

（一）传统相关市场界定方式存在局限

对相关市场进行准确界定是判断是否构成垄断的逻辑起点。相关市场的规范化表述是"经营者就某特定商品或服务竞争的商品市场和地域市场"，对相关市场进行界定是进行反垄断规制的前提和基础，其原因在于若无法圈定具体的范围，对其影响进行分析，判断垄断与否只能是空中楼阁。[1]在我国国务院反垄断委员会印发的《关于相关市场界定的指南》中提及的相关市场界定办法主要是需求替代法和供给替代法，实践中往往将两者结合，进行综合替代分析。若通过替代性分析仍然无法界定相关市场，则应采用 SSNIP 测试法（即假定垄断者测试法）。但是这两种常见的测试方法都是针对线下的实体商品和服务制定的，在对网络平台进行垄断性判断的时候，其存在以下缺陷：

第一，难以准确界定相关市场。互联网平台的业务开展不受地域限制，通过地域判断相关市场并不可行，而且网络平台都有向综合性平台发展的趋势，其产品和服务具有多样性，无法比较直观地圈定相关商品市场和地域市场，其边界较为模糊，而且与其他平台的替代性较弱，传统的替代标准很难发挥作用。

第二，在互联网平台上，存在大量免费的产品和服务，且使用者和付费者（大部分是广告商）彼此分离，导致以价格为基础的假定垄断者测试法难以适用，或其评估结果可能不准确。

（二）制度供给不足

严格执法的前提是科学立法，缺乏足够的法律法规作支撑，针对互联网

---

〔1〕 郝俊淇："平台经济领域差别待遇行为的反垄断法分析"，载《法治研究》2021 年第 4 期。

平台的反垄断执法难以开展。现阶段，法律层面对反垄断作出规定的只有《反垄断法》，[1]由于平台经济的运行规则与传统线下经济存在较大区别，因此仅依靠《反垄断法》很难规制新形态的平台垄断行为。虽然国务院在2021年出台了《关于平台经济领域的反垄断指南》来指导相关工作，但是这一指南并非规范性文件，只是技术性指引，法律效力有所欠缺。

（三）监管缺位、滞后

平台经济的发展，有助于社会总体运行效率的提升和人民生活水平的提高，因此政府对平台经济发展初期普遍采取宽松的监管策略，以保护其渡过萌芽期和发展期。[2]现阶段虽然平台经济已趋向成熟，但是监管政策的惯性仍然存在，不仅对平台的垄断问题关注度不足，事后监管模式也相对滞后。在执法实践中，只有当某一平台的垄断问题引发社会普遍关注，民众多次举报后，市场监督管理局才会启动反垄断调查程序，而此时损害往往已经发生。同时，平台经济在算法算力的强力支撑下，具有高技术性、强隐蔽性等特点，传统的事后监管模式未考虑平台经济的典型特征及其垄断行为的新特点，因此在适用工具和分析规则时出现疲软和失灵，无法有效进行反垄断监管。[3]

三、平台反垄断应对措施

（一）优化相关市场界定方式

对相关市场进行界定仍然是反垄断规制的第一步，在传统的替代分析法和假定垄断者测试法无法满足平台经济的现实需求时，应创新相关市场界定方法。一方面，在对与实体经济联系较为紧密的互联网平台进行垄断判断时，应综合应用替代分析法和假定垄断者测试，充分发挥传统方案的制度价值。另一方面，执法机关应积极探索新型的适用互联网平台的相关市场界定方式。如平台线上与实体线下的相关市场界定可采用"同质竞争测试法"，即判断线上线下商品或服务是否具有同质性（需考虑价格、质量、厂商等因素），如具

---

〔1〕《反垄断法》，即《中华人民共和国反垄断法》。为表述方便，本书中涉及我国法律文件直接使用简称，省去"中华人民共和国"字样，全书统一，后不赘述。

〔2〕Frank Pasquale, "Two narratives of platform capitalism", *Yale Law & Policy Review*, 1 (2017), pp. 309~319.

〔3〕时建中、郭江兰："论平台经济领域前置式反垄断监管"，载《探索与争鸣》2021年第9期。

有同质性，则可将其纳入同一相关市场。[1]

（二）完善反垄断立法

《关于平台经济领域的反垄断指南》虽然并非规范性文件，但其标志着我国已经意识到互联网平台反垄断工作的重要性，因此，有必要增加制度供给，完善反垄断法律体系。[2]一方面，要加快对《反垄断法》的修改，增加与平台经济相适应的内容，为平台反垄断行为提供法律支撑。此外，在修法过程中，也应当提高处罚标准，现行处罚为年销售额的 1%～10%，远低于垄断行为所能带来的收益，垄断行为的违法成本较低而获取利益高，这就导致平台垄断行为层出不穷。另一方面，要着眼于平台经济的特点，制定专门性的平台经济反垄断法规或部门规章，就互联网平台相关市场界定、垄断判断、执法监管模式等内容作出特别规定。

（三）设置前置执法模式

世界各国在反垄断实践中，都已经意识到由于互联网的快速传播性与赢者通吃的特点，传统事后监管模式的滞后性愈发凸显，甚至出现失灵的情况。在此背景下，设置前置监管执法模式应对网络平台垄断已成为共识。[3]在我国的平台经济反垄断实践中，市场监督管理机构往往受到事后监管模式的约束，使得我国在平台经济反垄断实践中处于被动态势。建立前置式的反垄断监管机制，可以适应平台经济的发展，有效遏制平台经济的垄断倾向，减少反垄断规制的被动局面。

---

[1] 丁庭威："互联网平台滥用市场支配地位规制路径新探——以双边市场下相关市场界定为分析视角"，载《科技与法律》2021 年第 2 期。

[2] 张蕴萍、栾菁："数字经济平台垄断治理策略研究"，载《经济问题》2021 年第 12 期。

[3] 伏啸："平台监管要最大化社会整体利益"，载《社会科学报》2021 年 1 月 28 日。

恶意补足年龄制度的司法适用

孔亚琼*

（中国政法大学　北京 100088）

摘　要： 近年来，低龄未成年恶意犯罪频发，犯罪人作案手段残忍，主观恶性深重，社会影响恶劣。基于我国现实、理论和制度层面的迫切需求，实行恶意补足年龄制度具有可行性和必要性。我国《刑法修正案（十一）》通过对部分严重犯罪有所选择地降低刑事责任年龄，能够对不法侵害者进行有力震慑，对加害人的刑事犯罪进行有力遏制，也保护了受害人的利益和诉求。

关键词： 恶意补足年龄　刑法修正案十一　未成年人犯罪　法律适用

一、恶意补足年龄制度的溯源和演进

（一）恶意补足年龄的含义

"恶意补足年龄"，是指对于处在特定年龄阶段的不满最低刑事责任年龄的未成年人，原则上推定其不具备刑事责任能力，但当控方有足够证据证明其在实施严重不法行为时存在主观恶意，则可将其视为达到刑事责任年龄，进而对其科以刑罚。即用"恶意"来补足"年龄"或称"年龄不够，恶意来凑"。[1]

（二）恶意补足年龄的域外考察

18 世纪中叶，英国著名律师布雷克顿在其所著的《英国法释意》一书中

---

* 作者简介：孔亚琼（1990 年-），女，汉族，天津市人，中国政法大学同等学力在读研究生，研究方向为民商法学。

〔1〕 邢前："论我国刑法确立恶意补足年龄原则的必要性与可行性"，载《现代商贸工业》2017年第 16 期。

提出了恶意补足年龄的概念，阐述了虽然行为人犯罪时不足刑事责任年龄但有充分证据表明其主观恶意达到明知其行为性质及后果仍然故意犯罪的，则可以认定其具有刑事责任能力并追究刑事责任的一项原则。恶意补足年龄制度打破了刑事责任年龄的僵化规定，它要求从行为人的主观恶意判断行为人实际上的行为责任能力，从而可以在最大程度上实现定罪量刑的公平正义。[1]

（三）我国恶意补足年龄制度的含义及演变

《刑法》第17条指出已满12周岁不满14周岁的人犯故意杀人、故意伤害罪，致人死亡或者以特别残忍手段致人重伤造成残疾，情节恶劣，经最高人民检察院核准追诉的，应当负刑事责任。

该修正案是对1997年刑法有关刑事责任年龄的规定作出的修改、完善，将原本第17条所规定的刑事责任年龄予以适当下调。我国1997年《刑法》第17条将14周岁确定为最低刑事责任年龄，14周岁以下为完全不负刑事责任年龄。虽然这种认定模式操作性强，实践应用价值高，但是行为人的辨认能力和自控能力才应是其是否负刑事责任的内在依据，并且根据家庭结构、生长环境、知识水平、社会阅历的不同，在14周岁这个特殊的年龄，个体的辨别能力也大相径庭。"个别下调"相对于过去"一刀切"免于刑责是较大的历史进步，契合了社会发展，满足了绝大多数公众朴素的价值观，对未成年人犯罪起到了有效的震慑作用，也有利于加强家庭对未成年子女的正确引导和关注。

二、恶意补足年龄制度本土化的必要性

（一）我国现阶段未成年人犯罪现状简析

（1）心理成熟时间提前，低龄化违法犯罪数量增加。资料显示，20世纪90年代以来，未成年人初始犯罪年龄已经比20世纪70年代提前了2~3岁。近些年，我国低龄未成年犯罪占比有所回升。《未成年人检察工作白皮书（2020）》指出，2016年至2020年受理审查起诉的14周岁至16周岁未成年人犯罪分别为5890人、5189人、4695人、5445人、5259人，占受理审查起诉全部未成年人比例分别为9.97%、8.71%、8.05%和9.57%，近两年呈上升态势。[2]

---

〔1〕 张颖鸿、李振林："恶意补足年龄规则本土化适用论"，载《中国青年研究》2018年第10期。
〔2〕 "过去五年中国未成年涉嫌严重暴力犯罪占比持续下降"，载《中国青年报》2021年6月1日。

（2）作案方式娴熟老练，手段残忍，主观恶性大。作案前精心准备，策划缜密；作案后毁灭证据，伪造现场，反侦查意识强。未成年人参与高智商犯罪的手段趋于成人化、高智商化。如2014年，17岁的赵某，纠结高某网购木马病毒并植于短信内容中盗窃被害人20余万元，最终赵某因犯盗窃罪被法院判处有期徒刑1年6个月缓刑2年，并处罚金2万元。

（3）社会危害严重，影响恶劣。部分低龄未成年人钻法律空子，认为不到刑事责任年龄就不用负法律责任，造成"13岁现象"突出，少年暴力犯罪层出不穷。对未成年人犯罪处罚过于轻缓，对未成年人矫治教育不到位的现状，也导致其心存侥幸或犯罪心理膨胀而肆意违法。事实上，严加管教、工读教育等手段已经不足以应对针对部分低龄未成年人的教育改造，遏制刑事犯罪低龄化已成为亟待解决的重大社会问题。

（二）引入恶意补足年龄制度的必要性

（1）增加青少年犯罪成本，加大对未成年人犯罪打击力度的需要。长期以来，我国对青少年违法犯罪的一贯政策是坚持"教育为主、惩罚为辅"。原则初衷是正确的，但在实际执行中存在偏差，造成对加害者的过于同情，从而忽略了对受害人正当权益的保护。重罪轻罚甚至不罚不仅使未成年人滋生了"未成年人违法犯罪是小事"的想法，也容易让家长放松对未成年人违法犯罪的警惕。引入恶意补足年龄制度，降低刑事责任年龄，体现了我国罪责刑相适应原则，进一步缓解了目前司法实践中的困境。加大加重对未成年人的刑罚力度，让其认识到犯罪就要承担相应责任和后果，不仅有利于预防其再次犯罪，也有利于其改过自新。

（2）促进社会公平正义，维护社会稳定，保障人民生命财产安全的需要。低龄未成年人恶性犯罪案件中，受害者的法益受到了严重侵害，弱势群体的利益得不到保障，不利于社会安定和民族团结。引入恶意补足年龄制度，不仅维护了法律的公平正义，弥补了《刑法》对未成年人刑事责任年龄刚性规定的不足，而且有利于维护法律的权威性和稳定性，同时实现了法律保障和保护功能的统一。

三、恶意补足年龄制度本土化适用

2019年10月，辽宁省大连市一名10周岁女孩惨遭13周岁男孩杀害。经查，13周岁男孩蔡某某欲与一名10周岁女孩发生性关系被拒后，将其杀害并抛尸在家门口的灌木丛；后经小区居民反映，蔡某某体重 70 公斤左右，身高 170 厘米，曾在小区骚扰、跟踪过多名女性。蔡某某作案手段残忍，反侦查能力强，但由于其不满 14 周岁，依法不予追究刑事责任，被警方收容教养。笔者认为，蔡某某虽然年仅 13 周岁，但主观恶意强，生理心理发育成熟，案发后仍以年龄不足法定刑事责任年龄为由，且不知悔改，应适用"恶意补足年龄制度"对其加以惩戒。此案件引发了社会舆论和公众对未成年人犯罪的关注和讨论，进一步说明"恶意补足年龄制度"在我国的本土化适用已具备一定的社会基础。

（一）年龄适用范围

我国《刑法修正案（十一）》将刑事责任年龄的起点由 14 周岁降低至 12 周岁，这一修改具有充分的科学依据和法律依据：中国预防青少年犯罪研究会曾于 2013 年公布数据称，我国未成年人实施社会危害性行为的平均年龄为 12.2 周岁；另外，《民法典》总则部分将限制民事行为能力人的年龄下限由 10 周岁降低为 8 周岁，与降低刑事责任年龄不谋而合。

（二）适用罪名范围

新规将犯罪行为限缩至"犯故意杀人、故意伤害罪"并将犯罪结果限定于"致人死亡或者以特别残忍手段致人重伤造成严重残疾"，在惩治特定未成年人犯罪的同时也为未成年人入罪设置了层层关卡，最大限度缩小了低龄未成年人承担刑事责任的范围。我国"恶意补足年龄制度"的具体实践始终坚定教育和保护未成年人的基本立场。

（三）"经最高人民检察院核准"的必要性

对于未成年人的行为是否存在"恶意"，《刑法修正案（十一）》中对情节恶劣的具体判定，受制于裁判者的主观判断，一念之差可能导致判决结果的天差地别。"经最高人民检察院核准"，这一程序设计既有严格限制检察机关追诉低龄未成年人刑事责任的考虑，也有立法机关赋予最高检察机关统一此类案件追诉标准的意思。这一规定进一步贯彻了限缩、审慎的立法精神，从而保证公正司法，防止错诉。

会计中介机构的虚假陈述责任承担问题
——以某药业公司虚假陈述案为例

彭　胡*

（中国政法大学　北京 100088）

摘　要：2020 年《证券法》修改后，我国资本市场开始实行注册制，行政监管部门、证券交易部门以及会计师事务所等资本市场主体的职能也随之发生了改变。在这种背景下，作为审计人的会计中介机构具有信息输出的不独立性、信用输出的独立性与责任承担的不独立性。由此，会计中介机构的虚假陈述责任如何分配，如何协调投资者保护与市场环境营造之间的关系，将成为证券资本市场深化改革的重要议题。本文将以某药业公司虚假陈述案的分析为切入点，探讨会计中介机构虚假陈述责任的性质与承担问题。

关键词：会计中介机构　资本市场　虚假陈述　责任承担

一、引言

《证券法》在 2019 年进行了全面修订，其中一大变化是将我国资本市场证券发行方式从核准制变为注册制。[1]注册制下市场主体的信息披露义务将愈发重要，中介机构在资本市场秩序构建与投资者保护中承担的"看门人"职能范围也将随之扩大。[2]资本市场的投资者进行投资判断最重要的依据是

---

* 作者简介：彭胡（1993 年-），女，汉族，江西省宜春市人，中国政法大学同等学力在读研究生，研究方向为经济法学。

〔1〕 郭雳："注册制下我国上市公司信息披露制度的重构与完善"，载《商业经济与管理》2020年第 9 期。

〔2〕 沈伟、沈平生："注册制改革背景下中介机构勤勉尽责责任研究———'看门人'理论的中国版本和不足"，载《洛阳理工学院学报（社会科学版）》2021 年第 3 期。

标的企业的财务表现，而会计师事务所等执行审计、财务合规辅导职能的会计中介机构在财务信息的披露中起着无可替代的作用；一旦会计中介机构无法及时、准确、真实地披露审计企业的财务状况，将会对投资者的判断带来较大的误导，并最终对整个资本市场运行秩序与投资者权益产生损害。某药业公司审计案集中体现了中介机构披露信息不足或错误对资本市场运行产生的影响。本文将以此案为例，结合《证券法》修订前后会计中介机构承担的惩罚性赔偿责任进行研究，以期为注册会计师和会计师事务所等会计中介机构如何应对《证券法》下信息披露的要求与责任提供参照。

二、某药业公司虚假陈述案情分析

某药业公司虚假陈述案缘起于 2019 年 4 月 29 日，该公司在根据证券市场上市规则披露 2018 年的年报时，同时发布了《关于前期会计差错更正的公告》。这一公告涉及多项对 2017 年年报中"会计差错"的调整，"差错"金额高达 300 亿元。自公告发出后一个月，该公司的股价经历了数度跌停，市值蒸发了 285 亿元，殃及近 22 万中小投资者。从数据看，该药业公司公告的数据调整规模和力度在整个中国资本市场都史无前例，已经不能以"会计差错"调整的借口掩盖了。结合其财务报表更正公告与证监会后续公布的调查结论，该药业公司的虚假陈述主要包括：虚增巨额货币资金、虚增收入和净利润、虚增固定资产、公司实际控制人违反法律规定占用公司资产等，其中最为核心的两项是虚增净利润和违规占用公司资产，其他的虚假陈述本质上只是为了掩盖这两个问题，填平账目而蓄意捏造的。[1]

从早期的 IPO 辅导，到被证监会正式立案，近 20 年间为该药业公司提供审计服务的都是同一会计师事务所，事务所的合伙人杨某某更是负责该药业公司的审计项目长达 12 年。该会计师事务所在 2019 年 4 月《关于前期会计差错更正的公告》发布之前，出具的一直都是无保留意见的审计报告。对公告日期进行查询可知，其对该药业公司 2018 年财务报告出具的保留意见和内部控制出具的否定意见正式发布于 2019 年 4 月 28 日，即更正公告发布的前一天，此时距离证监会介入对该药业公司进行调查已过去近半年。而且该会计

---

[1] 宋夏云、谭博文："正中珠江会计师事务所对康美药业审计失败的案例研究"，载《商业会计》2019 年第 22 期。

师事务所出具的审计报告也特别强调了证监会调查通知书提及的事项，说明此次作出有保留意见和否定意见的审计报告，根源上并非根据其本身确认的财务数据，而是因为证监会业已发现的问题。

此外，会计师事务所在审计过程中往往也缺乏独立性。虽然理论上，我国上市公司外聘的会计师事务所等中介机构是接受全体股东委托的，属于独立的中立第三方；但在实际操作层面，直接委托会计师事务所进行审计并且向其支付审计费用的，都是公司的管理层，审计活动的监督者一般也是公司的管理层。中介机构在审计过程中会受到来自公司经营管理层的掣肘，相对于内部财务管理人员处于信息不对称的弱势地位，并无权力干涉或披露有意被隐藏的财务舞弊行为。况且，中介机构进行审计时，其费用一般按照被审计单位的资产总额和收入进行计算，换言之，中介费与公司资产的多少直接挂钩，这也从经济层面解释了为何审计机构作为独立第三方会对被审计单位的造假熟视无睹甚至参与被审计单位的造假活动。

三、会计中介机构的虚假陈述责任承担分析

某药业公司财务造假案作为修订后的《证券法》实施以来的国内首单特别代表人诉讼案，跟普通代表人诉讼的"明示加入"相比，采取了"默示加入、明示退出"的原则，将符合获赔条件的投资者覆盖至5.2万名之多，被涵盖的投资者数量的增加，也直接导致了药业公司判赔金额突破新高。广州市中级人民法院在判处该药业公司赔偿投资者损失24.6亿元的同时判决马某某及5名直接责任人，并要求负责审计的会计师事务所及直接负责人承担100%的连带赔偿责任，另有13名高管人员按过错程度分别承担20%、10%、5%的连带赔偿责任。从该案判决结果的责任承担分配上来说，法院不仅对作为财务造假及虚假陈述直接执行者的药业公司及相关责任人作出了高额处罚，也对负有审计责任的会计中介机构同样处以顶格100%的连带赔偿责任。[1]

这一责任承担分配从该案的社会影响和恶劣程度上说，固然有其合理之处，但同时也应当注意，承担审计责任的中介机构未能发现被审计单位存在财务造假的行为，并不等同于审计机构存在主观过错，负责审计的会计师事务所只要尽到了职业所要求的合理注意义务即可，不能以存在财物舞弊的结

---

[1] 广东省广州市中级人民法院［2020］粤01民初2171号民事判决书。

果倒推中介机构一定存在责任。[1]在未来责任承担分配与法院过错认定的过程中，也仍要注意精细化区分不同个案的情形，避免存在结果倒推原因的"有错推定"倾向，而是要根据实际收集到的证据进行责任分配，否则可能会产生不良的后续影响。[2]

四、结语

从该药业公司虚假陈述案可以看出，在注册制改革、大力推行信息披露制度的背景之下，包括会计中介机构在内的各中介机构面临着更加严苛且高额的责任风险，执业风险与惩罚性措施的存在本无可厚非，对于构建更加公开透明的资本市场秩序也有重要意义。但是，中介机构出具的审计报告对投资者信赖虚假陈述固然具有一定的影响，有造成投资者损失的风险，但上市公司本身操纵股价、财务舞弊的行为才是导致最终损害的直接原因。中介机构在该药业公司虚假陈述案中的表现虽然确实体现出当前中介机构对于委托人面临的独立性缺失与道德风险问题，但是在高度市场化的自治市场中，并不应该对所有市场参与者均作出"性本恶"的先验认定，至少不应当单纯根据结果倒推其责任。相关部门应更精细化地考量其是否已经尽到合理的专业性审慎义务，不应直接将中介机构作为替代性索赔对象，在风险爆发后仅仅当成赔偿金的来源，这种做法并无益于对健康资本市场秩序的构建。中介机构充当投融资双方的桥梁、监管机构的助手，只有通过改革进一步区分其责任、明确其定位，才能让以会计中介机构、保荐中介机构、法律中介机构为代表的证券中介机构最终"归位尽责"，实现投资者的"买者尽责、风险自负"，为我国资本市场实施全面注册制保驾护航。

---

[1] 姜磊、段威："新《证券法》下会计师事务所虚假陈述民事责任的界定"，载《中国注册会计师》2021年第4期。

[2] 彭真明："论会计师事务所不实财务报告的民事责任——兼评上海大智慧公司与曹建荣等证券虚假陈述责任纠纷案"，载《法学评论》2020年第1期。

浅议刑事案件调查核实权之完善

沈　倩*

（中国政法大学　北京 100088）

摘　要： 2021 年 6 月，在建党百年、人民检察制度创立 90 周年的历史性时刻，中共中央印发了《关于加强新时代检察机关法律监督工作的意见》，这也是法治事业、检察事业发展历程中的一件大事，充分彰显了党中央深入推进全面依法治国的坚定决心。本文将围绕这一加强检察机关法律监督工作的纲领性文件，探讨在新的发展阶段检察机关法律监督工作如何全面协调充分发展。

关键词： 调查核实　检察监督　刑事案件

2021 年 6 月 15 日，中共中央印发了《关于加强新时代检察机关法律监督工作的意见》（以下简称《意见》）专门对加强新时代检察机关法律监督工作提出了明确要求。"调查是法律监督最基本、最天然的实现手段，是法律监督权的应有之义。"[1]关于调查核实工作，《意见》明确提出，检察机关要加强对监督事项的调查核实工作，但对具体操作细则并未作过多的阐述。本文通过对目前司法实践的现状分析发现，刑事案件调查核实权在运行、保障、协调等方面存在不足，以下将从刑事案件调查核实权的概念、目前困境及对策建议出发，浅议新时代如何加强检察机关的法律监督工作。

---

* 作者简介：沈倩（1991 年-），女，汉族，上海市人，中国政法大学同等学力在读研究生，研究方向为刑法学。

〔1〕 李新生主编：《民事行政检察工作重点与案件审查实务》，中国检察出版社 2013 年版，第 48 页。

一、刑事案件调查核实权的概述

从权力属性上看，调查核实权本质上依附于检察监督权，是检察监督权在实践中派生的权能。调查核实权是法律监督职权的必要组成部分和重要职权保障，是法律监督所必须涵盖的内容。《意见》指出，检察机关要加强对监督事项的调查核实工作，精准开展法律监督，这说明调查核实权是开展法律监督、针对监督事项所产生的一项权能，这一定位是进行调查核实的基础，也是处理与相关权能关系的基础。调查核实权不应独立于程序之外，而是包含在法律监督权中的检察机关法律监督的一种手段、方式、途径，是法律监督的必然内容。

从赋权初衷上看，调查核实权在刑事检察中体现为监督刑事案件办理的合法性、合规性。《刑事诉讼法》第 57 条规定，人民检察院对于以非法方法收集证据的，应当进行调查核实。《人民检察院刑事诉讼规则》第 551 条第 2 款规定了人民检察院对于涉嫌违法的事实，可以进行调查核实。在刑事诉讼监督领域，调查核实权可以在以下事实的查证中发挥作用：对证据能力的审核、对司法工作人员渎职行为的调查核实、对羁押必要性的审查等。在审查逮捕和审查起诉环节，调查核实权可以在以下情形下行使：在案证据存在证据资格问题，如是否为非法获取的证据，或当证据本身出现瑕疵，如辨认笔录只有一名侦查人员签名等，可以通过调查核实的手段予以查清并纠正违法。

二、刑事案件调查核实权面临的现实困境

（一）缺乏相关法律规定

刑事案件调查核实权具体应该做什么，当前没有非常细化的规定，仅对在非法证据排除方面行使调查核实权在《刑事诉讼法》及《人民检察院刑事诉讼规则》中有比较明确的规定。各地检察机关对刑事案件调查核实权的行使也只能基于上述法律规定进行实践探索。缺乏有效的法律支撑，导致调查核实权的适用边界不明朗，进而导致调查核实的"如履薄冰"。调查核实工作主要有讯问被告人、询问证人、调取证据材料等，方式方法较为单一，其中以询问证人的方式进行调查核实尤为困难。调查核实权的主要对象之一是公安机关，而实践中，极少有公安机关人员以证人的身份出现被询问，更不用

说以笔录的方式记录下侦查人员的言词证据。

（二）目前调查核实权缺乏刚性

目前，《人民检察院组织法》第 21 条、《刑事诉讼法》第 57 条、《人民检察院刑事诉讼规则》第 551 条、《意见》第 13 条明确规定了检察机关的调查核实权，但对于不配合调查、违反法律规定的后果未作明确规定。具体到实践，检察机关的调查核实工作很大程度上依赖于被监督对象的态度，而对于外部机关的监督调查，检察机关往往只能凭借一封调查函抑或介绍信去调查取证。很多时候，外部机关出于对自身人员的保护及对检察机关调查核实权认识的不足，并不愿意配合调查。而由于调查核实权缺乏强制性保障，不配合抑或不接受调查并不会引发法律后果，故被监督对象往往敷衍了之，致使调查核实工作无法有效开展。

（三）调查核实获取的证据标准不统一

检察机关肩负的法律监督职责贯穿于刑事司法的整个流程，包括对公安机关的侦查监督、对人民法院的审判监督、对羁押场所的执行监督等；监督事项项目繁多，例如，对违法延长犯罪嫌疑人羁押期限行为的调查核实，只需要通过案卷材料即可，但对非法取证行为的调查核实则需要通过讯问犯罪嫌疑人、询问证人、查看审讯录像等方式方法排除合理怀疑，达到内心确信。刑事诉讼监督案件尤其是侦查监督案件并不涉及定罪量刑的问题，但是该程序启动以特定案件类型为前提。实务中，侦查监督案件的大部分证据往往掌握在侦查机关手中，检察机关的调取手段落后于侦查机关、审判机关，若刑事监督案件主张"谁主张、谁举证"，由检察机关承担全部的举证责任势必会影响调查核实权的行使。

（四）检察机关调查核实的专业办案人员不足

在刑事检察工作中，如在办理审查逮捕、审查起诉案件时，发现公安机关在侦查行为或证据上存在问题，一般在案件办理的同时直接开展调查核实；这时，检察机关办案人员基本是在案卷中发现线索，由此展开调查核实，这是一个从无到有的过程。以上对办案人员的办案能力、专业化水平要求较高，但目前检察机关在人员配备方面存在短板，尤其基层检察机关"案多人少"的矛盾致使检察机关往往无法组织专业团队承担调查核实的工作。

三、完善刑事案件调查核实权的建议

（一）完善法律规定，出台操作细则及配套措施

鉴于目前各地检察机关对调查核实权的理解与适用存在差异，为防止刑事案件调查核实权无法有效实现法律监督职能，应当完善法律规定，提高调查核实权的法律层级，细化调查核实权的具体内容及程序，明确在监督活动中检察机关行使调查核实权的边界。在如何启动调查核实权、适用范围、证据标准等方面出台可操作的细则，如区分监督事项分类处理。对于发现的重大违法事项，调查核实权的启动应该设置更加规范和细化的程序，特别对于一类问题非常突出的，可以从检察院层面启动调查核实程序加以监督和纠正。另外，配套调查核实的刚性措施，明确被监督对象不配合检察机关的调查时所会导致的法律后果，增强刑事案件调查核实权程序上的制约力度，对一些目前规定难以解决的程序性问题，可设置专门的程序进行补充，从而让调查核实权发挥最大的效用，促使刑事案件的调查核实权落到实处。[1]

（二）加强与被监督对象的沟通协作

在以往，检察机关的监督常呈现出事后弥补的滞后性，然而新时代背景下，事后监督已不能适应当前社会对法治的需求。以危机意识预防社会风险、弱化现代化的负载效应是社会现代化的应有之念。能够以强烈的危机意识进行事前的防微杜渐，把矛盾和风险消灭在摇篮之中，这是社会现代化的上乘状态。新时代，检察机关应当向前一步，加强与被监督对象的沟通协作，探索多样化的线索发现模式，如在侦查机关等外部单位设立侦查监督办公室，指派检察官定期沟通，畅通检察机关与被监督对象在情况沟通和反映方面的渠道，做到防患于未然。[2]

（三）培养专业化调查人员

检察机关在反贪反渎职能转隶后，出现了侦查手段及人员不足的问题。在检察机关法律监督职能愈加重要的今天，要做好"求人不如求己"的应对方式。调查核实和办理刑事案件的侧重点和能力要求是有所不同的，调查核

---

〔1〕 孟国祥："重大监督事项案件化办理程序研究——以刑事侦查类监督为视角"，载《中国检察官》2019年第1期。

〔2〕 徐国忠："优化刑事案件调查核实权工作"，载《检察风云》2022年第2期。

实作为检察机关的一项重要权能，应当强化人员力量上的配备，增强检察人员的业务能力，培养检察官发现调查核实监督线索的意识和能力，制定人员培训计划；逐步形成经验做法后，由上级人民检察院进行提炼汇总打造长期性、可操作性强的细则。另外，可对侦查权、调查核实权、补充侦查权三项权力统一筹划行使，使检察官随着程序运行开展的相应调查核实工作得到保障，扭转"重办案、轻监督"的思维惯性，以适应新时代检察机关肩负的法律监督职能。

经济法视阈下我国低碳经济的发展策略

陈星宇*

（中国政法大学 北京 100088）

摘 要：在"绿水青山就是金山银山"的发展导向下，目前我国各行各业积极响应并倡导低碳经济发展理念，在有效防止环境污染、提高对自然环境的保护度和对自然资源的利用度上迈出了一大步。同时，注重经济法的有效应用，解决经济发展中的不规范行为，推崇可持续性低碳经济发展模式，促进经济发展与环境保护的双重发展成为低碳社会的共同追求。本文主要以经济法为视角对我国低碳经济的发展展开讨论，并提出相关有益策略。

关键词：经济法 低碳经济 策略

一、引言

自金齐希和卡门将"低碳经济"概念作为新型经济发展模式首次提出以来，"低碳经济"成为世界经济领域又一备受关注的新生概念。[1]作为国家气候变化缓解战略的一部分，各国均试图成为低碳或脱碳经济体，而缓解气候变化的综合战略就是碳中和。对我国来说，当前我国经济逐渐由高速度转向高质量发展。要想实现我国经济发展的转型升级，就要引导我国经济向低碳发展模式进行有效转变。经济法作为宏观调控和市场监管的主体性法律，

---

* 作者简介：陈星宇（1995 年–），女，汉族，北京市人，中国政法大学同等学力在读研究生，研究方向为经济法学。

〔1〕董静、黄卫平："西方低碳经济理论的考察与反思——基于马克思生态思想视角"，载《当代经济研究》2018 年第 2 期。

与低碳经济不可分割。[1]经济法之于低碳经济,在于调控经济发展模式、确保经济高质量发展并发挥其社会干预与调控功能。作为碳排放大国,我国经济发展受到环境污染与资源限制的掣肘。低碳经济与"碳中和"的发展理念正是助力我国实现绿色金融,保证经济高质量、低污染、轻排放的关键。笔者以经济法角度为引,结合当前我国经济发展的宏观背景,为制定适合低碳发展与生态经济发展的策略、将"绿水青山"转变成可持续性利用的"金山银山"、推动我国经济发展的高质量长久发展、建设新型环境保护大国建言献策。

二、经济法视阈下低碳经济的含义与意义

一般而言,低碳经济是可持续经济的代称,也是一种减少高碳能源消耗的经济发展模式,主要指在当前可持续性发展理念的指导下,通过科学技术、产业升级、能源清洁等多种途径,减少使用煤炭、石油等各种碳排量极高的高耗能源,或者实现碳排量的清洁排放。[2]例如,低碳经济可以利用风能、太阳能、核能、地热能、潮汐能和各种生物质能,有效代替各种高能耗资源。而低碳经济产业主要包含新能源汽车、节能建筑、资源回收、环保设备、工业节能减排等,通过这些产业实现对资源的持续、节约利用与有益替代,充分满足资源环境保护与社会经济效益的双赢发展。究其本质,低碳经济致力于提升技术效率,通过提供面向大众的低碳产品促进全球可持续发展。

虽然我国的国内生产总值主要来自工业,但仍在逐步向低碳经济结构迈进。低碳经济不仅仅是一个经济和商业问题,也是一个社会问题。中国的低碳经济不仅是一个关于能源、环境和商业的简单经济体系,其亦需要行业转型,提高技术效率,并采用人们的生活习惯。以经济法为视角发展我国低碳经济,既可以实现生态资源的可持续性利用,承担保护人类命运共同体的环境责任,以达到有效的节能减排目标,降低大气中二氧化碳的浓度,减少环境中出现的雾霾、酸雨及光化学烟雾等自然危害,还可以利用经济法的有益限制,针对目前我国经济发展中的违规违法行为(尤其是在环境保护方面)

〔1〕 薛前强、张迪:"经济法视域下低碳经济的保障与发展——迈向'低碳经济法'的多维进路",载《经济论坛》2022 年第 2 期。

〔2〕 陈茹:"绿色经济理论下的我国低碳经济创新发展途径",载《吉林工程技术师范学院学报》2017 年第 3 期。

进行有效整改。[1]通过严厉打击环境破坏行为并实施包括恢复环境在内的一系列处罚，能够促进并维护我国人与自然和谐共处的经济发展状态。

三、经济法视阈下我国低碳经济的发展策略

（一）完善立法体系，贯彻低碳经济理念

要想实现低碳经济的大规模发展，首先要细化经济法中的相关模块，针对低碳经济发展中可能出现的问题，有针对性地制定详细规范。类似自然资源法、能源法、环境法及税法等涉及低碳经济的相关法律法规，[2]应给予立法体系方面的有效完善，在吸纳国际先进经验的同时，将一定的低碳经济理念导入法律政策，使各产业在发展过程中有法可依。在有效贯彻低碳经济理念相关法律依据的基础上，使低碳模式在我国经济发展中进一步广泛实施。

例如，在《环境保护法》第四章"防止污染与其他公害"中，明确规定了各产业发展中需要有效遵守的环境保护规则，但未将低碳经济理念融入立法，只是零散地提倡使用清洁能源，并对破坏环境的行为给予惩罚。因此，要完善相关立法体系，以详细化、综合化的低碳经济理念为指导，依据地区经济发展中的特点，制定完备的低碳经济法，重视工、农、林、牧、副、渔等各产业经济的均衡治理。

（二）创新科学技术，优化环境资源发展

针对当前我国经济发展中的问题，应积极依靠科技和创新驱动绿色低碳循环发展，为绿色发展提供充足动力。依靠科技创新推动绿色发展，是世界在经济社会发展中总结出的一条经验。我国坚持走中国特色自主创新道路，实施创新驱动发展战略，既要发挥科学技术在修复、治理和保护生态环境方面的重要功能，也要发挥其对绿色发展的支撑作用。[3]一方面，利用科学技术，对经济发展中的大量碳排放创新性地进行降解处理，将其转变为对环境无危害的清洁物质，并逐渐降低其降解成本，推广更多高能耗产业广泛采用相应技术，逐步实现低碳经济的全应用。另一方面，注重寻找各种高能耗资源的可替代性清洁能源，从根源上降低碳排量，如在核聚变等清洁能源的应

〔1〕 高晓玉："从经济法角度浅析如何发展我国的低碳经济"，载《法制与社会》2011年第13期。
〔2〕 马强："我国低碳经济发展模式的相关经济法问题研究"，载《时代金融》2012年第24期。
〔3〕 白暴力、程艳敏、白瑞雪："新时代中国特色社会主义生态经济理论及其实践指引———绿色低碳发展助力我国'碳达峰、碳中和'战略实施"，载《河北经贸大学学报》2021年第4期。

用中加大资金与技术投入，通过充分有效的利用方式解决当前能源短缺和环境污染问题。

具体来说，我国从 2008 年开始实施"限塑令"，减少了人们对塑料制品的使用，也加强了对塑料制品降解技术的研究。究其原因，不仅是塑料制品难以降解的问题给环境带来巨大的危害，还在于制造塑料制品的原料包含石油等属于不可再生的传统能源。"限塑令"的出现加快了塑料制品降解技术研究的步伐，是有效贯彻低碳经济理念的典型实践。通过研究光降解型塑料、生物降解型塑料等可快速降解的塑料替代品，强调对其降解过程中低碳排放的设计，塑料制品的低碳应用得以有效发挥。

（三）科学有效宣传，建设全面低碳社会

群众的力量是伟大的，要想实现全社会低碳经济的发展，不仅要重视对各行业、产业经济结构的优化，更要重视对群众的科学宣传，培养人们环境保护与资源可持续性利用的意识，倡导低碳出行理念。例如，鼓励人们用步行、公交等代替私家车，降低社会基本面的碳排放量，还可以引导人们采购新能源车，如以电能等清洁能源驱动的机动车，实现全社会推进低碳经济发展。

发展低碳经济需要以行政手段为引导、以法律手段为规则、以经济手段作平衡，实现行政、法律、经济三领域的综合运用。因此，各级政府及相关部门要对低碳经济践行者实施经济、精神等多方面的利好政策，如对购买新能源车的公民可以给予及时的补贴，缓解其购车的经济压力。另外，可对发展低碳经济的优秀贡献者给予政策性的奖励，如其本人或子女可在公务员、事业单位等社会性考试中获得相关的优惠条件，提高民众贯彻低碳经济的积极性，全面实现全社会低碳经济建设。

四、结语

综上所述，发展低碳经济，法必先行。使法律的效用最大化，构建符合经济发展实际的经济法律制度是一个紧迫的问题。要想实现我国经济的健康发展，就要通过经济法的法律监管为低碳经济的转型创造优势，进一步完善低碳领域法律制度的理念，引导各经济体在转型发展中注重经济质量与环境发展的双重效应，采用现代化科学技术有效解决资源利用问题，使用更多清洁能源降低碳排放率，同时在社会面约束和引导公众选择低碳消费。确保有效实施低碳经济，同样应建立以低碳经济为基础的行政监管社会组织和公众监督机制，打开渠道监督，加强法治监督。总而言之，国家要重视经济发展的宏观调控，建立健全低碳经济发展规划方略，利用经济法规范市场经济发展中的违法违规现象，严厉打击知法犯法者，努力为我国经济实现高环保、高科技、低污染、低碳排等目标奠定坚实的基础，全面建设低碳经济型社会。

个人信息保护法中的知情同意原则

张惠卿*

（中国政法大学　北京 100088）

摘　要： 日益频繁的数据交互在给人们生活带来便利的同时，也使个人信息被高度曝光，个人信息保护日渐成为人们关注的话题。知情同意原则是个人信息保护的基础原则，但在大数据时代，知情同意原则的适用陷入了困境，采用将数据活动正当化与个人信息匿名化相结合的策略，将使知情同意原则更好地适应时代的发展。

关键词： 大数据　个人信息保护　知情同意原则

数字信息汇聚而成的洪流构建了当下各类云服务的平台基础，但同时，个人信息的高曝光度使得置身其中的个体很难有隐私可言。在大数据技术全方位开启全新生活、工作、娱乐模式的背景下，机械地禁止个人信息的交互显然与时代的发展方向相悖，如何在适应时代发展的前提下使个人信息得到有效的保护就成了学界关注的问题。

一、知情同意原则的发展

1980 年 9 月，在《有关隐私权保护及个人数据跨国流通的准则》中，经济发展与合作组织提出了个人信息保护的基本框架，其中明确指出，个人数据应当通过合法、公平的方式收集，并有条件地取得数据主体知情或

---

* 作者简介：张惠卿（1980 年-），女，汉族，宁夏银川人，中国政法大学同等学力在读研究生，研究方向为民商法学。

同意，〔1〕并提出收集限定、目的限定、用途限定、安全保障等原则，涵盖了个人信息保护的基本要素。

欧盟国家通过颁布法律的方式在国家立法层面明确了知情同意原则在个人信息保护中的重要地位。其中，欧盟在1995年颁布的《个人数据保护指令》中明确规定，个人数据经本人明确同意，方可加以处理。〔2〕"经本人同意"这一个人信息处理的前置条件已成为国际社会的共识。

在我国，全国人民代表大会常务委员会《关于加强网络信息保护的决定》《网络安全法》等均明确将个人数据信息置于法律保护之下，规定其他组织如有必要获取，必须依法取得。《网络安全法》在第41条第1款中对于"依法"与"非法"给出了基本的边界，网络运营者必须经本人同意，在合法、正当、必要的前提下收集使用个人信息，并对收集的规则、目的、方式和范围进行公开，由此可见，我国个人信息收集、使用是以相对方同意为前提，遵循知情同意原则。

二、知情同意原则是个人信息保护的基础原则

从知情同意原则的发展过程可以看出，自主意志是知情同意原则的根源。个人信息从属于特定的自然人，意思自治原则是个体自主意志的体现，同意是控制自由意志的开关，知情同意原则是意思自治表达的载体。

在大数据时代，多元信息技术能够根据碎片化信息迅速将个体精准定位，被"人肉"已成为很多人的噩梦。个人信息是否许可被获取、由哪些对象获取、在什么范围使用、如何使用等，应依自主意志决定。在个人信息保护领域的基本原则中，唯有知情同意原则实现了与人身权利的链接。因此，知情同意原则毫无疑问是个人信息保护的基础条款，其他原则均应以其为基础拓展，且不能违背这个原则。〔3〕

---

〔1〕 田野："大数据时代知情同意原则的困境与出路——以生物资料库的个人信息保护为例"，载《法制与社会发展》2018年第6期。

〔2〕 "《隐私保护与个人数据跨境流动准则》精要"，载《人民法院报》2019年6月21日。

〔3〕 齐爱民：《拯救信息社会中的人格：个人信息保护法总论》，北京大学出版社2009年版，第261页。

三、知情同意原则在我国的适用困境

在信息大爆炸的时代，井喷式的信息收集和交互的需求，使得获取同意的难度和工作量超出了想象。同时，个人在面对知情同意提示中的大量专业术语时，往往达不到"知情"的要求，对于是否"同意"更加无所适从。因此，知情同意原则在我国适用的过程中面临着同意偏离初衷、知情成本太高、同意能力欠缺三方面的困境。

（一）"同意"偏离初衷

知情同意的本意是体现个体自主意志，然而，在大数据分析交互的背景下，自主意志可能沦为形式，"同意"徒有其表。在当下基于网络服务的现实社会中，个人若想有效参与社会分工、满足生活娱乐需求，或出于办事机构的要求，或出于对某种功能的需要（例如导航），往往必须下载使用众多的应用软件，而对于这些软件的信息收集要求，根本无法拒绝。在不同意等于无法使用的默示条件下，要享受服务别无选择，"同意"完全失去了意思自治的意义，沦为程式化的步骤。

即使有部分人想要认真地行使同意权利，面对各种长篇累牍的风险提示，多半也半途而废，全面同意已成为大众的常规操作。在这种"被自愿"同意的模式中，同意的对象其实是"使用该 app 的服务"而非服务商设计的初衷"披露个人信息"。个人的自主意志体现所剩无几，同意的作用被严重稀释。[1]更有甚者，使知情同意的前置流程事实上成为信息收集者的免责声明，给其不当行为披上了合法化的外衣。

（二）知情成本过高

同意的前提是要让信息收集的相对方知情，即了解收集的内容、范围、用途及潜在风险等。而无论是信息收集者做出上述提示，还是被收集的相对方了解上述提示，均需要付出成本。对于信息收集者来说，目标人群动辄以亿计量，不履行告知义务显然要以承担法律责任作为代价，而事无巨细地告知又显然增加了各类成本。对于信息收集的相对方来说，各式各样的声明和风险提示令人不胜其烦。研究表明，如果美国全部消费者完整阅读其浏览网

---

[1] 吴泓："信赖理念下的个人信息使用与保护"，载《华东政法大学学报》2018 年第 1 期。

站的隐私声明，每年所耗费的成本约为7810亿。[1]

人们不禁陷入了困惑：花费大量时间、精力来实现貌似意义重大，而实际上并无选择的知情权，到底能起到什么作用呢？花费几秒钟点击一系列的同意按钮，这样的同意是否有意义？而从信息收集者的角度来看，一边是制作的知情同意书和风险提示需要随着业务进展和法律规定费时费力不断更新，而另一边是个人对花费相当成本制作的上述文件不屑一顾、直接跳过，这不得不说是一种双向错位。显然，现有的模式已经不适应大数据时代的要求，无法实现知情同意原则的内核，亟须改进。

（三）同意能力的欠缺

知情同意隐含着对个体能力的要求，是否每个人都有能力实现其自主意志呢？自决的前提是个人能够理解信息收集对自身权利的影响并充分了解风险、愿意承担由此带来的不利后果。但这个要求在数字时代的背景下显得过于苛刻，面对满篇令人无所适从的专业术语和流程说明，一般的信息主体很难真正理解其意义，根本做不到"知情"，影响分析和风险评估更是无从谈起。基于这种"瞎子摸象"式的知情作出的自决，是否同意并没有太大区别，信息主体找不到自己的真实意思，从而可能使同意的有效性大打折扣。

四、结论

时代的发展使知情同意原则面临着前所未有的挑战，逐渐走入了上述瓶颈。部分研究者提出，在大数据背景下，个人信息保护可以通过明确责任规则和事后判断来约束，没有必要再坚持事先的知情同意。[2]

但是，知情同意原则对于捍卫人格尊严仍具有不可替代的意义，放弃这一原则意味着意思自治的基石在个人信息保护领域的坍塌。因此，学界有不少主张改良知情同意模式的研究。近年来，我国在知情同意原则的适应性方面加以优化，尝试将个人信息分类适用保护以避免知情同意绝对化，[3]将个人信息的内容、功能和活动内容加以区分，并规定了在特定条件下（如数据

---

〔1〕 Aleecia M. McDonald, Lorrie Faith Cranor, "The Cost of Reading Privacy Policies", *A Journal of Law and Policy for the Information Society*, 3（2003）, pp. 540~541.

〔2〕 任龙龙："论同意不是个人信息处理的正当性基础"，载《政治与法律》2016年第1期。

〔3〕 林洹民："个人信息保护中知情同意原则的困境与出路"，载《北京航空航天大学学报（社会科学版）》2018年第3期。

活动正当化事由[1]) 同意豁免的情形。在大数据模式下，个人信息匿名处理将较好地平衡个人信息保护和使用的矛盾，成为个人信息保护发展的新思路。[2]将数据活动正当化与个人信息匿名化相结合，兼顾个人自主意愿和数据挖掘便利价值，对传统的知情同意模式做出有针对性、适应性的改良，必将使其重新焕发活力。

---

[1] 《信息安全技术个人信息安全规范》（GB/T 35273—2020）。

[2] Rubinstein I S, Lee R D, Schwartz P M, "Data Mining and Internet Profiling: Emerging Regulatory and Technological Approaches", *University of Chicago Law Review*, 1（2008）, pp. 261~285.

论无意思联络数人侵权的责任承担

张 伟*

（中国政法大学　北京 100088）

摘　要： 无意思联络数人的侵权责任承担制度是侵权法多数人侵权的一项重要制度。与具有意思联络的多数人侵权不同，无意思联络数人侵权的情形下造成的损害结果无法被统一整体评价为一个侵权行为，这就使得因果关系的判断变得更为复杂。在立法过程中，官方态度也有变动，最终《民法典》第 1171、1172 条采纳了《侵权责任法》的规定，并且在修订《人身损害赔偿解释》时也删除了第 3 条。厘清无意思联络数人侵权的责任归属问题，对于共同侵权行为的界定具有重要意义，也为司法实践中多数人侵权问题提供了理论指引。

关键词： 无意思联络的数人侵权　因果关系　责任承担

一、无意思联络数人侵权的概念与类型

（一）无意思联络数人侵权的概念

无意思联络数人侵权，是指"没有共同故意的数人，分别实施侵权行为，造成他人同一损害的情形"。[1]在多数人侵权中，一些案件以侵权人具有共同的意思联络为特征，这就使得受害人无须证明各个侵权行为与最终的损害结果之间的因果关系，而只需要证明其意思联络，并证明其中一个侵权行为与损害结果具有因果关系，即可将侵权责任归属于全体侵权人。但在无意思联

＊ 作者简介：张伟（1973 年–），汉族，河北省承德市人，中国政法大学同等学力在读研究生，研究方向为民商法学。

〔1〕 程啸：《侵权责任法》（第 2 版），法律出版社 2015 年版，第 376 页。

络的数人侵权情形下，行为人主观上并没有共同的故意和联络，因此也就无法在不违反侵权法原则的前提下对侵权行为做统一的处理。

无意思联络数人侵权的外延与共同加害行为、共同危险行为等有意思联络数人侵权情形中"共同"的理解密切相关，二者概念在逻辑上属于对立关系，对"共同"的理解的扩大和缩小，会直接导致对无意思联络数人侵权的规范范围的扩大和缩小。[1]在立法变迁过程中，对于无意思联络数人侵权问题曾有过两种态度：一是最高人民法院《关于审理人身损害赔偿案件适用法律若干问题的解释》第2条的规定，该项规定采用主客观共同说，将无意思联络数人侵权的情形纳入了所谓"共同侵权行为"中一并处理；二是《侵权责任法》（已失效）第11、12条的规定，将无意思联络数人侵权单独进行规定。

（二）无意思联络数人侵权的类型

虽然共同危险行为同样没有共同故意，但其责任成立因果关系处于不明确的状态，侵权人的行为与受害人的损害之间只有潜在的因果关系。与共同危险行为不同，无意思联络数人侵权的情形下，侵权行为和损害结果之间的因果关系是明确的，可以直接通过一般侵权的原则对其进行处理。

根据因果关系类型的不同，无意思联络数人侵权被分为两种类型。如果各个单独的侵权行为都能够导致损害结果的发生，那么每个侵权人都要对此承担同样的责任，从外在表现来看即为连带责任，即《民法典》第1171条规定的因果关系聚合型侵权；如果各个侵权行为必须结合起来才能产生损害结果，那么损害结果就应当由全体侵权人按份负担，这就是《民法典》第1172条规定的因果关系竞合型侵权。

二、因果关系聚合的数人侵权承担连带责任

（一）因果关系聚合的数人侵权之构成

因果关系聚合的数人侵权构成要件有四个：

第一，侵权人必须为二人以上。作为多数人侵权的一种类型，其行为主体必须为复数，此时才有意思联络与否、责任的归属与分配等问题。如果仅仅是单一侵权人导致损害，则无须借助多数人侵权规则处理，而只需要按照

---

〔1〕 孟永华、田琪雅："无意思联络数人侵权的责任承担——基于对《侵权责任法》第11、12条的分析"，载《中共山西省委党校学报》2013年第6期。

一般侵权规则处理即可。[1]

第二，无意思联络。实施侵权行为的数人必须既不存在共同故意，又不存在共同过失，仅仅只是因为各自单独实施的侵权行为客观上发生了结合而产生多数人侵权。如果数人之间存在意思联络，那么其对于损害结果的发生就是具有理性预期的，构成共同加害行为，应当进行一体评价。[2]

第三，造成同一损害。造成的损害是否同一是归责情形的重要区分标准。因为数个侵权人并无意思联络，在自己责任的原则之下，仅仅应当对自己所造成的损害承担侵权责任。要对数个侵权人课以连带责任，就意味着每个侵权人都对该损害应当承担全部责任，这一条件只有在造成同一损害的情形下才能实现。[3]

第四，每个人的侵权行为都足以造成全部损害。这是因果关系聚合型无意思联络多数人侵权的典型特征。所谓"足以造成全部损害"，并不要求多个侵权人实际造成损害，而是以一般社会观念而言，即每个侵权行为人所实施的行为，即便去除其他侵权行为，也会单独造成损害结果。如甲乙二人在没有意思联络的情况下分别从东西两侧放火，最终使得房屋燃烧倒塌。事后查明，即使没有对方的纵火行为，甲乙双方各自所点燃的火焰在风势下都足以将房屋烧毁，这种情况下就可以认为甲乙二人各自的侵权行为都足以造成全部损害。

（二）承担连带责任的法理基础

现代侵权法自己责任原则，即侵权人只对自己侵权行为造成的损害结果承担侵权责任，这也是民法中的连带责任都必须由法律规定或者当事人约定时方能产生的原因。在因果关系聚合情形下，每个侵权人所实施的行为都足以单独造成损害结果，并且损害结果同一，因此对于每个侵权人来说，这一损害结果都在其自己责任的范畴之内，因此都应当承担侵权责任。[4]出于避

---

[1] 张艳、马强："试论无意思联络的数人侵权"，载《河南省政法管理干部学院学报》2002年第5期。

[2] 焦艳红："无意思联络的数人侵权——以类型化研究为目的"，载《安徽大学法律评论》2007年第1期。

[3] 汪玉妃："浅析无意思联络数人侵权的责任承担"，载《成都行政学院学报》2012年第3期。

[4] 茹秋乐："论无意思联络数人侵权的责任承担方式"，载《广东石油化工学院学报》2021年第5期。

免重复赔偿、损害填补的理念，将各个侵权人的责任规定为连带责任，既有利于受害人行使损害赔偿请求权，确保其能够得到足额赔偿，又能够避免过度赔偿，平衡加害人和受害人之间的利益格局。[1]

三、因果关系竞合的数人侵权承担按份责任

（一）因果关系竞合的数人侵权之构成

与因果关系聚合型多数人侵权情形相同，在因果关系竞合的情形下，也同样必须满足"侵权人为二人以上""造成同一损害结果""无意思联络"的要件。

从法律规定来看，因果关系竞合型数人侵权的规范对象是因果关系聚合型侵权之外的其他无意思联络多数人侵权类型。从类型上来看，有两种情形可供讨论：一是部分因果关系型，即数人分别为侵权行为，造成同一损害，并且数个侵权行为都无法单独造成这一损害；二是数个实施侵权行为的人中，一人行为足以造成全部损害，而其他人的行为则不足以造成全部损害。[2]

（二）承担按份责任的法理基础

侵权责任的承担方式有连带责任和按份责任两种，与连带责任需要法律明文规定或者当事人约定不同，按份责任是责任分担的一般方式。[3]其法理基础同样是自己责任原则。如果侵权人所实施的行为并不足以单独导致损害结果的发生，那么要求其承担全部责任就是苛刻而不公的。因此，由数个侵权人按照自己的过错以及自己所实施的行为对于损害结果发生的原因力来按份承担责任，才是最符合侵权法一般原则的做法。[4]

在责任份额的分配上，应当以过错为主，辅以原因力大小进行处理。原因在于侵权法虽然注重损害填补，但也同样发挥预防损害结果发生的作用，而这一作用正是通过过错责任原则发挥的。此外，过错的类型化和客观化也使得实务操作更加便利，判断标准更加明确。与之相比，原因力的大小就相

〔1〕王华、李兰海："从'主观过错'到'客观关连'——论无意思联络的共同侵权的认定"，载《山东审判》2008年第6期。

〔2〕赵林青："浅析无意思联络的数人侵权行为"，载《法学杂志》2006年第6期。

〔3〕刘琳贝："论无意思联络共同侵权行为"，载《武汉纺织大学学报》2015年第4期。

〔4〕刘生亮、许炜："试论无意思联络的共同侵权行为——兼评两个侵权行为法草案的规定"，载《黑龙江省政法管理干部学院学报》2003年第3期。

对难以判断、较为模糊。

四、结语

无意思联络数人侵权应当区分两种情形进行判断。当每个人的侵权行为都足以独立导致同一损害结果发生时，损害结果就处在每个侵权人的责任范围内，此时应当适用《民法典》第 1171 条的规定，数人均须对受害人承担连带责任；当数人侵权行为结合才能造成损害结果的发生，或者一人所实施的行为足以独立导致损害结果的发生，而其他人的行为只能造成部分结果，此时就不能强加全部责任于侵权人全体，而应当适用《民法典》第 1172 条之规定，由各侵权人按照过错程度和对结果的原因力大小承担按份责任。

网络用工劳动关系的司法认定困境与解决路径

■ ● ● ■

李 欢*

（中国政法大学　北京 100088）

摘　要：互联网平台经济的发展创造了大量的就业岗位，但绝大多数劳动者并未与平台直接签订劳动合同，导致司法实践中对网约工劳动关系的认定存在不确定性。现阶段网约工劳动关系的司法认定陷入困境的主要原因在于劳动法现行的"二元模式"保护范围偏窄，划分过于简单，无法完全适应网络时代的需要。因此，一方面，需要在司法层面适当从宽认定劳动关系；另一方面，需要尽快在立法层面确立劳动者保护的"三元模式"框架，统一司法判例标准，更好地维护网约工的权益。

关键词：网络用工　劳动关系　三元模式　劳动法

一、网络用工劳动关系的时代变迁

据光明日报报道，截至 2021 年 6 月，我国灵活就业人数已达 2 亿人，其中"网约工"占了很大一部分。广义的网约工是指按照互联网平台的信息预约提供劳动的劳动者，既包括平台企业内部的劳动者，也包括与平台企业有合作关系的企业等组织所属的劳动者，还包括与平台企业有合作关系的个人劳动者。狭义的网约工则仅指没有与平台企业签订劳动合同，但存在合作关系的个人劳动者，如外卖员、网约车司机、网约家政人员。[1]随着平台经济的发展，网约工的人数越来越多，对网约工的规制也成为劳动法上的一

---

* 作者简介：李欢（1990 年-），男，汉族，河北省唐山市人，中国政法大学同等学力在读研究生，研究方向为民商法学。

〔1〕 王全兴、王茜："我国'网约工'的劳动关系认定及权益保护"，载《法学》2018 年第 4 期。

大难题，其中的核心问题是网约工与平台或者平台的关联企业之间是否构成劳动关系。[1]

网约工与平台的关系经历了多次转变。以外卖员为例，外卖平台刚出现时，平台为了吸引劳动者送外卖，或者直接与外卖员签订劳动合同，或者通过中介机构，以劳动派遣的方式用工；经过一段时间的发展，各外卖平台为了更快地扩大市场规模，在竞争中赢得先机，减轻平台负担，不再与外卖员签订劳动合同，而仅通过 APP 与外卖员签订众包协议，外卖员可以随时加入、随时退出，并逐渐在平台和外卖员之间插入了专门的众包公司，切断了公司和外卖员之间的直接法律关系；发展到现在，由于众包公司也难以承担众多外卖员的用工成本和风险，因此也和平台一样将配送业务转包或外包，形成了网络化的外包，外卖员与平台之间的劳动关系被完全打碎，劳动者甚至不知道谁是用人单位。不难发现，随着网络平台规模的扩大、网约工人数的增多，采用网约用工体系的公司越来越多，个人与平台之间的联系越来越微弱，某些平台甚至要求网约工注册为个体工商户与其合作，将法律关系转变为商业合作关系而非劳动关系。

二、网络用工劳动关系的司法认定困境

对互联网平台而言，众包模式极为灵活且成本较低，在人口红利尚未消退的情况下，平台不可避免地存在众包用工的利益驱动。但对网约工而言，由于雇佣关系不稳定，法律对其保护也较为缺乏，尤其是当产生经济纠纷或者出现工伤时，网约工或因为找不到、搞不清仲裁、起诉对象而自认倒霉，或者被认定与平台不存在劳动关系而得不到利益补偿。更令网约工无所适从的是，即使对于同一案件，不同地区的法院对于网络平台或者网络平台的关联公司与网约工之间是否存在劳动关系的法律认定也有所不同。换言之，是否与平台存在劳动关系已经不再是纯粹的事实问题，而是转变为规范评价问题，而这对不懂法的网约工而言，本身就是一种不利因素——较大地增加了网约工维权的成本。

由于劳动法并未对网约工这一用工形式作出规定，因此法院对劳动关系

---

[1] 阎天：“平台用工规制的历史逻辑——以劳动关系的从属性理论为视点”，载《中国法律评论》2021 年第 4 期。

的认定主要参照 2005 年原劳动和社会保障部（现人力资源和社会保障部）印发的《关于确立劳动关系有关事项的通知》（以下简称《通知》）。《通知》第 1 条规定："用人单位招用劳动者未订立书面劳动合同，但同时具备下列情形的，劳动关系成立。（一）用人单位和劳动者符合法律、法规规定的主体资格；（二）用人单位依法制定的各项劳动规章制度适用于劳动者，劳动者受用人单位的劳动管理，从事用人单位安排的有报酬的劳动；（三）劳动者提供的劳动是用人单位业务的组成部分。"

实践中，不同法院对该条存在不同解读。如在"e 代驾"司机诉北京亿心宜行汽车技术开发服务有限公司（"e 代驾"运营公司）劳动争议案中，北京市第一中级人民法院指出："e 代驾"司机并没有固定的工作时间和场所，也并非按月从公司处获取劳动报酬，不满足接受用人单位劳动管理，从事用人单位安排的有报酬的劳动这一要件，仅依据司机提交的工牌、工作服等证据不足以认定双方存在劳动关系。同样是基于这一条，上海市浦东新区人民法院认为：司机需要接受公司的考核，遵循公司的规章制度和规范，并且需要穿着工作服、佩戴胸卡从事代驾行为，实质上受用人单位的劳动管理，应认定司机与公司之间存在劳动关系。[1] 宏观数据也表明不同法院在这一问题上的态度不同，在因工伤导致的网约工与平台之间的劳动争议中，认为采用网络众包模式的平台与网约工之间存在劳动关系的法院约占半数。

在这两种截然相反的判决中，笔者认为依照《通知》第 1 条规定，认定网约工与平台或平台相关的企业之间存在劳动关系更为适宜。随着大数据的发展，外卖平台几乎可以掌握每个外卖员的上工情况、具体位置以及移动速度等详尽信息，并且会通过不断"优化"算法的方式，为外卖员规划最佳送餐路线，尽可能缩短外卖员的送餐时间。因此，对网约工而言，虽然表面上看起来比传统的企业工人更为自由，但实际上其行为受到平台的严密控制，甚至其所能取得的报酬在很大程度上也取决于平台为其派单的数量与距离。算法这只"无形的手"取代了传统企业中的管理人员与纸质的规章制度，完成了对网约工的劳动管理与报酬发放。表面的松散管理与内在的严格控制、形式上的独立自主与实质的劳动从属、名义上的平等权利与真实的权利之间

---

[1] 王天玉："基于互联网平台提供劳务的劳动关系认定——以'e 代驾'在京、沪、穗三地法院的判决为切入点"，载《法学》2016 年第 6 期。

较不平衡，随着科技管理技术的提升，依附于平台的网约工已经被完全"困在系统里"。[1]

三、网络用工劳动者权益保障的立法设计

虽然上述分析已表明，认定网络平台与网约工之间存在劳动关系更符合社会实际，但不可否认的是网络平台本身承担不了上千万的雇员，若一律认定网约工与平台存在劳动关系不利于平台经济的进一步发展。事实上，作为信息时代产物的网约工与成型于工业时代的劳动法律之间本就存在错位，无法在现有的劳动法中找到现成的规定，因此无论如何解释，劳动法对调整网约工过程中出现的现实问题总是捉襟见肘。[2]在司法解释已经无法完美地回应现实生活的变迁时，立法需要做出积极改变，通过法律的修订更好地应对现实困境。

网约工与网络平台劳动关系认定困难的一大原因在于，我国《劳动法》采取的"二元模式"导致了劳务提供者身份的单一性，"非黑即白"的路径让劳动仲裁委员会、法院等劳动关系认定机关左右为难。正如美国审理网约车集体诉讼案的文斯·查布里亚法官所说的："判断平台工作者属于自雇者还是雇员这种问题，就像是给了他们一个方钉，却要他们从两个圆孔中选择合适的一个。"因此，一个可行的思路是开辟第三条道路，赋予以网约工为代表的灵活就业人员一个与劳动者、非劳动者都有所不同的合适法律身份，即采取"三元模式"，在"劳动者""非劳动者"之外引入"类似劳动者"的概念。[3]

采取"三元模式"，引入类似劳动者的方案已被德国、意大利、西班牙等多个国家采纳，如《德国劳动法》便规定了对企业无人格从属性但有经济从属性"类雇员"。网约工是典型的类雇员：一方面，虽然网约工会受到算法的限制，但毕竟没有强制的工作时间，仅部分满足人格从属性；另一方面，绝大部分的网约工又在经济上依赖于平台企业。对此类型的就业人员，法律提供的保障应介于劳动者和非劳动者之间，对于与网约工人身和健康关系密切

---

〔1〕 常凯："平台企业用工关系的性质特点及其法律规制"，载《中国法律评论》2021年第4期。

〔2〕 涂永前："应对灵活用工的劳动法制度重构"，载《中国法学》2018年第5期。

〔3〕 娄宇："新就业形态人员的身份认定与劳动权益保障制度建设——基于比较法的研究"，载《中国法律评论》2021年第4期。

相关的工伤保险、与第三人损害赔偿密切相关的第三者商业险以及与劳动条件保障直接相关的劳动强度应采取强制性的制度设计，而与个人利益相关度较高但参保意愿不强的养老、医疗、生育保险等社会保险则采取提倡性的制度设计。[1]

---

[1] 马晓明："网络用工劳动关系的认定困境及其解决路径"，载《法大研究生》2019年第1期。

以物抵债的性质及法律规制

蒋畦玉*

（中国政法大学　北京 100088）

摘　要： 以物抵债古已有之，商品经济的繁荣不仅没有消除这种抵债模式，反而使得此种抵债模式愈发常见。但由于我国法律未对以物抵债作出直接规定，司法实践中缺乏可供参考的标准，引发了诸多纠纷，且理论层面以物抵债和代物清偿的区分界线也不明晰。法官在处理此类纠纷时，缺乏统一的理论和实然法指导，导致判决也千差万别。立足于中国当下的社会经济现实，明晰以物抵债的法律地位，明确其处理方案显得尤为必要。

关键词： 以物抵债　代物清偿　债之变更　新债清偿　违约救济

一、问题的提出

自出现货币开始，便存在交易的某一方无法足额支付货币的情况，因而以物抵债这种方式便自然而然地出现了。改革开放后，我国开始发展社会主义市场经济，在非官方的私人借贷中，以物抵债的情况并不在少数。如甲借给乙20万元，约定一年后偿还，一年期至，乙无力偿还借款，但家里有一辆闲置的汽车，价值25万元，经过协商，乙将该汽车过户给甲，用以抵债，而后甲乙之间因借贷产生的债权债务关系消失。但以物抵债这一方案在官方的司法活动中并不被认可，在上述例子中，若因乙无力偿还，甲将乙诉至法院，法官作出判决后，乙提出愿意以汽车抵债，法院并不会同意乙的要求。虽然《民法典》第10条规定，处理民事纠纷，应当依照法律；法律没有规定的，

---

　　* 作者简介：蒋畦玉（1995年–），辽宁省本溪市人，中国政法大学同等学力在读研究生，研究方向为民商法学。

可以适用习惯，但是不得违背公序良俗。但由于习惯具有不稳定性，实践中法院的处理并不相同，不仅损害了部分当事人的利益，而且不利于法秩序的统一。

二、以物抵债协议的性质

（一）以物抵债的概念

在我国学术界中，崔建远教授认为以物抵债属于民事法律行为，是当事人达成的以他种物给付代替原定给付的协议，包括了两种情形：一是原债务合同双方当事人虽然达成了以物抵债，但债务人尚未履行抵债物的交付；二是在原债务合同双方当事人达成了以物抵债这一协议的基础上，债务人已经完成了该协议的履行，实施了抵债物的交付。[1]施健辉教授则以现实中的以物抵债行为特征为基础，将以物抵债的学术概念定义为：债务人与债权人达成的以转移抵债物的所有权给债权人，从而使原债务合同消灭的民事法律行为。[2]对以物抵债学术理论进行系统梳理总结可知，界定以物抵债行为主要包含两个要素：原债务合同的存在；以物抵债的目的是以抵债物的给付使原债务消灭。

在最高人民法院颁布的《全国法院民商事审判工作会议纪要》中，以达成以物抵债时间为标准分类，可以分为履行期限届满前的以物抵债和履行期限届满后的以物抵债，不同阶段以物抵债的性质和效力各不相同。履行期限届满前的以物抵债的特征在于旧债未届清偿期，债务人依然保有如期履行债务的可能性，此时法律的设计应该倾向于保护债务人的利益。履行期限届满后的以物抵债，在这个阶段旧债已经清偿，债务人应当履行债务却未履行或者无法履行原债务，此时法律的天平应该倾向于保护债权人的利益，保障债权人合法利益的实现。

（二）以物抵债的解析

根据《全国法院民商事审判工作会议纪要》的精神，以及学界对以物抵债行为的共识，笔者认为，以物抵债应满足以下三项要素才是有效的，若不满足其中的一项或者多项，则应认定其偿还行为并不具有以物抵债的效力。

---

[1] 崔建远："以物抵债的理论与实践"，载《河北法学》2012年第3期。
[2] 施健辉："以物抵债契约研究"，载《南京大学学报（哲学·人文科学·社会科学）》2014年第6期。

首先，以物抵债应以合法且生效的旧债为基础，如果原来不存在债权债务关系，或存在的债权债务关系不合法，则以物抵债自始没有存在的可能性。例如，甲无力偿还因赌博输给乙的 20 万元，乙提出要甲以汽车抵债，甲拒绝。在此案件中，由于并不存在合法的旧债，因此以物抵债也就没有存在的基础。具体而言，旧债自始不存在，或被宣告无效，被撤销，都会导致以物抵债行为失去意义。

其次，以物抵债要求债权人和债务人达成以他种给付替代原给付的合意。即以物抵债是双方合意的结果，而非其中一方单独作出的意思表示。他种给付和原给付往往是不一致的，且在以物抵债语境下，原给付一般为金钱给付，他种给付为物的给付，当然也存在原给付和他种给付都是物的可能性，即无法交付 A 物，达成合意后交付 B 物。

最后，以物抵债的清偿方式具有特殊性，既不同于债之更新，"合同成立时，原债务即归于消灭。此为债的更新，非属代物清偿"，又不同于代物清偿，代物清偿须有现实的给付才能使得代物清偿合同成立生效，以物抵债是以履行以物抵债的方式来消灭原债权债务关系。[1]

三、以物抵债的违约救济途径

（一）主张旧债的违约责任

在以物抵债的法律关系中，存在两个债权债务关系，为方便论述，分别将其称之为新债和旧债。旧债产生的原因是多样的，既可以依据合同产生，也可以因为无因管理、不当得利，乃至侵权行为产生；而新债由于需要双方达成合意，因此一般都是基于以物抵债协议产生的，属于合同之债。问题在于，当新债成立但债务人仍然不履行新债时，债权人是能够同时主张新债和旧债，还是只能主张旧债，在新债成立时，旧债自然宣告消灭。对此学界存在两种观点：任意选择说和新债优先说。任意选择说认为，新债和旧债是并列的关系，新债的成立并不导致旧债的消灭，新债仅仅是债权人与债务人达成的实现旧债的"手段"，两者之间是并列的，甚至新债的法律关系从属于旧债。因此，在新债和旧债的履行期都已届满时，债权人可从自身利益出发，自由选择新债或旧债，要求债务人择一履行。新债优先说则认为，自由选择

---

〔1〕 崔建远："代物清偿与保证的联立分析"，载《东方法学》2011 年第 5 期。

说过度强调了债权人的利益而忽视了债务人的利益，若债权人在以物抵债协议达成后，仍然可以主张旧债，则以物抵债合同相当于债务人增加了担保物，给债务人施加了单方面的限制，将会导致以物抵债协议无法真正实现。因此，根据该说，债权人的权利要受到一定的限制，债权人一般应先就新债请求履行，不能任意行使自己的权利。相较而言，笔者认为新债优先说能更好地平衡债权人和债务人的权益义务关系，且根据合同确立的债权债务关系对违约责任、救济方式等规定得也更为详细。因此，原则上债权人不可主张旧债的违约责任。

（二）主张新债的违约责任

在新债和旧债的二选一中，对债权人施加一定限制，要求债权人只能主张新债的违约责任有其合理性。这一观点也逐渐成为司法实践的共识，即使在新债和旧债都是合同之债的情况下，债权人也仅能根据以物抵债合同而不能根据原合同主张违约责任。但也存在相反的判决，例如，在"华某欣与江苏万顺置业有限公司商品房销售合同纠纷案"中，法院认为，债务人未履行配合办理不动产权属变更登记，导致抵债房屋被法院作为执行标的物用于清偿债务人所欠债务，故债务人不能履行向债权人交付房屋构成根本违约，债权人有权要求解除合同，并要求债务人赔偿房屋增值部分价款损失（履行后可得利益损失）。[1]

四、结语

以物抵债作为一种实践中常见的债务偿还模式，我国法律法规未对其作出具体的规制不能说不是一种遗憾。虽然通过解释和利益衡量，可以在个案中认定以物抵债协议的效力，平衡债权人和债务人的权益，但依据习惯作出的判决具有的不稳定性不容忽视。在《民法典》进行修改的时候，应考虑加入以物抵债的相关规定，以回应实践需要。

---

[1]　江苏省宿迁市中级人民法院［2017］苏 13 民终 4881 号民事判决书。

房地产开发企业推进拆除重建类城市更新项目法律风险研究

——以深圳市为例

周　群*

（中国政法大学　北京 100088）

摘　要： 2021 年 3 月 1 日，深圳市实施了《深圳经济特区城市更新条例》。作为全国首个颁布城市更新项目相关地方性法规的城市，深圳城市更新项目走在全国前列。条例明确规定，城市更新项目可由具有房地产开发企业资质的市场主体组织实施，从法规层面认可房地产企业在城市更新项目推进中的重要主体地位。本文根据房地产开发企业在拆除重建类城市更新项目中各流程节点需完成的事项，探讨可能存在的法律风险及其应对。

关键词： 拆除重建　城市更新　法律风险　应对策略

一、城市更新项目相关法规

2021 年 3 月 1 日，深圳市实施了《深圳经济特区城市更新条例》（以下简称《条例》），《条例》第 8 条规定，城市更新项目操作流程是：制定更新单元计划、编制更新单元规划阶段、确认实施主体阶段、建筑物拆除和产权注销、签订国有建设用地使用权出让合同、土地开发建设、回迁安置。

（1）更新单元计划阶段。该阶段也称为意愿征集和立项阶段。[1]按照

作者简介：周群，女，汉族，广东省深圳市人，中国政法大学同等学力在读研究生，研究方向为经济法学。

〔1〕 王佳丽："试析关于拆除重建类城市更新项目的法律风险防范"，载《法制与社会》2018 年第 6 期。

《条例》的规定，意愿征集比例相比《深圳市城市更新办法》（以下简称《办法》）的规定有所调整。《办法》第 33 条规定，建筑物区分所有权的，应取得占建筑物总面积 2/3 和占权利人数量总额 2/3 以上的权利主体意愿征集同意。《条例》第 25 条第 1 款规定，建筑物区分所有权的，应完成占建筑物总面积 95% 和占权利人数量总额 95% 以上的权利主体意愿征集同意。该阶段需要权利人意愿征集同意由房地产开发企业（市场主体）进行项目统一申报。

立项需要符合政策条件，比如五类合法用地（即国有土地、非农建设用地和征地返还用地、旧屋村用地、纳入房地产权登记历史遗留用地、经处理的历史遗留违法用地）比例不得低于 60%，建筑物建成年限不得低于 20 年，项目应满足"十三五"规划、城中村综合整治、工业区块线等上位规划。

（2）更新单元规划阶段。该阶段也称为土地建筑物核查和专项编制阶段。[1]该阶段需要完成土地建筑物权属核查，委托具有资质的主体根据法定图则制定《更新单元规划》。《更新单元规划》由区城市更新主管部门、市政府相关主管部门按照程序进行报批。

（3）确认实施主体阶段。该阶段最重要的事项是通过与项目内 100% 权利主体签订拆迁补偿协议、房地产作价入股或者房地产收购等方式，形成单一主体实施主体申报。若项目属于城中村的，村集体经济组织也可以公开选择单一市场主体合作实施城市更新项目。

（4）建筑物拆除和产权注销、签订国有建设用地使用权出让合同、土地开发建设、回迁安置等流程统称为开发建设与回迁阶段。[2]在取得实施主体资格后，对项目内现状建筑物进行拆除和产权注销，注意拆除过程中是否存在历史建筑物等；若存在，则需要进行隔离保护。企业在完成建筑物拆除和产权注销后，需补缴地价，签订国有土地使用权出让合同，办理施工证对项目地块进行开发建设，并在取得竣工证后进行回迁安置。

---

〔1〕 王佳丽："试析关于拆除重建类城市更新项目的法律风险防范"，载《法制与社会》2018 年第 6 期。

〔2〕 王佳丽："试析关于拆除重建类城市更新项目的法律风险防范"，载《法制与社会》2018 年第 6 期。

二、城市更新项目各阶段面临的法律风险及应对

（一）更新单元计划阶段面临的法律风险及其应对

（1）法律风险。该阶段主要面临两类法律风险：第一类是意愿征集程序瑕疵、权利人提供虚假信息或权属证明资料不完整等问题，可能导致意愿征集无效的风险，以及权利人抗拒进行意愿征集，误将意愿征集等同于拆迁补偿，导致意愿征集比例不足的风险。第二类是房地产开发商在介入项目之前，未进行全面尽职调查而导致的其不符合立项申报条件的风险。尽职调查内容应明确项目是否符合合法用地比例，项目是否存在法定图则为政府社团用地、绿地、教育资源用地，项目被纳入城中村综合整治、土地整治、棚户区改造范围，项目处于水源保护区、生态控制线、土地规划是否为非建设用地等不得进行立项的情形，否则将导致项目本身不符合法规、政策的规定，因而无法立项。

（2）应对策略。针对上述第一类法律风险，首先，在程序上，应统一召开股东大会而不是股东代表大会；若出现政策冲突的情况，房地产开发及时与更新局、镇政府、农资办等部门沟通，征询主管部门意见，避免因程序问题导致意愿征集无效。其次，在意愿征集时，对于权属证明资料不全或不完整的，进行建册、跟踪回访，提示权利人补齐权属资料，鼓励权利人自行确权；对于提供虚假信息并造成损失的，房地产企业可提起民事诉讼，甚至进行刑事举报。最后，在与权利人沟通方面，应将相关政策与权利人充分沟通，提供文件说明意愿征集只是政策程序，后续拆迁补偿协议另行沟通并签署文件。

针对上述第二类法律风险，房地产企业应进行全面尽职调查，除书面审阅政策文件、法定图则外，对多个规划是否冲突等情况进行全面核查并向主管部门进行咨询。对于无法满足政策条件的项目，房地产企业应避免投入，提前终止项目。

（二）更新单元规划阶段面临的法律风险及其应对

（1）法律风险。该阶段通常面临的法律风险也有两类：第一类是土地权属核查不清，实际用地面积与租地合同约定的租用面积不一致，非法占用农用地等影响项目进度，导致专项规划无法通过审批的风险；第二类是因竞争对手以更新意愿征集造假为由，对企业的专项规划草案进行信访、投诉后，行政主管部门可能做出不当行政行为，从而导致专项规划方案被暂缓、中止

或终止的风险。

（2）应对策略。规避第一类法律风险的方式是前期充分进行尽职调查，多方核查土地来源，申请行政部门公开核查权属信息；对于历史用地存在实际用地面积和租用面积不一致的，应督促股份合作公司做出股东代表大会决议；对于非法占用农用地的，根据土地性质依法办理相关许可手续。而对于第二类法律风险，企业可采取的方式有：在更新意愿征集、股东大会表决、签订拆迁补偿安置协议等阶段进行严格的形式审查，核实当事人身份信息，并做好相应公证事宜；当遭遇不当行政行为时，及时申请公开听证、行政复议，必要时提起行政诉讼等。

（三）确认实施主体阶段面临的法律风险及其应对

（1）法律风险。拆迁补偿协议阶段，主要风险是拆迁补偿协议无效、被搬迁人确定错误、被搬迁人不履行交付义务、被搬迁人与第三方签约、被搬迁人转卖房屋、钉子户等风险。针对拆迁补偿协议无效及钉子户的风险，《条例》进行了制度回应，一方面相关部门下发了拆迁补偿协议模板，另一方面，《条例》第36条规定，当已签订拆迁补偿协议的物业权利人占比不低于95%时，可由区人民政府对未签约房屋依法实行征收。

（2）应对策略。企业确定被搬迁人，一般以产权证明为准，但是旧村改造项目大部分缺失产权证明。针对上述针对法律风险，企业可采取以下防范措施：针对城中村，可要求村股份公司进行股东大会表决，并在镇政府部门进行备案；对于国有土地房产，可通过起诉等方式确权，对于有完整可追溯的房屋买卖合同的，也可沟通政府部门或房屋买受人同意，直接将回迁房办理至房屋买受人名下。而针对被搬迁人不履行交付义务、与第三方签约、转卖房屋的风险，建议在拆迁补偿协议中设置房屋交付时间，规定逾期交付、不能交付、转卖等情形设置较高的违约责任，同时有权要求继续履行。

（四）开发建设与回迁阶段

（1）法律风险。该阶段主要存在两类法律风险：一是权利人私下交易回迁指标导致房屋交付存在争议，房地产企业面临被卷入纠纷的风险。二是实际交付的回迁房与拆迁补偿协议约定不符的违约风险。

（2）应对策略。为应对上述风险，企业应与权利人明确约定严格的违约责任，若权利人因私下交易回迁指标使房地产企业遭受损失的，权利人应当承担赔偿责任。另外，对于回迁房具体户型的约定，企业应在拆迁补偿协中增加"以政府审批结果为准"的内容，并约定不可抗力的范围，如区级及以上政府的政策、项目审批等。[1]

三、结语

城市更新项目不同于一般的房地产开发项目，具有主体复杂性、法律性、政策性、长期性以及实践性等特点。相关数据显示，一个完整的城市更新项目平均周期为 5 年～8 年，10 年也是常态。[2]笔者根据现有的法规、政策，分析了深圳拆除重建类城市更新项目在各阶段可能存在的法律风险及应对策略。但因城市更新项目政策变动频繁，后续城市更新的流程及风险也会相应发生变化，房地产企业如何在城市更新项目中防范风险，维护自身利益，任重而道远。

---

〔1〕 参见华润置地有限公司、北京德恒（深圳）律师事务所：《城市更新项目法务工具库：案例·风险·流程·政策》，法律出版社 2020 年版。

〔2〕 李果："城市更新平均周期 5-8 年"，载《晶报》2019 年 4 月 17 日。

"套路贷" 罪名认定问题研究

肖 磊*

（中国政法大学 北京 100088）

摘 要： 近年来，涉及"套路贷"的违法犯罪活动经常发生，不仅侵害了当事人的合法权益，而且严重扰乱了市场秩序，影响了社会的和谐稳定。"套路贷"并不是我国《刑法》规定的法定罪名，而是对一类犯罪行为的概括性总称。在司法实践中，认定"套路贷"涉嫌诈骗罪应当严格遵循罪刑法定原则，做到惩罚犯罪与保障人权的统一。

关键词： 套路贷 民间借贷 非法占有 合同诈骗

一、"套路贷"的由来

"套路贷"不是我国《刑法》规定的法定罪名，而是对一系列犯罪行为的概括性总称，是对犯罪现象的归纳和描述。一般而言，"套路贷"是行为人以非法占有为目的，披着民间借贷合法外衣，通过欺诈、胁迫等违法手段，迫使借款人签订"空白合同""虚高借款合同""阴阳借款合同"等不平等协议，以虚构债权、故意制造违约、销毁还款证据、暴力讨债等方式，并借助司法手段比如诉讼、仲裁、公证等途径非法占有他人财物，实施一系列犯罪活动的概括性总称。

2017年10月，上海市高级人民法院、上海市检察院、上海市公安局在全国率先印发了《关于本市办理"套路贷"刑事案件的工作意见》，首次对"套路贷"问题进行了规定，就"套路贷"案件的定性、共同犯罪问题、犯

---

* 作者简介：肖磊（1989年-），男，汉族，河北省保定市人，中国政法大学同等学力在读研究生，研究方向为刑法学。

罪数额的认定以及涉案赃物的处理等进行了明确规定，进一步统一了针对此类案件的法律适用和打击尺度。

2019 年，最高人民法院、最高人民检察院、公安部、司法部联合发布《关于办理"套路贷"刑事案件若干问题的意见》，进一步明确了司法机关打击"套路贷"违法犯罪活动的目标和重点。

二、"套路贷"的特点和表现形式

"套路贷"犯罪手法多种多样，表现形式各不相同。部分不法分子假借民间借贷之名实施违法犯罪活动，严重破坏了市场秩序，人民群众反映强烈。本部分就"套路贷"的特点和表现形式进一步说明，以加深对此类违法犯罪活动的认识和理解。

（一）"套路贷"的特点

实践中，披着民间借贷的合法外衣实施"套路贷"犯罪活动的案件甄别难度较大，犯罪手法较为隐蔽。但是如果从整体上进行评价，可以发现"套路贷"具有如下特点：

（1）表面合法性。"套路贷"团伙往往通过其直接或间接控制的互联网金融公司、担保公司、小额贷款公司、投资公司、咨询公司等名义非法放贷，普遍都不具有国家认可的金融资质，在线上或线下发布各类非法金融广告信息，并以"低利息、无抵押、无担保、快速放款"等具有明显诱导性的标题作为诱饵，通过电话、短信、微信、qq 等方式发布广告，诱骗借款人借款。

（2）手段多样性。在借款人签署"套路贷"团伙准备的协议时，借款人一般处于弱势地位，在发生法律纠纷时双方对于借款金额、借款利率往往会产生分歧，各执一词。贷款人通过转账的方式将借款支付给借款人，但同时又以"保证金""服务费""行业规矩"等名义要求将部分利息、本金偿还给贷款人。但当借款人借款到期时，则以系统故障、电话维修等方式恶意制造逾期陷阱，导致借款人无法正常还款。

（3）目标特定性。"套路贷"团伙作案目标明确，其以非法占有为目的，瞄准的并不是借款人的还款利息，而是其个人甚至家庭的全部财产。在寻找作案目标上有个显著的特点，那就是以"一老一少为主"，"老"主要是名下有不动产的高龄老人，"少"主要是在校大学生或者刚毕业的年轻人。这类人一般对于事情的判断和理解能力较弱，较容易上当受骗，故而逐渐成为"套路贷"团伙的作案目标。

（4）社会危害性。"套路贷"并不在我国正规的金融体系和法律法规之内。在一些地区，"套路贷"逐渐发展成当地黑恶势力大肆敛财的工具，特别是最近几年与互联网金融相结合，出现了许多非法吸收公众存款、暴力讨债等社会乱象，引发了较大的社会问题，破坏了现有的良好金融生态环境。

（二）"套路贷"的表现形式

套路一：名目繁多的"砍头息"。民间借贷案件中，一些贷款人为了降低自身风险，将借款利息从本金中预先扣除，从而使借款人收到的款项低于借款金额，即俗称的"砍头息"。不仅影响了借款人资金的正常使用、变相提高了借款利率，而且扰乱了正常借贷秩序，有违公平信用原则。

套路二：空白借据。借条、欠条、收条是证明借贷事实发生的重要证据，是民间借贷案件中经常出现的借款凭证。在"套路贷"案件中，贷款人往往抓住借款人急需用钱的心里，在借条上草率签名，而借款金额、期限、利率、违约责任等借款合同的重要条款均为空白。

套路三：制造虚假流水。贷款人为了制造已将借款交予借款人的假象，其通过网上转账的方式发放借款，让借款人收到借款后手持现金拍照合影，制造已将款项交付的假象，然后通过暴力、胁迫等手段将资金以现金的形式收回，虚构不存在的债权债务关系。

套路四：签订抵押、制造违约。贷款人为收取更高的费用，在借款人偿还部分借款后，与其重新签订借款合同，但对已偿还借款不予扣除。针对借款到期且无力偿还借款的借款人，贷款人安排专人替其"还款"，并让借款人与其签订金额更大的"借款协议"，收取更高的违约金。

套路五：低门槛裸贷。"裸贷"是"套路贷"团伙抓住年轻借款人急需资金、社会经验较少的特点，让借款人拍"裸照"为其借款提供担保，违规放贷的行为。近年来，因"裸贷"而被诈骗、嫖娼卖淫、敲诈勒索的案件经常发生，逐渐引起司法部门的关注和重视。

通过对上述套路的分析，"套路贷"违法犯罪活动的手段多种多样，但万变不离其宗，只要抓住其本质，终能将犯罪分子绳之以法。

三、"套路贷"的常见罪名

"套路贷"概念的提出并未经过严格的考证，而是伴随着网络流行语的特点，并非法律概念，类似于"714高炮""现金贷"等词语。本部分将着重介绍涉及"套路贷"的几种常见罪名，从现有司法实践来看，一般是"套路贷"团伙在设定债务或追讨债权的过程中，其违法行为构成犯罪，从而被司法机关追究刑事责任。主要包括两种情况：

（一）贷款人设定债务的方式构成犯罪

通过"虚构放款流水""制造还款障碍""恶意制造违约"等违法手段形成的"套路贷"可能构成诈骗罪。在此类违法犯罪活动中，贷款人以非法占有为目的，披着民间借贷的合法外衣，企图侵占借款人及其家庭的全部财产。针对此类行为，司法机关可以诈骗罪追究其刑事责任。

（二）贷款人追讨债务的行为构成犯罪

贷款人为达到其目的，对借款人实施非法跟踪、堵锁眼、非法拘禁、故意伤害等行为，甚至造成借款人自残、自杀等一系列严重后果。贷款人的此类行为可能构成故意伤害罪、非法拘禁罪、敲诈勒索罪等。

四、结论

在社会实践中，关于"套路贷"案件的认定存在一种倾向：确定为"套路贷"则必然构成诈骗罪，而忽略了案件中借款人的自身问题。在此类案件中，大多数借款人具有完全民事行为能力，对"砍头息"、违约条款、保证金等系知情，这种情况并不符合诈骗罪的形式构成要件，故不应对"套路贷"案件一概以诈骗罪论处。诈骗罪需要以非法占有为目的，虚构案件事实，使他人陷入错误认识，并基于错误认识而处分其财产。而在"套路贷"案件中大部分借款人对贷款人所设置的本金、利息、还款方式等是知情的，借款人急迫地需要资金，宁愿承担高额利息，并不一定存在错误认知。因此，凡是涉及"套路贷"案件均认定构成诈骗罪不符合法理，对诈骗罪进行了扩张解释，其不应当成为口袋罪，应当结合案件的实际情况具体问题具体分析。[1]在依法治国的法治社会，只有严格遵循"罪刑法定原则"才能实现惩罚犯罪与保障人权的有机统一，这也是刑法的目的和初心。

---

[1] 参见何建编著：《"套路贷"案件办理实务精要》，人民法院出版社2020年版。

我国药品专利期补偿制度中"新药"的范畴研究

常雨轩*

(中国政法大学　北京 100088)

摘　要： 2021 年 6 月 1 日《专利法》(2020 年修正) 正式实施。其中，《专利法》第 42 条第 3 款正式确立了我国药品专利补偿制度。然而，对于第 42 条所规定的"新药"，其范围仍然有待明晰，尤其对于《药品注册管理办法》中"5.1 类药品"是否属于上述第 42 条所规定的"新药"，目前仍然存在争议。本文试图对于上述问题进行探讨，并给出相关建议。

关键词： 药品专利补偿制度　新药　审批上市

一、引言

药品研发成本高而成功率低已经成为业内共识。以肿瘤药物为例，其平均研发成本接近 10 亿美元。[1]根据 *Clinical Development Success Rates 2006 - 2015*，药品从临床一期到批准上市的总成功率仅为 9.6%。因此，药品专利保护期限对于原研药企尤为重要，因为专利到期后，仿制药的上市会大幅压低原研药品的利润。然而，由于药品的特殊性，往往需要经过漫长且严格的行政审批程序才能够上市销售。据统计，2017 年至 2018 年期间专利药品的审批生产和审批进口时间平均为 12.5 年，即专利药品的有效专利期减损平均为

---

* 作者简介：常雨轩 (1983 年−)，男，汉族，辽宁省大连市人，中国政法大学同等学力在读研究生，研究方向为知识产权法学。

〔1〕Vinay Prasad, Sham Mailankody, "Research and Development Spending to Bring a Single Cancer Drug to Market and Revenues after Approval", *JAMA internal medicine*, 177 (2017), pp. 1569~1575.

12.5 年，这也意味着药品专利的实际保护期大幅降低。[1]因此，为了鼓励新药开发，提高原研药企的积极性，许多国家通过建立药品专利期补偿制度对由于行政审批程序而减损的专利保护期进行适当的补偿。药品专利期补偿制度最初是 1984 年在美国 Hatch-Waxman 法案中确立的。[2]之后欧洲及日本等国均建立了类似的制度。在我国，2017 年由中共中央办公厅、国务院办公厅印发的《关于深化审评审批制度改革鼓励药品医疗器械创新的意见》中，首先提到了探索开展药品专利期限补偿制度试点。2020 年 1 月 15 日中美签署的《中华人民共和国政府和美利坚合众国政府经济贸易协议》（下文简称中美经贸协议）进一步提出了建立药品专利期补偿制度。2021 年 6 月 1 日生效的《专利法》（2020 年修正）第 42 条第 3 款规定了给予新药专利权期限补偿，标志着药品专利保护制度正式在我国落地。但第 42 条所规定的"新药"的具体范围并不明晰，特别是《药品注册管理办法》中"5.1 类药品"是否属于"新药"的范围，目前仍然存在争议。因此，本文的研究具有很强的现实意义。

二、我国药品专利期补偿制度中关于"新药"范围的争议

我国《专利法实施细则修改建议（征求意见稿）》第 85 条第 4 款规定了"……新药相关专利，是指国务院药品监督管理部门首次批准上市的新药活性成分相关专利"。《专利审查指南修改草案（征求意见稿）》（以下简称《指南》）具体规定了《专利法》第 42 条规定的新药是指国务院药品监督管理部门批准上市的创新药和改良型新药，改良型新药是指化学药品第 2.1 类和第 2.4 类。可见《指南》中关于改良型新药的规定是明确的。然而，对于创新药，业界仍然存在较大争议，这主要是因为指南对于药品的分类与我国化学药品注册分类的不一致。根据《化学药品注册分类及申报资料要求》，1 类药品指境内外均未上市的创新药；5.1 类指境外上市的原研药品和改良型药品申请在境内上市，其中原研药品即为创新药。由此可见，从定义上看 1 类和 5.1 类化学药品均涉及创新药。目前一种观点认为《指南》中所规定的创新药仅指 1 类新药，也就是该新药必须在中国先审批上市的创新药；而另一种观点

---

〔1〕 耿文军、王春雷、丁锦希："中国专利药审批速度和专利期限补偿"，载《中国新药杂志》2019 第 15 期。

〔2〕 林淘曦、余娜、黄璐："美国首仿药制度及专利挑战策略研究"，载《中国新药杂志》2016 年第 19 期。

认为新药的范围还应当包括 5.1 类药品，即该药品首先在国外上市，然后进口到中国的创新药。对此，相关部门目前仍然没有给出明确的规定。

对于改良型新药，《指南》明确规定了化学药品的范围为 2.1 和 2.4 类新药。而 5.1 类包括境外上市的原研药品和改良型药品申请在境内上市，即 5.1 类药品同样包括了改良型新药。然而，《指南》将 5.1 类规定的改良型药品排除在"新药"的范围之内。由此可见，对于改良型新药，我国药品专利补偿制度只针对在我国提交药品上市申请的并且在国内外均没有上市的改良型新药。然而，对于创新药，《指南》却没有明确将其规定为 1 类药品，可见从《指南》的规定来看，对于创新药的定义是留有操作空间的。

三、将 5.1 类创新药纳入药品专利期补偿制度的合理性

在《专利法》（2020 年修正）第 42 条中首次规定了对在中国境内与境外同步申请上市的创新药品发明专利，国务院可以决定延长专利权期限，其本意是希望跨国药企能够让新研药品可以在我国与境外同步上市，从而让我国患者能够尽早使用疗效更好的新药，增加新研药品在我国的可及性。

然而，《专利法》正式生效后，第 42 条的表述从草案中的"对在中国境内与境外同步申请上市的创新药品发明专利"改为"对在中国获得上市许可的新药相关发明专利"。一方面，这避免了希望在中国上市的药物如果没有在境外同步上市就无法申请药品专利补偿期的窘境；另一方面，也意味着对于先在境外申请，然后在中国申请上市许可的创新药提供了申请专利补偿期的操作空间。

此外，《专利法》（2020 年修正）第 42 条也可以视为中美经贸协议中关于药品补偿期在中国的落地。协议规定，中国应对新药提供必要的专利期补偿，美国保证将给予与本条款规定内容同等的待遇。从这个角度看，中国和美国应该对等地对待药品专利补偿制度中关于"药品"的规定。然而，在美国的药品注册分类中，创新药是通过新药申请（NDA）向有关部门申请行政审批，而仿制药是通过仿制药申请（ANDA）向有关部门申请行政审批。美国药品专利补偿制度中关于"药品"规定为第一个被批准商业销售或使用的产品，即创新药。[1]可见，美国的药品注册分类中并没有类似于我国《指南》

---

〔1〕 林淘曦、余娜、黄璐："美国首仿药制度及专利挑战策略研究"，载《中国新药杂志》2016 年第 16 期。

中规定的 5.1 类（即进口药品）这一分类和概念。但从另一个角度考虑，对于这种已经在国外上市的药品，其进入美国后依然需要按照 NDA 申请进行行政审批，而其获批药物依然符合在美国第一个被批准商业销售或使用的产品这一规定，因此可以基于此申请药品专利延长。因此，本着国际条约中对双方权利义务同等对等的精神，对于我国《指南》中规定的 5.1 类药品的情况，适当地给予专利补偿期也是合理的。

四、将 5.1 类创新药纳入药品专利期补偿制度将导致的问题

然而，如果将所有《指南》中规定的 5.1 类创新药均纳入药品专利补偿范围而不设定任何限制，仍然会导致一些问题。

第一，专利期补偿本质上是专利权这种对世权的延长，其中必然涉及公众的信赖利益。然而，对于 5.1 类创新药而言，由于其审批的特殊性，如果将其不加限制地纳入药品专利补偿范围，必然会对公众的合理信赖利益产生不良影响。具体而言，只要其在境外获得上市许可，不论其何时进入中国，其都可以按照 5.1 类新药进行审批。对于仿制药生产企业而言，其无法合理地预期该境外上市药品是否会进入中国，何时会进入中国，其在中国的专利期是否会被延长。这种不可预期性导致这些仿制药企无法合理地规划仿制药的研发与上市，事实上变相增加了该药品专利的垄断利益，显然对于公众显失公允。

第二，如果某仿制药生产企业按照 3 类药品（《指南》中规定的化学药品 3 类为境内生产的仿制境外已上市境内未上市原研药品的药品）进行申报并获得上市许可，此时原研药厂再按照 5.1 类新药申报并基于此获得了专利期延长，对于在先按照 3 类药品申报的仿制药企，其必然导致该 3 类药品上市延后，对于该仿制药企同样也显失公平。

第三，如果将 5.1 类新药不加限制地纳入药品专利补偿范围，其也有悖我国建立药品专利期补偿制度的立法目的。我国建立药品专利期补偿制度的目的之一就是期望更多创新药能够首先选择在中国上市，增加我国患者对于创新药品的可及性，提高我国患者的生活质量。如果不加限制地给予 5.1 类新药以专利补偿，会使得原研药企怠于推进创新药品进入中国，与我国设立这一制度的目的相悖。

五、结语

综上,本文认为,从我国的实际国情出发,对于《指南》中规定的 5.1 类新药提供专利权补偿存在一定的积极意义,但是应当对补偿范围加以限制,如在境外获批一年内向我国提出药品申请,并且在提出申请时在我国没有对应 3 类药品上市。通过这些附加条件,既能满足公众对于相应专利期限的合理预期,也能鼓励并督促原研药企积极推进创新药在我国的上市,符合药品专利期补偿制度的设立初衷。

商业代孕行为的刑法规制

谢 昆*

（中国政法大学　北京 100088）

摘　要： 人类辅助生殖技术在医疗临床上的广泛应用带来了"代孕产业"的发展，但也引发了大量舆论争议与医疗纠纷，甚至出现了犯罪化趋势。考虑到代孕产业链进一步发展可能对身体健康、人格尊严造成的损害，有必要对商业化代孕行为进行刑事规制。一方面，在立法尚未完善时，应根据案件实际情况准确适用非法行医罪、拐卖妇女儿童罪等罪名；另一方面，要积极推动非法组织代孕罪的设立，对商业代孕行为进行更为有力的打击。

关键词： 商业代孕　刑法规制　人权保障

一、代孕的概念与现状

代孕是指在人类辅助生殖技术的帮助下，由具有生育能力的代孕者（代母）接受他人委托代为怀孕分娩，并将婴儿交由委托方养育的生育方式。[1]目前，代孕技术主要分为三类：人工授精、植入受精卵和植入胎儿。代孕方式主要包括妊娠型代孕和基因型代孕两种。[2]代孕的特点是生理母亲与孕育母亲、孕育母亲与抚育母亲（往往为生理母亲）的分离，孕育母亲必须把自己的情感和身体分离，这实际上是违背人类天性的一种做法。

代孕的出现及其商业化离不开辅助技术的发展，世界上第一份委托代孕

---

　* 作者简介：谢昆（1987 年-），女，汉族，黑龙江人，中国政法大学同等学力在读研究生，研究方向为民商法学。

〔1〕 薛宁兰："社会转型中的婚姻家庭法制新面向"，载《东方法学》2020 年第 2 期。

〔2〕 余提：《各国代孕法律之比较研究》，中国政法大学出版社 2016 年版，第 5 页。

合同，出现在 1980 年美国的密歇根州，代孕母亲在收取了 1 万美元的费用后，同意为其生理母亲实施代孕。由于商业化代孕一般处于灰色地带，代孕产业的具体数据难以查证，但各国调查报告均表明代孕产业在不断发展壮大。部分发展中国家因经济发展水平较低，女性地位低下等原因，成为代孕产业发展的沃土，如人口基数庞大的印度一度被认为是"第一代孕大国"；在哈萨克斯坦、乌克兰、格鲁吉亚等国家，代孕产业也蓬勃发展。这些国家对商业化代孕施加的限制较少，在不违反相关代孕国家法律法规，并且不侵犯他人合法权利的前提下，允许双方公平公正签署代孕协议。需要代孕服务的客户，一般是因生理或社会原因不能亲自怀孕和孕育孩子的本国上层女性与发达国家的女性，随着我国"二孩""三孩"政策的逐步放开，也有更多的中国面孔出现在了国外的妇产医院中，不远万里"借腹生子"。

二、商业代孕行为入罪之必要性

国际上并未形成统一的立法规范对代孕行为进行规制，全球关于代孕的立法，大致可分为三类：绝对禁止代孕、限制商业代孕、允许商业代孕。其中绝大多数的国家绝对禁止或严格限制商业代孕。印度在开放了十年商业化代孕后，于 2015 年立法规定，禁止国内女性为海外客户提供商业代孕服务，全面关闭了发达国家来印度寻找代孕母亲的通道。此后不久，为印度本国人服务的商业代孕也全面停止了，只有结婚超过 5 年、无法生育孩子的父母才能申请代孕服务，即便他们选择代孕，代孕妇女也必须是他们的亲人，而且不能接受任何报酬，即在法律层面完全禁止了商业代孕。

其原因在于商业代孕服务，在本质上是将人商品化，认为人的身体是可以买卖的。代孕服务将会对个体、家庭教育乃至整个社会产生很大的影响，不仅会因身份认同紊乱影响代孕者的心理健康，引发代孕者与被代孕者的司法纠纷，而且必将导致强者对弱者的肆意剥削，发达国家的女性找发展中国家的女性进行代孕便证明了这一点。此外，在卫生健康方面，非正常的供精、供卵等工作，将会加大人类基因类遗传病、性传染病等疾病的传播，因此结合社会的现实需要对商业代孕行为进行刑事立法予以规范和打击，十分必要。

域外多个国家采取了刑事措施对商业化代孕行为进行打击。例如德国在《收养介绍法》中规定，代孕中介行为属于法律禁止的行为，单纯从事代孕中介工作，未获取报酬的，处 1 年以下有期徒刑并处罚金；从代孕中介行为中获取报酬的，应处 2 年以下有期徒刑并处罚金；开展商业性代孕中介行为的，应处 3 年以下有期徒刑并处罚金。法国的规定更为严格，《生命伦理法》中否认了代孕行为的合法性，新《法国刑法典》中设置了"妨害亲子关系罪"，规定了以营利为目的的代孕中介和医疗机构实施违法行为应被处以有期徒刑并处罚金，商业化实施此类行为的，应加重处罚。[1]

我国一贯禁止代孕，在卫生部（已撤销）于 2001 年颁布的《人类辅助生殖技术管理办法》（以下简称《办法》）第 3 条中明文规定："……禁止以任何形式买卖配子、合子、胚胎，医疗机构和医务人员不得实施任何形式的代孕。"实施代孕行为的医疗机构，应由省、自治区、直辖市人民政府卫生行政部门给予警告并处 3 万元以下罚款，并给予有关责任人行政处分；构成犯罪的，依法追究刑事责任。但问题在于，作为部门规章，《办法》仅能追究医疗机构的行政以及刑事责任，无法有效打击在商业化代孕产业链中起到核心作用的中介机构。因此，我国在借鉴域外经验的同时，应以刑法对商业化代孕行为进行直接规制。

三、商业代孕行为入罪的制度设计

（一）现有罪名的适用

（1）非法行医罪和非法经营罪的适用。商业代孕本质上是对经营代孕以及配套婴儿的分娩、照养服务。一方面，婴儿分娩、照养等服务取得相关部门的行政许可才能实施，缺乏资质的医院或单位从事相关活动可能构成非法行医罪；另一方面，市场中介组织专门的商业性代孕负责联络委托人与被委托人的双方进行代孕活动以及日常管理服务等属于违法行为，因此商业代孕行为本身可能构成非法经营罪。

（2）拐卖妇女儿童罪的适用。拐卖妇女儿童罪是指以出卖为目的，拐骗、绑架、收买、贩卖、接送、中转妇女、儿童的行为。我国法律并未规定商业代孕中，是提供卵子者的女性还是代孕的女性为孩子的母亲。虽然在域外有些代孕已经合法化的城市，确立了代孕委托合同的法律效力，允许委托方是代孕行为中婴儿的双亲，但在中国，因现有立法严令禁止任何形式的代孕，对代孕行为合同的法定效力不予承认，不认可委托方与代孕所生子女的父母

---

〔1〕 詹红星、朱俊全："代孕行为的刑法规制"，载《医学与法学》2017 年第 6 期。

子女关系，因此，将代孕者解释为孩子的母亲更贴近我国法律。因此，可将代孕行为解释为：出于商业经营上的利益，由代理孕母把本人亲生的小孩贩卖给别人。在此种解释路径下，代孕实质是一种婴儿买卖或人口交易活动，在形式上吻合了拐卖儿童犯罪的犯罪条件。

（二）增设非法组织代孕罪

但基于现行法的适用均存在一定问题，如代孕者在正规的医院进行生产，则可规避被认定为非法行医的风险；非法经营罪作为一个公认的"口袋罪"，若无专门司法解释将代孕纳入非法经营的范畴，容易引发适用上的模糊；拐卖妇女儿童罪虽然在形式上符合刑法规定，但其前提容易引发质疑。因此，我国应在现有刑法规制体系的基础上，增设非法组织代孕罪，对组织商业化代孕的中介机构进行专门打击。

代孕行为侵犯的法益是国家社会管理秩序，因此非法组织代孕罪可以被纳入刑法分则第六章妨碍社会管理罪之中的第八节，具体条文可表述为：以牟利为目的，非法组织商业化代孕的，处×年以下有期徒刑，并处罚金，造成严重后果的，处×年以下×年以上有期徒刑，并处罚金。单位实施上述行为的，对单位判处罚金，并对其直接负责人或者其他直接责任人员，处×年以下有期徒刑。本罪的打击对象为非法组织代孕的中介机构而非提供卵子的需求方和实施代孕行为的代孕者。本罪的成立应以"以牟利为目的"为主观要件，附带牟利的商业性代孕更具有社会危害性，且更易引发纠纷。

我国外观设计单独立法必要性研究

袁 梦*

（北京百伦（天津）律师事务所　天津市南开区 300031）

摘　要： 发明、实用新型和外观设计三种专利权客体同时规定在《专利法》中，在法律适用层面存在一定程度的不协调，由此形成了将外观设计进行单独立法的诉求。单独立法应建立在尊重法律体系和法律稳定性的基础上，参考国外的立法经验，以及我国对外观设计专利立法的需求，从实际出发，在法律实践中汲取经验，以解决专利制度弊病，维护外观设计专利权人的合法利益，促进国内知识产权保护，实现外观设计单独立法、内在协调与统一。

关键词： 外观设计　单独立法　必要性

一、引言

随着互联网的发展以及消费者选择范围的扩大，工业产品的外观设计成为产品性能不可或缺的一部分。好的外观设计可以提升产品在消费者中的口碑。随着互联网经济的发展，外观设计的范畴也从实体的工业产品扩大到软件的图形界面等，与之对应的立法也面临着调整的契机。本文试图在分析外观设计适应工业产品的基础上，探讨对其进行单独立法进行保护的可能性。

---

* 作者简介：袁梦（1976 年-），女，汉族，天津市人，中国政法大学同等学力在读研究生，研究方向为知识产权法学。

二、国内外外观设计立法现状

(一) 国外外观设计立法模式

在英法两国，外观设计在很长一段时间内都属于版权保护的对象。在制定专门法后，就形成了双重保护的模式。在美国，实行的是专利为主、多法并立模式，这种模式的特点是没有用专门的外观设计保护法来保护外观设计，主要是通过专利法来实现。[1]此外，外观设计还受到版权法、商标法的保护。德国、日本等国家采用的立法模式是专门法立法保护。其中，德国对外观设计的申请采用登记注册制，只保护注册过的外观设计，且只进行形式审查，并不实质审查新颖性和创造性。

(二) 我国外观设计立法模式及存在的问题

目前我国参考美国的做法，将外观设计保护纳入专利法的保护范畴，这种做法在立法之初是有积极意义的，因为当时制定单独法的条件并不成熟，工商业尚不发达，产品的外观设计还未引起人们的重视；另一方面学者们对外观设计的研究不够，理论准备并不充分。但外观设计与专利法所保护的以技术为依托的发明和实用新型有着本质的不同。[2]首先，技术专利的实用性在于解决技术问题、实现技术效果，而外观设计具有艺术性和实用性的双重特征，其中，艺术性在于对通过产品的外观设计的创新产生美感，增强产品的可识别性，进一步吸引消费者产生购买这种产品的兴趣。两者无论是从立法原理还是保护客体方面都有着根本的不同。其次，将外观设计纳入专利法进行保护，容易混淆公众的认知，很多生产厂商在产品上标注"已获得国家专利保护"，从而使消费者误认为该产品已获发明专利，其实该产品获得的仅仅是工业品外观设计专利。最后，与外观设计有关的国际公约，也倾向于对外观设计施行单独立法。

三、以保护技术专利为主的专利法无法充分保护外观设计

(一) 二者的保护客体不同

在专利法保护的客体中，发明和实用新型是保护技术创新，外观设计是

---

[1] 张鹏："外观设计单独立法论"，载《知识产权》2018 年第 6 期。
[2] 于丽娟："中国外观设计需要专门立法"，载《中国经济时报》2005 年 3 月 1 日。

依托艺术构思，从而保护产品外观的美感和可识别性，二者存在着天然的冲突。把二者放在一部法律中，会产生运用过程中的不协调。发明、实用新型和外观设计对一个企业或者一件产品来说都起着决定性的作用，发明和实用新型保护的是企业技术人员对产品改进提出的技术方案，外观设计是工业产品造型设计人员对产品美学的呈现，虽然均为创新，但一个关乎技术，一个关乎艺术。

（二）二者的侵权判定标准不同

对于发明专利和实用新型专利，侵权认定的标准是评价被诉侵权物（产品或方法）的技术特征是否落入专利权利要求书的保护范围。[1]在分析外观设计专利是否侵权的问题时，首先应当着眼于侵权产品与专利产品是否属于相同或类似的种类，若产品种类不同，则不会构成侵权。与发明和实用新型中本领域技术人员的评价标准不同，对于外观设计的判断是基于一般消费者的角度来进行的。通常，评价外观设计专利是否侵权时，是从一般消费者的视角，看是否会构成混淆。在这一层面上，虽然两者均为创新，但一个是技术的创新，一个是设计的创新。

三、外观设计单独立法的必要性

（一）有利于维护市场经济秩序

第一，外观设计侵权行为，扰乱了稳定的知识产权体系，破坏了良好的市场经济秩序。生产生活中，外观设计权利人花费了大量的人力、物力进行外观设计研究，与此同时消费者也通过长时间的筛选对一些固定的外观设计产品产生了一定程度的信赖。建立外观设计单独立法机制就是为了保护这种信赖关系，既保护了外观设计权利人的利益，维护了社会市场经济的秩序，也保护了消费者的合法权益。

第二，现有的专利审查周期较长，特别是当下图形用户界面（GUI）外观设计专利权保护问题成了外观设计专利领域的热点问题，加之电子产品、化妆品等外观的更新迭代速度极快，[2]法律不能及时打击外观设计权侵权人的行为，建立一个完善且独立的外观设计法律体系，以维护外观设计权利人

---

〔1〕 张翰雄：“专利、实用新型、外观设计三法分立问题研究”，载《私法》2020年第1期。

〔2〕 苏志甫：“GUI外观设计专利侵权判定问题初探”，载《电子知识产权》2018年第7期。

的权益，是非常必要的。

（二）有利于更好地与国际接轨

我国有关外观设计的立法进程起步较晚。我国知识产权保护的立法标准是参照国际条约进行的，而国际条约是各国利益平衡妥协的结果，这就导致我国的立法比较被动。司法实践中关于外观设计侵权行为的法律适用是十分灵活的，但我国的相关立法并不完善。

中国于 2022 年 2 月 5 日向世界知识产权组织（WIPO）提交了《工业品外观设计国际注册海牙协定》（以下简称《海牙协定》）加入书，将于 2022年 5 月 5 日生效。这意味着中国申请人或者在中国有住所、经常居所或真实有效的工商营业所的非海牙协定成员国的申请人可以通过该途径递交外观设计国际申请。《专利法》（2020 年修正）与海牙协定就局部外观设计的专利权保护实现了有效衔接，从法律制度层面消除了我国在外观设计国际注册中可能受到的不利影响。

我国关于外观设计侵权损害的救济制度不够完善，没有专门针对外观设计的单独立法，对于外观设计的救济方法和发明、实用新型专利侵权救济方法相同，在一定程度上与商标、版权的救济方法竞合，这就可能导致在外观设计侵权损害救济的过程中，会因为我国的双轨制（司法和行政之间的相互冲突）而影响救济的有效实施。

四、外观设计单独立法的相应建议

（一）引入外观设计单独立法的理论

从我国的立法现状来看，外观设计是专利法的一部分。在全球经济一体化的今天，我们更需要培养和振兴自己的民族企业、保护自己的外观设计，这需要完善的法律体系来支持，对外观设计进行单独的立法保护是必要的。除此之外，不应将对外观设计的保护范围只放在相同或类似的商品上。如某汽车厂设计了一款新型汽车，该车的外观设计取得了专利保护，如果生产汽车玩具的另一厂家生产了这种造型的汽车玩具，显然使用了该汽车厂的设计成果，但由于两者不在一个外观设计分类，且不会造成消费者在购买时的混淆，从而不能判断为相近似的外观设计，生产玩具或模型的另一厂家未构成侵权，这也是对权利人的不公。[1]

（二）完善外观设计的法律制度

比起发明和实用新型侵权，外观设计侵权的成本更低，也更容易。往往一个产品刚投入市场，各种外观相似的产品就会涌现在各种销售渠道。对外观设计的侵权者，尤其是恶意的不法商家应给予更严厉的惩罚，让其违法的代价大于非法的盈利；而且在对于外观设计侵权的认定上，需要更加合理的认定方法，加大司法和行政的配合，提升效率。

（三）加强公众对外观设计的保护意识

需要加强外观设计保护意识的不单单是企业，消费者也要维护自己的权益。对于企业来说，自己的产品就是自己的心血，在前期投入了大量的人力、物力、财力，理应珍惜和捍卫自己的劳动成果。在生产和市场销售的过程中，积极运用法律手段，防止自己的外观设计被抄袭，更好地维护自己的利益；对于消费者来说，买到侵犯外观设计专利权的商品也是自己利益的损失，应该擦亮眼睛辨别真伪，不购买侵权商品，不纵容不法商家的违法行为。

---

[1] 吴观乐："试论外观设计专利保护的立足点"，载《知识产权》2004 年第 1 期。

偷换二维码行为的刑法定性

王哲齐[*]

（中国政法大学　北京 100088）

摘　要： 关于受害人与被骗人出现分离的第三人"偷换二维码"行为应定性为盗窃罪还是诈骗罪的问题，司法实务中存在较大争议。要论证该行为构成何种罪名，应根据实际情况，厘清一般诈骗和三角诈骗的重要区别。本文认为应将第三人偷换二维码的行为认定为三角诈骗，以诈骗罪定罪处罚。

关键词： 偷换二维码　盗窃罪　三角诈骗　占有

一、偷换二维码的具体情形

偷换二维码的相关案件是伴随着线上支付模式而出现的犯罪类型。根据实施偷换二维码行为主体的不同，可分为顾客偷换型、受害人与被骗人同一的第三人偷换型、受害人与被骗人出现分离的第三人偷换型三种。以下将通过三个案例，介绍其行为模式。

案例一： 2021 年，陈某在店铺中寻找店铺的二维码，仿照该店铺收款二维码的付款完成界面，在挑选大量商品后假装扫取店铺的二维码后出示已经付款完成的界面，店主由于未开启收款提示音而信以为真交付商品，致使陈某累计骗取了价值数千元的商品。（以下简称"顾客偷换型"）

案例二： 2018 年 2 月，两个被告人在网上购买了十几个手机号码，并用这些手机号码在微信平台上，注册了名称为"摩拜单车、ofo 单车、hello

---

作者简介：王哲齐（1997 年-），男，汉族，广东省广州市人，中国政法大学同等学力在读研究生，研究方向为知识产权法学。

bike"的微信号码。二人将这些手机号对应的微信收款码分别打印后，用胶水粘贴在相应的共享单车二维码上，且将二维码扫码之后的提示语设置为"共享单车押金 200 元，付款后解锁，归还单车后押金原路返还"。两个被告人最终在各地先后粘贴了 100 多张自制二维码，以该种手段最终骗取款项人民币约 3000 多元。(以下简称"受害人与被骗人同一的第三人偷换型")

案例三：2016 年 11 月，吴某和张某将网购微信号的收款二维码制作成贴纸，随后张某负责吸引某店铺工作人员的注意力，吴某趁机将制作好的贴纸覆盖粘贴，导致大量顾客扫了吴某所粘的二维码付款。最终，在案发时两人共获利 16 903 元。(以下简称"受害人与被骗人出现分离的第三人偷换型")[1]

二、盗窃罪与诈骗罪的分歧

顾客偷换型和受害人与被骗人同一的第三人偷换型在司法实践中的定性较为统一，即以诈骗罪论处。[1]相较于为于上述两种类型，对受害人与被骗人出现分离的第三人偷换型案件的定性争议则较大，在司法实践中，既有将其定性为诈骗罪的，也有将其定性为盗窃罪的。

（一）适用盗窃罪

（1）盗窃货款说。在司法实务中所涉及的，受害人与被骗人分离的第三人偷换类型的案件中，对盗窃货款行为的认定一般有如下几个标准：其一，行为人运用秘密的手段偷换商家的二维码，然后将顾客支付的款项占为己有，该行为符合盗窃的犯罪构成，盗窃罪在司法实践中认定的关键为是否秘密窃取。其二，在商家将顾客想要购买的货物交付给顾客后，商家已经处分了该货物即财产权利，顾客已经占有了此货物，也支付了相应对价；此时顾客扫描商家二维码支付货款的行为等同于向商家的钱箱中投放财物。其三，商家以明示的方式让顾客扫描二维码支付款项，而最终该款项并未被商家取得的原因正是行为人偷换了二维码，在这种情况下，主观上，顾客并非自愿向行为人交付财物，并没有处分款项给行为人的意思表示，也没有陷入错误认识，此时并无被骗人的存在，不构成诈骗罪；客观上，该款项是以平和的手段最

---

〔1〕 范硕："偷换二维码行为的法教义学析解"，载《东北师大学报（哲学社会科学版）》2021 年第 4 期。

终转移了占有，故应当定为盗窃罪。[1]

但该观点也存在一些问题：首先，如果仅仅因为行为人采用秘密手段窃取就认为构成盗窃罪，违反刑法学理论。在诈骗罪的客观构成中，虚构事实并隐瞒真相也可以使用秘密非公开的手段进行，该秘密手段并非盗窃罪的专属。其次，构成盗窃罪的关键环节在于以秘密的手段将财物转移占有，转移占有才是核心要素，偷换二维码案件是以秘密手段换了二维码而非转移占有，此时只是预备行为，并非盗窃罪的实行行为。最后，将二维码收款比作是收银箱收款并不合理，因为此时顾客是将货款转入行为人的二维码所属账户，商家一直没有实质性地占有该笔款项，而收银箱中的盗窃是指商家已经占有了该款项只是行为人将款项转移了占有。因此，该学说存在众多不符合逻辑的地方。

（2）盗窃债权说。对于该行为如何定性的另一种观点是盗窃债权说。该观点认为，行为人偷换二维码的行为导致顾客扫描错误的二维码，实际上行为人获得的不是货款而是商家对于顾客的债权，此时的债权就是财产性利益。

该观点从客观层面上弥补了商家没有占有款项的漏洞，提出了新的理论。但笔者认为，在民法理论中，债权并非实体存在，仅是双方意思表示形成的结果。如果按照上述观点，行为人窃取的是商家的债权，那行为人此时获得的商家的债权是可以向债务人进行兑现的，但实际上兑现行为并不可行。因为该债权自始至终都是属于商家的，行为人一直没有取得债权，遂该观点难以成立。

（二）适用诈骗罪

在适用盗窃罪无法解决问题的情况下，学界又提出了偷换二维码行为应当构成诈骗罪的观点，目前学说几乎均将顾客认定为被骗人。根据受害者的不同，相关学说又进一步分为"一般诈骗说"及"三角诈骗说"。

（1）一般诈骗说。一般诈骗说普遍认为行为人偷换二维码的行为符合该犯罪构成。因为行为偷换就是一种欺骗行为，此时顾客因认为该二维码属于商家而陷入了错误认识，最后支付了货款也转移了财物的占有，行为人也因此获得了顾客的财物。从上述过程来看，逻辑是比较顺畅的，但此时被害人

---

[1] 参见福建省石狮市人民法院刑事判决书［2017］闽0581刑初1070号；福建省宁德市中级人民法院刑事裁定书［2019］闽09刑终263号。

究竟是顾客还是商家，是一个比较有争议的问题，也是区分一般诈骗和三角诈骗的要点之一。

（2）三角诈骗说。三角诈骗说对于行为人实施欺骗行为使被害人陷入错误认识的犯罪构成认定与一般诈骗一致，不同点在于，在三角诈骗中被骗人即顾客处分了自己的财产，而受损失的人却是商家。因此，将被骗人与受害人分离的情形认定为三角诈骗，该观点与一般诈骗存在明显的不同，但依然属于诈骗罪的范畴，因为被骗人有权利处分自己的财产，没有对诈骗罪的构成有突破性的变动。

三、偷换二维码行为的刑法定性

对于上述学界的观点，笔者认可新型的三角诈骗说。三角诈骗中被骗人处分的财产为商家财产的特征是符合诈骗罪构成的，并不会因此改变三者之间的地位特点。

在满足以下各项条件的前提下，行为人构成三角诈骗罪是毋庸置疑的。在该案中，被骗人是顾客，本就负有向商家支付货款的义务，扫码的行为只是履行了其本应当履行的义务，并且履行该义务是在商家的指示下（即以交易习惯、法律法规允许的方式）进行的。从主观层面上讲，虽然顾客有认识错误，但是并不存在刑法、民法理论中的过错，其已经尽到了合理审慎的义务。此时，即使被害人没有获得相应的财产，但并非永久丧失了救济途径，只是丧失了要求被骗人再次处分自己财产的民事权利。[1] 德国法院认为乙欺骗了丙，使丙产生错误认识，将财产转移给乙，最终甲遭受了损害，因此乙是行为人，丙是被骗人和处分人，甲是受害人，认定构成三角诈骗。该案例与二维码案较为相似，也符合新型三角诈骗的行为模型。

因此，偷换二维码的客观方面，系行为人偷换了二维码，实行了欺骗行为，而顾客由于错误认识自主地处分了自身的财产，将本该付给商家的财物转移给了行为人，此时商家遭受了损失，行为人获得了财物。此时商家无法向顾客再次追偿，因此应当将商家定性为受害人，而行为人的主观方面也存在非法占有的目的，符合三角诈骗说的行为模型，此时应当定性为诈骗罪。

---

〔1〕 张明楷：“三角诈骗的类型”，载《法学评论》2017年第1期。

论电子游戏画面独创性的认定

摘　要: 近些年来，中国电子游戏市场不断扩大，用户增多，涉及电子游戏画面的侵权纠纷也日益增多。对于电子游戏类型的认定，有类电作品论、美术作品论和其他作品论这几种观点，而对电子游戏画面独创性的认定标准，决定着对侵权行为的最终认定。因此，需要分析电子游戏画面的属性和相关法律理论，为此类法律问题提供较为清晰明确的判断思路。

关键词: 电子游戏画面　作品属性　独创性

据统计，2021 年中国电子游戏市场实际销售收入 2965.13 亿元，比 2020 年增加了 178.26 亿元，同比增长 6.4%，中国电子游戏用户规模达 6.66 亿人。[1] 在电子游戏市场蓬勃发展的同时，电子游戏产品的同质化现象也日益严重，电子游戏相关的著作权纠纷也在不断增加。[2]

一、电子游戏画面的类型分析

我国《著作权法》以列举的方式限定了作品的范围，同时《著作权法实施条例》（以下简称《实施条例》）对作品构成要件进行了原则性规定。电子游

---

* 作者简介：白一帆（1991 年-），男，汉族，河南省上蔡县人，中国政法大学同等学力在读研究生，研究方向为知识产权法学。

〔1〕 中国音数协游戏工委："2021 年中国游戏产业报告"，载 http://www.cgigc.com.cn/report. html，最后访问时间：2022 年 5 月 1 日。

〔2〕 蔡元臻、叶元昊："类型化视野下的游戏画面著作权体系"，载《电子知识产权》2021 年第 12 期。

戏画面必须要归属于某一类型的作品，才能构成《著作权法》意义上的作品。

（一）类电作品论

电子游戏画面在表现形式上与电影作品和以类似摄制电影的方法创作的作品最为相似，因此有学者主张电子游戏画面可以定性为类电作品。[1] 司法案例中，法院认为："尽管游戏连续画面是用户参与互动的呈现结果，但仍可将其整体画面认定为类电影作品。"[2] 根据《实施条例》第 4 条的规定，将游戏画面认为类电作品的争议主要有两点：创作手段为"摄制"，固定载体为"介质"。首先，对于类电作品，国际条约以及国外的著作权法很少强调对于创作手段的严格要求。《保护文学和艺术作品伯尔尼公约》第 2 条第 1 款仅强调了类电作品应受到著作权法保护，并未对类电作品的创作方式进行限定。其次，《实施条例》第 2 条中"以某种有形形式复制"含义应当是"具有以某种有形形式复制的可能性"，《实施条例》第 4 条对具体作品类型的规定中，不同作品类型的可复制性要件又有所差别。因此，基于对"摄制"和"介质"通常意义上的理解，电子游戏画面具有构成类电作品的可能性。

（二）美术作品论

也有观点认为对游戏画面可以从单幅美术作品的角度加以保护。玩家操作下形成的动态游戏画面，从中截取任何一个画面均可构成美术作品。因为单幅截图中涉及的元素均是游戏商家内设于电子游戏中的，比如游戏场景、人物形象等，这些元素往往是游戏商家投入大量资金、人力找专业设计公司制作的，因此，构成美术作品并无障碍。有观点认为，既然每一帧的画面都可以通过《著作权法》进行保护，那么整体形成的游戏画面当然也可以受到保护。

（三）其他作品论

有学者提出，可以将其认为是《著作权法》中规定的符合作品特征的其他智力成果。[3] 其理由在于，随着技术的不断发展，作品的表现形式更为多元，越来越多地满足《实施条例》中规定的独创性与固定新要件，但是却不属于《著作权法》第 4 条所列举的作品。为缓解作品的新型化与法律的固定性之间的矛盾，可将这些新出现的作品归入"其他智力成果"的范畴。按照

〔1〕 祝建军："网络游戏直播的著作权问题研究"，载《知识产权》2017 年第 1 期。
〔2〕 上海市第一中级人民法院［2015］浦民三（知）初字第 529 号民事判决书。
〔3〕 焦和平："网络游戏在线直播画面的作品属性再研究"，载《当代法学》2018 年第 5 期。

这一方案，无须探讨该作品到底属于哪一类，也可受到《著作权法》的保护，从而缓解司法适用困境。当然，这一模式也存在缺陷，兜底性条款的适用应慎之又慎，若在某一创作物的法律性质无法确定时，直接将其认定为其他智力成果，无疑架空了《著作权法》对作品的规制，因此要谨慎适用该条款，防止该条款沦为"口袋条款"。

二、著作权法意义上的独创性

《实施条例》第 2 条对我国《著作权法》中所称作品的定义是：文学、艺术和科学领域内具有独创性并能以某种有形形式复制的智力成果。根据这一定义，能够受到《著作权法》保护的创作物应满足以下条件：首先，该创作物必须是智力创作成果，是特定思想或情感的表达；其次，该创作物具有独创性，而非简单复制粘贴所得；最后，该创作物的表现形式必须是法律所允许且有形的，此处之有形并不是有实体形状的意思，而是该创作物是可以被他人感受到的，而非纯思想。满足以上条件的创作物才可被称为作品。

就电子游戏画面而言，毫无疑问是智力创作的成果，且是有形的，因此判断的重点是电子游戏画面是否具有独创性。独创性又可从"独"和"创"两个方面进行判断，同时满足的才可被认为是作品。首先，作品需要满足"独"的要求。所谓"独"即是成果源自本人，是独立创作的结果，而非抄袭品。对于电子游戏画面而言，其中的人物、场景、地图、情节等必须系游戏开发者智力成果的体现，而非从其他游戏或者从电影画面等中截取的。其次，作品还须满足"创"的要求。所谓"创"即是成果体现作者独特的判断和选择，达到一定程度的智力创造水准。对于创造性的高低，各国的规定均不相同，一般认为，只要能够达到"额头流汗"标准，便可认定为具有创造性。

三、电子游戏画面独创性的判断标准

在"《奇迹 MU》诉《奇迹神话》案"中，法院根据大陆法系著作权侵权认定"接触 + 实质性相似"的判断标准，通过比对两款游戏中的情节、人物、场景等相关素材来认定游戏画面是否达到实质性相似的程度。[1]法官在对比两作品时采取了剥离的方法，即将被告作品中与原告作品中相同的所有

---

[1]　广州知识产权法院［2015］粤知法著民初字第 16 号民事判决书。

元素予以剥离，看剩下的情节或场景是否足以构成与原告作品完全无关的另一部作品。若构成，则只能说明被告在原有作品基础上制作了符合独创性的新作品，但依然不可排除其对原告作品侵权的可能；若不构成，则两作品构成实质性相似。

广州知识产权法院采取的这一方案在美国被称为"抽象—过滤—比较"法，是美国第二巡回上诉法院在判断不同计算机软件之间是否构成实质性相似时提出的。"抽象—过滤—比较"法分为抽象、过滤和比较三个步骤。其中抽象是指，将涉案的两个作品进行分解后，提炼出其中最为核心的内容，区分哪一部分是思想，哪一部分是表达。过滤是指将受保护的表达和其他内容区分开，其最终目的是将作品中的思想内容剥离出去，而只留下受《著作权法》保护的表达，以确定：是否属于有效率的考虑所支配的因素；是否属于有软件的外部要素所决定的因素；是否属于来自公有领域的因素。比较就是在前两步的基础上，对两个作品的表达进行比较，判断不同的表达能否单独构成新的作品。

在利用上述方法对于电子游戏画面独创性进行判断时，须遵循以下步骤：首先，对涉案电子游戏画面进行抽象，逐渐进行抽象概括直到将其提取为普通的思想为止；其次，将电子游戏画面中涉及效率的因素、"情景原则"要素以及公有领域素材的因素逐一剔除，只留下受《著作权法》保护的表达；最后，电子游戏画面中剩下的部分就是涉案双方需要进行重点比较之处。如果发现被告的电子游戏画面与原告几乎一样便可认定被告存在抄袭行为，应承担侵权责任。

公益诉讼中"公益"内涵之探析
——兼评最高人民法院第 130 号指导案例

张思成 *

（中国政法大学　北京 100088）

摘　要： 工业文明高度发展的今天，生态环境的司法保护已成为现代法治国家无法回避的现实问题。在我国环境公益诉讼与生态环境损害赔偿诉讼并行的制度框架下，最高人民法院第 130 号指导案例以起诉主体作为两种诉讼形态区分标准的做法值得商榷。合理确定生态环境救济的诉讼形态的核心在于对"公益"内涵的界定及其与"国家利益"的区别。两者的本质区别在于："公益"的是一种不涉及特定主体权益的公共利益，而"国家利益"是一种涉及国家所有权的特定利益。

关键词： 生态环境　公共利益　国家利益　公益诉讼　损害赔偿诉讼

一、问题的提出

随着工业化的快速发展以及城镇化进程的加快，经济快速增长的同时不可避免地伴生出破坏生态环境的严重问题，因严重污染土壤、水、空气等环境因素导致的社会事件、诉讼事件频发，这就涉及破坏生态环境诉讼的诉讼形态问题。生态环境损害赔偿制度是生态文明制度体系的重要组成部分，为了维护生态环境安全，通过立法设置防止污染环境行为发生的事前预防性机制固然重要，然而对因污染环境所受损害利益的事后救济机制的建立同样不可缺少。为此，2012 年《民事诉讼法》修正时确立了环境公益诉讼制度，该

---

* 作者简介：张思成（1992 年-），男，汉族，河北省沧州市人，中国政法大学同等学力在读研究生，研究方向为民事诉讼法学。

法第 55 条规定："对污染环境、侵害众多消费者合法权益等损害社会公共利益的行为，法律规定的机关和有关组织可以向人民法院提起诉讼。"党中央、国务院高度重视生态环境损害赔偿问题，2015 年 12 月，作为生态文明体制改革六大配套方案之一的《生态环境损害赔偿制度改革试点方案》出台，经过两年试点，2017 年 12 月，中央正式发布《生态环境损害赔偿制度改革方案》。[1] 为此，最高人民法院发布了《关于审理生态环境损害赔偿案件的若干规定（试行）》（以下简称《生态环境损害赔偿规定（试行）》），该规定自 2019 年 6 月 5 日起试行。至此，我国就生态环境保护确立了环境公益诉讼与生态环境损害赔偿诉讼并行的机制，这难免会产生一个问题：如何具体区分两种诉讼制度的适用？在司法实践中，最高人民法院第 130 号指导案例为上述问题提供了现实参考，然而案例中以起诉主体作为两种诉讼形态区分标准的做法值得商榷。本文以该案例为切入点，试图对公益诉讼中的"公益"内涵进行探析。

二、最高人民法院第 130 号指导案例案情及分析

最高人民法院第 130 号指导案例案情如下：重庆藏金阁物业管理有限公司（以下简称藏金阁公司）为藏金阁电镀工业园区入驻企业提供物业管理服务，并负责处理企业产生的废水。后与重庆首旭环保科技有限公司（以下简称首旭公司）签订合同，由首旭公司承接工业园废水处理项目，但因其违法排放废水对长江水体造成了严重损害。重庆市人民政府对藏金阁公司与首旭公司提起生态损害赔偿诉讼；重庆两江志愿服务发展中心对藏金阁公司与首旭公司提起环境公益诉讼。法院裁判认为，重庆市人民政府依据《生态环境损害赔偿制度改革试点方案》规定，有权提起生态环境损害赔偿诉讼，重庆两江志愿服务发展中心具备合法的环境公益诉讼主体资格，二原告基于不同的规定而享有各自的诉权，均应依法予以保护。鉴于两案原告基于同一污染事实与相同被告提起诉讼，诉讼请求基本相同（连带赔偿生态环境修复费用，在省级或以上媒体向社会公开赔礼道歉），故将两案合并审理。[2] 最高人民法

---

〔1〕 参见黄薇主编：《中华人民共和国民法典释义》（下），法律出版社 2020 年版，第 2405 页。

〔2〕 最高人民法院第 130 号指导案例，参见重庆市第一中级人民法院〔2017〕渝 01 民初 773 号民事判决书。

院第 130 号指导案例看似确立了以起诉主体作为环境公益诉讼与生态损害赔偿诉讼的界分标准，然而，思考之后不难发现，对同一污染事实与相同被告提起诉讼请求基本相同的两个诉讼，仅仅基于起诉主体的不同而确定为环境公益诉讼抑或生态损害赔偿诉讼，不仅反映出因两种制度功能的重叠而呈现出的民事诉讼法及司法解释对诉讼制度的重复建构，且以起诉主体不同作为两种诉讼制度界分标准的正当性也令人怀疑。

这一问题在《民法典》实施后越发明显。民法具有权利法与裁判法的双重品格，亦即民法不仅是民事主体享有民事权利的依据，也是法院裁判民事纠纷的依据。《民法典》在第七编侵权责任编第七章"环境污染和生态破坏责任"中增加了关于生态环境损害赔偿的相关规定，即《民法典》第 1234 条规定："违反国家规定造成生态环境损害，生态环境能够修复的，国家规定的机关或者法律规定的组织有权请求侵权人在合理期限内承担修复责任。侵权人在期限内未修复的，国家规定的机关或者法律规定的组织可以自行或者委托他人进行修复，所需费用由侵权人负担。"从上述规定不难看出，《民法典》侵权责任编改变了《侵权责任法》的基本思路，即由仅对受到侵权行为侵害的私益提供救济，转而扩大至对生态环境利益的保护。然而，生态环境利益的诉讼形态究竟是环境公益诉讼，抑或国家利益诉讼值得探析，其核心在于生态环境损害利益性质的界定，换言之，究竟何谓"公益"。

三、"公益"内涵之理论辨析

随着我国经济的快速发展，民众权利意识逐渐增强，在传统的国家（政府）与个人的二元对立体系之外，出现了一个新的领域，即公共领域。在公共领域中，存在一种有别于国家利益和个体利益的新型利益，即公共利益。因此，建立公益诉讼不仅是实现社会公共利益保护的需要，也是实现社会正义的需要，问题的关键在于何谓公益诉讼制度所要保护的"公共利益"。就生态环境保护而言，对"公益"的合理界定不仅直接影响着对环境公益诉讼制度本身的合理构建，而且也影响了环境公益诉讼制度与生态环境损害赔偿诉讼制度之间的区分问题。

关于公共利益，大陆法系的代表德国法学家耶林对公共利益的解释是："公共利益在由个人接近权利实现的情形下，就不再仅仅是法律主张其自身的权威、威严这样一种单纯的概念上的利益，而同时也是一种谁都能感受得到，谁都能理解得到的非常现实、极为实际的利益……即一种能够保证和维持个人所关注的交易性生活的安定秩序的利益。"[1] 当然，还有许多关于公共利益的认识。由于公益诉讼的裁判结果具有很强的社会影响力，因此，归根结底，公共利益是以社会成员的利益为基础的，它具有很强的社会性、公共性与主体的不确定性，其目的在于使社会公共利益最大化，从而间接维护全体社会成员的公共利益。

四、"公益"内涵之立法解释

若要合理确定我国生态环境损害赔偿的诉讼形态，离不开对我国现行立法与司法解释规定的相关制度的解读。我国现行《民事诉讼法》第58条虽然规定了环境公益诉讼制度，但仅笼统规定了环境公益诉讼的适用案件范围以及起诉主体，为此，最高人民法院颁布了《关于审理环境民事公益诉讼案件适用法律若干问题的解释》，对环境公益诉讼的相关程序问题作出了具体规定。此外，《生态环境损害赔偿规定（试行）》又确立了由"省级、市地级人民政府及其指定的相关部门、机构，或者受国务院委托行使全民所有自然资源资产所有权的部门"提起的生态环境损害赔偿诉讼，为国家利益诉讼，且该诉讼与环境公益诉讼的制度功能基本相同。因此，这就为对"公益"的理解与解释以及"公益"与"国家利益"的区分留下了足够的空间。

我国现行《民事诉讼法》仅规定了环境公益诉讼制度，但最高人民法院司法解释采取将环境公益诉讼制度与生态环境损害赔偿相并行且分别规定的做法，本身就意味着在我国的民事诉讼制度体系中，环境公益诉讼是一种不同于生态环境损害赔偿诉讼的制度，换言之，以维护不涉及特定利益主体的"公益"为目的的环境公益诉讼和以维护国家这一特定主体的利益为目的的生态环境损害赔偿诉讼是各自独立的诉讼制度。因此，只要基于环境污染事件所提起诉讼的目的在于维护环境公共利益，该诉讼就应当属于民事诉讼法所确立的环境公益诉讼；如果该诉讼的目的在于维护国家利益，就应当属于国家利益诉讼。

这也可以通过我国《民法典》所规定的所有权制度得到印证。我国《民法典》将国家确立为一种独立于个人、法人与非法人组织的所有权主体，国

---

[1] 莫诺·卡佩莱蒂编：《福利国家与接近正义》，刘俊祥等译，法律出版社2000年版，第67页。

家利益应属于公共利益之外的一种独立的利益，究其本质而言，国家利益属于一种涉及特定利益主体的具体利益，只是该具体利益的主体不是通常的自然人、法人和非法人组织，而是特殊的国家。因此，对于国家利益的损害救济，应当由国家利益的维护者，即政府职能机关以维护特定国家利益为目的而提起国家利益民事诉讼。就前文最高人民法院第130号指导案例而言，因其涉及长江水体的污染问题，根据《民法典》第246条第1款"法律规定属于国家所有的财产，属于国家所有即全民所有"以及第247条"矿藏、水流、海域属于国家所有"的规定，长江系国家所有的财产，藏金阁公司与首旭公司因违法排放废水对长江水体造成了严重损害，其本质上损害了国家利益。因此，重庆市第一中级人民法院将两案合并审理的做法值得商榷。

综上，现代社会中工业文明所伴生的严重公害事件，常常使得一起环境污染事件不仅涉及对社会公共利益的损害，还涉及对国家利益的损害。若不厘定"公益"的含义，就难以区分"公共利益"与"国家利益"，由此可能导致在司法实践中出现类似前文最高人民法院第130号指导案例的做法，或者因环境公益诉讼与生态环境损害赔偿诉讼界限不清而被束之高阁，难以保证环境司法裁判的公平公正。

人工智能生成物的著作权法保护

黄　硕*

（中国政法大学　北京 100088）

摘　要： 部分人工智能生成物已经被认定具有独创性，但因法律主体确定争议，目前是否可以构成作品无法达成共识。人工智能生成物发展过程所引发的社会关系的调整，并没有超越现有法律的规制。基于国家战略及产业发展需要，人工智能生成物应当受著作权法保护，著作权应归属于投资者或使用者。

关键词： 人工智能生成物　著作权　权属

一、问题的提出

2019 年"世界知识产权日"前夕，北京互联网法院公开宣判了全国首例人工智能生成内容著作权案。北京互联网法院认为，数据库软件自动生成的分析报告具有一定的独创性，但根据现行法律规定，作品应由自然人创作完成，因此涉案报告不属于著作权法意义上的作品。[1]同年，在关于 Dream writer 智能写作辅助系统生成的财经报道文章的著作权侵权纠纷中，深圳市南山区人民法院则认为：人工智能生成内容具有独创性，涉案文章是由原告主持的多团队、多人分工形成的整体智力创作的作品，整体体现原告对于发布股评综述类文章的需求和意图，是原告主持创作的法人作品，应当受到著作权

---

* 作者简介：黄硕（1987 年-），女，汉族，黑龙江省伊春市人，中国政法大学同等学力在读研究生，研究方向为知识产权法学。

〔1〕 北京互联网法院［2018］京 0491 民初 239 号民事判决书。

法保护。[1]人工智能生成物涉及的版权相关的两起具体案件，代表着我国现阶段司法实践中两种不同的保护路径。两个法院对各自的涉案生成物都给予了独创性的肯定，但对是否属于作品这一问题却作出了完全不同的认定结果。基于大量数据和人工设定程序形成的人工智能生成物的出现和发展，这些生成物的权属如何界定？如果具有独创性，那么是否可以被定义为传统意义上的作品？著作权人又是谁呢？

二、人工智能生成物的分类及其著作权保护

人工智能是一类执行特定任务并实现特定功能的系统，该系统一般包含人类参与、决定机制、生成流程、机器学习及自我完善等要素。[2]只有区分人工智能生成物具体的技术特点和实践应用差异，才能更加有针对性地探讨人工智能生成物的权属归属及保护问题。根据现有技术发展水平，大致可以将人工智能生成物分为两类：直接来自人类创作物的第一类人工智能生成物、具有创造性的第二类人工智能生成物。

（一）第一类人工智能生成物的著作权保护

依据人机互动的基本特征可以将人工智能概括为一类具有自主性特征和自动运行的高级技术系统。[3]自主化程度是探讨人工智能生成物权属结构的核心指标。人工设计程序指令，利用单线程的运行产生生成物，例如人脸识别技术、运算等。这类人工智能的优势是提高工作效率，生成物是既定功能的衍生物，具有明显的工具属性。《著作权法》规定，本法所称的作品，是指文学、艺术和科学领域内具有独创性并能以一定形式表现的智力成果。人工智能生成物不反映设计者的思想、情感，这类生成物不具有创造性。

美国新技术时代作品使用方式考察委员会于1978年发布了最终调研报告，认为计算机程序仅作为被动性协助创作的工具存在，未直接参与创作行为。日本文化厅在1993年发布的《著作权审议会第9小委员会（计算机创作物关联）报告书》中，认为计算机系统作为人创造性表达的"道具"而被使

---

[1] 广东省深圳市南山区人民法院［2019］粤0305民初14010号民事判决书。

[2] ［澳］彼得·德霍斯：《知识财产法哲学》，周林译，商务印书馆2017年版，第291~293页。

[3] Shlomit Yanisky-Ravid, Generating Rembrandt: Artificial Intelligence, Copyright, and Accountability in the 3A Era — The Human-Like Authors Are Already Here—A New Model, *Michigan State Law Review*, 1 (2017), p. 674.

用。[1]人通过计算机创作的生成物属于人的创作物，属于著作权法保护的范围。

第一类人工智能生成物在生成过程中具有鲜明的工具属性。从权属规则角度，持有并使用工具的主体可以推定为工具的所有权人，能够对使用工具的收益主张所有权。《著作权法》规定法人作品，由法人或者非法人组织主持，代表法人或者非法人组织意志创作，并由法人或者非法人组织承担责任的作品，法人或者非法人组织被视为作者。这类人工智能生成物在权属结构上著作权归属于法人。适用此类权属模式并非直接确认人工智能生成物的著作权属性，而是侧重考察主体对生成物的权属分配机制。[2]这类人工智能生成物权属明晰，权责清晰，不是目前司法领域争论的焦点。

（二）第二类人工智能生成物的著作权保护

第二类人工智能强调在人机交互过程中运用所谓的"神经网络"模拟人类大脑行为，进行类似人脑神经元的信息吸收、处理和传递的重要功能。[3]这类人工智能生成物通过基础数据和规则运算，可以完善一些错误，进而达到和人工相似的生成物。这一过程具体通过机器学习实现。机器学习侧重模仿人类学习过程，并且提高整体流程的效率。[4]

第二类人工智能的行为具有不可预测性，意味着生成物作为结果具有了更多的可能性。[5]这一类的人工智能生成物是当下人工智能产业发展的趋势，也和著作权法律制度立法层面上鼓励科学文化大发展、大繁荣的精神相一致的。第二类人工智能参与者不局限于持有并使用工具的法人，研发人员、数据提供者、测试参与者等均有不同程度的贡献，由于参与主体的复杂性引发了对人工智能生成物权属结构的争议。有学者指出，私权神圣和利益平衡是现代知识产权制度应当确立的两个基本法律观念。[6]

《著作权法》依托《保护文学和艺术作品伯尔尼公约》的具体规定，围

---

[1] 熊琦："人工智能生成内容的著作权认定"，载《知识产权》2017 年第 3 期。

[2] 孙阳："著作权范式下的人工智能生成物权属构建"，载《电子知识产权》2021 年第 12 期。

[3] ［美］雷·库兹韦尔：《人工智能的未来》，盛杨燕译，浙江人民出版社 2016 年版，第 173～182 页。

[4] ［美］杰瑞·卡普兰：《人工智能时代》，李盼译，浙江人民出版社 2016 年版，第 20～28 页。

[5] 腾讯研究院等著：《人工智能》，中国人民大学出版社 2017 年版，第 52～53 页。

[6] 吴汉东："人工智能时代的制度安排与法律规制"，载《法律科学（西北政法大学学报）》2017 年第 5 期。

绕作品自动获得著作权保护的确权原则构建著作权确权的核心机制。获得著作权法律保护不以履行法定程序为要件，实行自动保护原则。从实质上鼓励了著作权范式下的作品创作和传播。针对实现现实目标为导向的人工智能生成行为，通过降低人工智能生成物获得法律保护的门槛，构建最低成本保护人工智能生成物价值保护的权属结构。

人工智能生成过程的自主化程度越高，其运行流程就越趋近于独立完成创作的著作权法定要件特征。人工智能生成过程需要大量的资金投入，需要多主体参与、协调配合，从有利于人工智能整体发展的角度，财产权回报和分配是最直接保护各方参与者的方式。实践中，人工智能的研发人员和设备从属于投资人，权属自然归于投资人，各方参与者从投资人处获得财产性权益。满足于财产权利的分配是暂时的，更多权利获得是参与人的迫切需求，也是行业发展的迫切需求。

使用者输入的不同数据基础决定了人工智能不同生成物的产生，使用者的需求也促进了人工智能的发展，因而，对使用者的保护应当是人工智能生成物保护的制度设计过程中首要考虑的方面。

三、结语

著作权的发展与科学技术的进步有密切关系，从印刷术、电子技术到网络技术，每一次的科技进步都会催生出新的著作权客体和专有权利。《著作权法》第2条规定，中国公民、法人或非法人组织的作品，依照法律规定享有著作权。人作为民事主体享有著作权。创作行为是人做出的事实行为，不是法律行为。法律有但书，逻辑无例外。法律依赖形式逻辑，形式逻辑是不可能有例外的，在法律作出明确的例外规定之前，依照法学原理及法律的形式逻辑，人工智能生成物主体不适格，无法受著作权保护。

在讨论人工智能生成物权属及法律保护时，应当将这一技术发展置于全球产业进步的大视野中进行考量，在技术发展与国际接轨的同时，司法保护也应当同步跟进，从而促进我国人工智能产业的全局性发展。鼓励社会文化发展和进步是著作权制度的重要目的，因此，对于人工智能生成物的赋权应在现行法律框架下从社会层面的收益最大化方面进行考量。

人工智能生成物的作品属性研究

冷明鉴*

（冶金工业信息标准研究院　北京 100730）

摘　要：人工智能生成物与人类作品高度相似，关于人工智能生成物是否属于著作权法上的作品引起了广泛讨论。本文介绍了人工智能生成物的原理并分析其独创性，给出了人工智能生成物权利保护的相关措施。

关键词：人工智能生成物　作品　独创性

一、问题的提出

随着深度学习、数据挖掘等技术的完善，人工智能生成物在外在形态上已与人类创作的作品高度相似。如人工智能模仿巴赫作品制作的乐曲、模仿日本古典文学作品撰写的短诗俳句等。[1]人工智能生成物数量的增长，引发了其能否构成著作权法上的作品的争论。部分学者认为，人工智能不是自然人，但其生成物符合独创性的客观标准，可以认定为版权法上的作品。[2]部分学者认为人工智能生成物是算法、规则和相关模板综合作用的成果，不能认为是作品。[3]有学者认为，人工智能生成物是否被认定为作品是政策选择

---

　　* 作者简介：冷明鉴（1992 年-），男，北京市人，冶金工业信息标准研究院工程师。

　　〔1〕梁志文："论人工智能创造物的法律保护"，载《法律科学（西北政法大学学报）》2017年第 5 期。

　　〔2〕易继明："人工智能创作物是作品吗？"，载《法律科学（西北政法大学学报）》2017 年第 5 期。

　　〔3〕王迁："论人工智能生成的内容在著作权法中的定性"，载《法律科学（西北政法大学学报）》2017 年第 5 期。

问题，应权衡人工智能生成物进入市场的后果，依各自国情作出规定。[1]也有学者认为，可参考法人作品，把人工智能所有者作为其生成物的版权人。[2]

二、现有相关法律规定

判断人工智能生成物是否属于《著作权法》上的作品，首先应关注现有相关法律，分析作品的构成要件。我国《著作权法》第2条将著作权的主体规定为"中国公民、法人或者其他组织"以及满足一定要求的"外国人、无国籍人"，即只有人、法人或者其他组织才能作为作品的作者。国外也采用同样做法，如美国版权局规定正式登记范围内的作品"必须是由人创作的"，并认为"机器、随机或自动运行的单纯机械过程在没有人类的智慧介入的条件下，制作的生成物不属于可登记的作品范围"。

根据我国《著作权法》第3条规定，作品需满足三个要求：应属于文学、艺术和科学领域；需满足独创性要求；应以一定形式表现。目前人工智能生成物对应所属领域及表现形式上与普通作品无异，符合《著作权法》要求。但对于关键的判定指标，即独创性是否符合，学术界存在较大争议。

综上可知，判断人工智能生成物是否属于作品，应研究两个问题：著作权的主体适格问题；人工智能生成物是否具有独创性。

三、人工智能生成物是否具有独创性

（一）人工智能生成物原理

人工智能的"创作"可分为三个递进层级：其一，"输入层"，即向人工智能"输入"大量基础数据（相关作品）供其"学习"。其二，"隐含层"，即人工智能分析输入数据中暗含的各个神经网络结构及逻辑规律，通过智能算法从中归纳出通用模型和规则。其三，"输出层"，即人工智能根据"隐含层"归纳出的模型和规则推导延伸，生成出新的作品。[3]

概括而言，人工智能的工作原理是：综合运用计算机超强的运算能力、智能算法和海量数据，构建解决选定问题的特征模型，依此模型、程序可从

---

[1] 曹源："人工智能创作物获得版权保护的合理性"，载《科技与法律》2016年第3期。
[2] 熊琦："人工智能生成内容的著作权认定"，载《知识产权》2017年第3期。
[3] 林秀芹："人工智能时代著作权合理使用制度的重塑"，载《法学研究》2021年第6期。

数据中自主学习，模仿人类的思维方式。

（二）人工智能生成物不完全符合独创性要求

在判断人工智能生成物独创性的方法上，存在主观标准（以作者为中心）与客观标准（以作品为中心）两种方法。主观标准强调独创性应反映作者特有个性，本质上以人的标准来评判，带有浓厚的人本主义色彩。现有人工智能不具备人的个性，若以此为标准，人工智能将直接被排除，不能深入评判其内容性质。在我国最新的相关案件中，法院没有将作者个性、自然人主体等因素与独创性评判相关联，而是考察作品外在表现形式是否含有独创性，应用了客观判断标准。客观标准强调以"普通读者"的视角从人工智能生成物的外在表达结果方面判断其是否具有独创性。由美国"Feist"案确立的"独立创作+最低限度创造性"的标准，是学界大量采用的独创性评判标准。[1]其中，独立创作指创作物从外在形式上不能是现有作品的复制；最低限度创造性指创作物应与现有作品存在"明显可见"的区别，并剔除那些明显的、表达唯一的事实性表述。[2]

在我国，《著作权法》等相关法律条文中没有具体说明独创性的定义及评判标准。但北京市高级人民法院2018年发布的《侵害著作权案件审理指南》对独创性给出了解释，指出认定独创性应当考虑如下因素：是否由作者独立创作完成；对表达的安排是否体现了作者的选择、判断。虽然该文件作为指导性文件在适用效力上有限，但对研究独创性具有参考价值，且其与上述客观标准相吻合，本文将以此为标准，从独立性与创造性两个方面分析人工智能生成物是否具有独创性。

在独立性方面，人工智能依据人给出的智能算法分析数据输出成果，具有半独立性。在创造性方面，人工智能利用输入数据归纳人类作品中的共通规律（即作者共通的选择、判断），利用这一规律进行表达输出。例如输入的作品A、B、C均包含各自作者的4个选择/判断（价值观），人工智能分析出其所包含的选择/判断，找出其中一个被A、B、C同时体现的选择/判断，之后将以这个共通的选择/判断价值观为模型进行创作，输出人工智能生成物。

---

〔1〕 卢炳宏："论人工智能创作物独创性判断标准之选择"，载《内蒙古社会科学》2020年第4期。

〔2〕 李扬、李晓宇："康德哲学视角下人工智能生成物的著作权问题探讨"，载《法学杂志》2018年第9期。

虽然输出内容不会与以往作品完全重合，表观上具有一定新颖性，但并无其本身独特的选择、判断，而是已有作品表达的延续，不具有创新的选择、判断，甚至有抄袭的嫌疑；且从阅读观感看，其表达方式只是类似人的表述，表述上不可避免地会有瑕疵，人工智能生成物不具备完整、合理的表达。

通过以上分析可知，人工智能生成物从表面上看具有浅层的独创性，但本质上并不完全符合独创性要求，不是严格意义上的作品，只是作品的模仿作品，可称为"类作品"。对这一新型的"类作品"，现阶段若放宽独创性要求将其评价为作品，则会对现有创作领域带来严重冲击。鉴于人工智能计算的高效率，其生成物可轻松批量生产，市场上将出现大量良莠不齐的人工智能"作品"，给读者造成选择障碍，使人类作品被稀释，从而导致人类创作积极性的减弱。从整体发展看，人类作品是人工智能创作的基础数据，若人类作品不再发展，人工智能生成物的发展必然失去基础。故现阶段不能将人工智能生成物评价为著作权法上的作品。

四、人工智能生成物的著作权保护

人工智能生成物数量不断增加，但当前人工智能生成物并不受《著作权法》的保护，这使得人工智能生成物处于无保护状态。这将导致人工智能开发者在投入大量人力、资金后，不能获取人工智能生成物带来的效益，必然会降低人工智能技术研发的动力，为行业整体发展带来负面影响，而这与我国促进人工智能发展的战略规划相违背。因此，需明确相关制度保障人工智能生成物的权益。

人工智能不是自然人，也不是自然人集合体的法人。在权利变更的意思表示、侵权责任等相关问题上，人工智能都不能作为独立主体承担权利义务，不可作为拟制之人以享有法律主体资格。本质上，人工智能生成物是数据经算法计算输出的结果，人工智能算法已经获得了一次著作权保护，人工智能生成物是算法的延伸。人工智能生成物可以被视为生成的数据信息，而数据信息已经被《民法典》纳入保护范围。依此原则，人工智能生成物可获得财产权益保护。[1]

因此，若人工智能生成物不发布，则其可作为私人财产供个人使用。若

---

〔1〕 王宇佳："人工智能'作品'的权益保护研究"，载《传播与版权》2020年第7期。

发布，不能以人工智能的名义发布，可参考民法中无民事行为能力人由监护人代理的情况，可以由人承接人工智能生成物的权利义务，将人工智能作为原始材料提供者，由人作最终判断并承担对外责任。发布前人应对人工智能生成物审查，加入自身评判，由人署名发布并注明为人工智能生成物。发布后，由署名的人承担作品的权利义务。

商标转让与商标使用许可的法律界限分析

胡珂珲*

（中铁十六局集团有限公司　北京 100018）

摘　要：商标转让与商标使用许可是商标交易中最主要的两种形式。目前，因商标转让与商标使用许可约定不明而产生的商标权纠纷时有发生。对此，首先需要明确商标转让和商标使用许可的法律概念，后区分二者之间的法律界限。对于商标转让，应当明确其核准标准并进行实质性审查；对于商标使用许可，应当建立登记生效制度并对中外合资的商标使用许可加以特别审查。

关键词：商标转让　商标使用许可　商标权纠纷

一、引言

商标俗称牌子、品牌，"是指用于区别经营者所提供的商品或服务的识别性标记"。[1]随着我国社会主义市场经济的发展，商标交易在知识产权中成为越来越重要的交易形式。商标交易主要包括两种形式，即商标转让[2]与商标使用许可。在商标交易实践中，经常发生因商标转让与商标使用许可约定不明而产生的商标权纠纷，特别是在中外合资领域，中方通过商标使用许可获得外方商标使用权，通过自身品牌建设提升了商标价值后被外方踢出局的情况屡有发生。同样，外方也会通过商标转让取得中国知名企业商标权，并利

---

* 作者简介：胡珂珲（1976 年-），女，汉族，湖南省岳阳市人，中铁十六局集团法律合规部二级综合专家。

　〔1〕 张玉敏主编：《知识产权法学》，法律出版社 2010 年版，第 282 页。

　〔2〕 在我国实践中，商标转让合同是转让商标最为常见的方式，因此，本文所探讨的商标转让特指通过合同的方式进行的转让。

用市场策略挤占中国企业市场份额。

我国现行《商标法》注重对注册商标的保护，对商标转让和商标使用许可的规范力度略有不足。商标转让与商标使用许可制度不仅关乎我国国内市场商标权的有序竞争，更关乎我国国内著名商标在中外合资合营中能否受到充分保护。因此，需要厘清商标转让与商标使用许可之间的法律界限，并对商标转让和商标使用许可的相关规则加以完善。

二、商标转让与商标使用许可的概念辨析

商标转让与商标使用许可作为商标权流转的两种形式，在实践中容易引发争议的主要原因就在于商标权人对二者的法律概念把握不够清晰，因此要想从根本上杜绝争议的发生，就需要对商标转让与商标使用许可的概念加以辨析。

（一）商标转让的概念

同其他知识产权一样，商标权人可以按照民事主体个人意愿自由对商标权进行处分，因此商标权也被称为"准物权"。商标转让，是指依据法律法规的规定，将商标权通过商标转让合同等方式从原权利人转移至新权利人的民事法律行为。从世界范围看，商标权转移的立法模式主要包括两种，即登记生效模式和登记对抗模式。登记生效模式，是指商标权转让人和受让人签订商标转让合同后，必须到商标局提出申请登记才能发生商标权转移的效力；登记对抗模式，是指商标权转让人和受让人签订商标转让合同后，商标权便发生转移，但未经登记的无法对抗善意第三人。

从我国《商标法》规定来看，商标权的取得可以分为原始取得和继受取得，自然人和法人既可以通过依法申请审查核准的方式原始取得商标权，也可以通过继承、受让等方式继受取得商标权。针对商标权的转移，我国明确采用的是登记生效模式，转让人和受让人签订转让协议后必须共同向商标局提出申请，否则不发生商标权转移的效力。[1]

综上，从商标转让的概念和相关法律规定可以看出，商标转让主要有两个基本法律特征：一是需要双方达成商标转让的合意，签订转让合同并向商标局提出申请；二是发生商标权主体的转移，即商标权主体由原来的自然人、

---

〔1〕 张玉敏："知识产权的概念和法律特征"，载《现代法学》2001 年第 5 期。

法人变更为新的自然人、法人。

（二）商标使用许可的概念

商标使用许可，是指商标权人按照法律的规定，通过与被许可人签订商标使用许可合同，同意被许可人在一定的时间、地域、范围内使用该商标的法律制度。商标使用许可，又可以分为普通使用许可、排他使用许可和独占使用许可，不同类型的商标使用许可在使用主体、使用区域、使用范围都各不相同。

从实质上来说，商标使用许可和商标转让均是一种民事行为，需要双方达成合意，并签订书面合同。但与商标转让不同的是，我国商标法规定商标使用许可采用的是登记对抗模式，许可人和被许可人就商标许可事项达成合意后商标使用许可即发生法律效力，而未经登记备案只是不得对抗善意第三人，并不影响商标使用许可的效力。因此，商标使用许可合同的生效不需要其他形式要件，只要满足《合同法》要求的合同生效实质要件即可。[1]

三、商标转让与商标使用许可的法律界限

商标转让与商标使用许可的实质都是双方民事主体就商标权达成的相关协议，因此实践中经常出现因协议约定不明而产生商标权纠纷的案例。以某功能性饮料商标权纠纷案为例，其争议焦点就在于原告与被告之间签订的是商标转让协议还是商标使用许可协议，以及是否会因被许可人提升商标商誉的行为而占有或共有商标权，而该纠纷产生的原因就在于双方当事人无法清晰划定商标转让与商标使用许可之间的法律界限。总的来说，商标转让与商标使用许可之间主要有以下几方面区别：

一是商标权是否发生转移。简单来说，商标转让是商标权在不同主体之间的转移，而商标使用许可则不发生商标权的转移，仅仅是商标使用权的变化，因此可以通过商标权是否发生了转移来进行判断。二是是否需要向商标局申请登记并公告。根据我国商标法的规定，商标转让必须向商标局登记，且自公告之日起才发生商标权转移；但商标使用许可虽然也需要向商标局登记，但登记与否并不会影响商标使用许可的效力，仅影响是否可以对抗善意第三人。三是是否涉及期限问题。一般来说，商标转让并不涉及期限问题，

---

〔1〕 谢商华："论注册商标使用许可的有效控制"，载《现代法学》1996 年第 2 期。

商标权一经转让则受让人永久享有商标权；但商标使用许可往往都会涉及期限问题，被许可人只有在约定期限内才享有对商标的使用权。

需要注意的是，商标使用被许可人并不会因提升商标商誉等行为而享有商标权或共有商标权，这是因为我国《商标法》规定"被许可人应当保证使用该注册商标的商品质量"，亦即应当维护被许可使用商标的声誉。因此，提升商标商誉等行为符合商标法关于商标使用许可的规定，而不是商标权转移的法定要件，不会因此而享有或共有商标权。

四、完善商标转让与商标使用许可制度的建议

2019 年 4 月 23 日，第十三届全国人大常委会对《商标法》进行了修正，但修改主要集中在商标恶意注册和商标专用权保护方面，商标转让和商标使用许可未有太大的变动。随着我国经济社会的发展，加强知识产权保护成了优化营商环境的重要举措，因此，有必要对现行法律中商标转让与商标使用许可制度加以完善。

（一）商标转让制度的完善

我国《商标法》第 42 条规定："转让注册商标的，转让人和受让人应当签订转让协议，并共同向商标局提出申请……对容易导致混淆或者有其他不良影响的转让，商标局不予核准，书面通知申请人并说明理由。转让注册商标经核准后，予以公告。受让人自公告之日起享有商标专用权。"对于商标转让的核准标准，《商标法》仅规定了"容易导致混淆"和"其他有不良影响"，但并未明确说明"不良影响"该如何进行判断。同时，对于商标转让的核准是形式审查还是实质审查也并未说明。因此，为了更好地规范商标转让，应当对商标转让的相关条例加以细化，明确商标转让的核准标准，并对商标转让合同进行实质性审查，防止冒名转让、无权代理等情况的发生。

（二）商标使用许可制度的完善

对于商标使用许可而言，其最大的问题在于登记对抗制度，这会导致在现实中恶意的许可人会同时和多个被许可人签订多份商标使用许可合同，容易导致纠纷的发生。对此，商标使用许可制度可以改为登记生效制度，由许可人和被许可人共同向商标局登记备案，并由商标局依法对商标使用许可进行审查，防止出现多个商标使用许可冲突的情况。不管商标转让还是商标使用许可，都应当通过登记的方式予以公告，以保护第三人的利益，维护交易

的秩序，减少不必要的纠纷。[1]

除此之外，还应当建立中外合资商标使用许可的特别审查制度。这是因为在我国当前经济发展中，一方面存在外国企业许可中国企业使用其商标，通过中国企业提升了商标商誉或建立好市场基础后，终止中国企业的商标使用许可；另一方面，中外合资商标使用许可也不利于我国民族自主品牌的建设。因此，应当对涉及中外合资的商标使用许可加以特别审查，以保护我国民族企业的合法权益。

五、结语

商标是企业资产的重要组成部分，对于企业发展具有十分重要的意义。随着经济全球化和我国市场经济的发展，商标转让和商标使用许可成为商标权领域常见的交易形式。针对当前我国出现的越来越多的商标转让和商标使用许可纠纷，应当对商标转让和商标使用许可二者之间的法律界限加以明确，并分别对二者的相关制度进行完善，以此促进我国商标交易市场的有序发展。

---

[1] 闫卫国："与商标使用许可合同有关的问题"，载《中华商标》2003年第8期。

未实缴出资股权转让后出资责任承担规则研究

王 芳*

（中国政法大学　北京 100088）

摘　要：有限责任公司和发起设立的股份有限公司在注册资本认缴制下，其股东为逃避公司债务，在未实缴出资前将股权转让给无出资能力的第三方，会使债权人的债权无法实现。为保护公司债权人的利益，应研究并制定未实缴出资股权转让后出资责任承担的规则。未实缴出资股权转让后出资责任承担规则涉及内容庞杂，本文基于对最高人民法院《关于民事执行中变更、追加当事人若干问题的规定》第 19 条的解读，对司法实践中适用该条款的典型案例进行分析，以期对该类案件的司法实践提供参考。

关键词：未实缴出资　股权转让　出资责任

一、问题的提出

公司〔1〕注册资本认缴制，是在坚持公司资本确定原则的基础上，给予公司股东一定的期限利益，即当事人因期限的存在而享有的利益。〔2〕该制度规定股东只要在公司章程约定的出资期限届满前足额缴纳公司注册资本即可，有助于提高企业的经营效率。注册资本认缴制实施后，出现了大量股东将未实缴出资的股权转让给明显缺乏实缴能力的受让人的现象，由于受让人缺乏

---

　　* 作者简介：王芳（1977 年－），女，汉族，北京人，中国政法大学同等学力在读研究生，研究方向为民商法学。

　　〔1〕 本文中所表述的"公司"，仅指有限责任公司和发起设立的股份有限公司，因募集设立的股份有限公司实行实缴制，本文不作涉及。

　　〔2〕 梁上上："未出资股东对公司债权人的补充赔偿责任"，载《中外法学》2015 年第 3 期。

出资能力，即使出资加速到期，债权人的债权也因股东无出资能力而无法实现。

未实缴出资股权转让后的出资责任归属问题成为司法实践中的难点，最高人民法院《关于民事执行中变更、追加当事人若干问题的规定》（以下简称《变更、追加被执行人规定》）第 19 条规定："作为被执行人的公司，财产不足以清偿生效法律文书确定的债务，其股东未依法履行出资义务即转让股权，申请执行人申请变更、追加该原股东或依公司法规定对该出资承担连带责任的发起人为被执行人，在未依法出资的范围内承担责任的，人民法院应予支持。"然而该规定未明确"未实缴出资股权转让"是否包含出资未届期未实缴的股权转让的情况，未明确未实缴出资股权转让后出资责任承担规则，因此基于对《变更、追加被执行人规定》第 19 条的解读，进一步研究未实缴出资股权转让后出资责任承担规则具有现实意义。

二、我国认缴资本制下实缴资本加速到期的规定

最高人民法院《关于适用〈中华人民共和国公司法〉若干问题的规定（二）》第 22 条规定："公司解散时，股东尚未缴纳的出资均应作为清算财产。股东尚未缴纳的出资，包括到期应缴未缴的出资，以及依照公司法第二十六条和第八十条的规定分期缴纳尚未届满缴纳期限的出资。公司财产不足以清偿债务时，债权人主张未缴出资股东，以及公司设立时的其他股东或者发起人在未缴出资范围内对公司债务承担连带清偿责任的，人民法院应依法予以支持。"

《企业破产法》第 35 条规定："人民法院受理破产申请后，债务人的出资人尚未完全履行出资义务的，管理人应当要求该出资人缴纳所认缴的出资，而不受出资期限的限制。"

2019 年最高人民法院印发的《全国法院民商事审判工作会议纪要》（以下简称《九民纪要》）第 6 条规定，在执行程序中若人民法院穷尽执行措施无财产可供执行，已具备破产原因，但不申请破产的，可追加未届出资期限的股东在未出资范围内对公司不能清偿的债务承担补充赔偿责任。

目前我国的实缴资本加速到期的规定分散在企业破产法、公司法司法解释及《九民纪要》中。尽管出资加速到期的规定能在一定程度上保护公司债权人的利益，但仍然有公司股东为逃避债务将未实缴出资的股权转让给明显

缺乏实缴能力的受让人，而由于受让人缺乏出资能力，使得注册资本加速到期制度无法保证债权实现。

三、司法审判中公司未实缴出资股权转让后出资责任承担的分配

虽然《变更、追加被执行人规定》第19条规定了未依法履行出资义务即转让股权，应在未依法出资的范围内承担责任，但在司法实践中对于该规定仍然有不同的解读，并产生了不同的判决结果。下面以几个案例对该问题进行说明。

案件一：吉某与北京博业大诚公司、袁某执行异议案。该案被执行人博业大诚公司在执行程序中无可供执行财产，也未申请破产，申请人依据《变更、追加被执行人规定》第19条的规定申请追加叶某为被执行人。博业大诚公司注册资本1000万元，股东叶某认缴出资500万元，股东袁某认缴出资500万元，出资期限均为2049年1月1日；申请人吉某与博业大诚公司的债权债务关系发生在2019年5月至2019年8月期间，2019年10月，叶某将其持有的出资500万元转让给袁某，但并未实际履行出资义务。[1]

该案件中法官对于追加申请不予支持，可见法官认为《变更、追加被执行人规定》第19条所规定的"其股东未依法履行出资义务即转让股权"应考虑股东认缴出资期限是否已经到期，如果在认缴出资期限尚未到期的情况下进行股权转让，则不需要对转让前公司的债务承担责任。法院还认为未届出资期限未实缴出资股权转让后，实缴出资的责任应由受让该公司股权的股东承担。

案件二：白某与宦某追加、变更被执行人异议之诉。该案中白某于2020年1月2日与门章公司签订合同，当时叶某认缴出资额690万元，宦某认缴出资额10万元，王某认缴出资额300万元。在2020年11月18日股东宦某将其持有的门章公司的股权转让给案外人胡某时，白某已申请强制执行。宦某应明知门章公司对白某负有债务，亦应明知门章公司的债务清偿能力和财务状况。[2]

该案中，法院穷尽执行措施，白某的债权仍未获清偿，故门章公司已具

---

[1] 北京市顺义区人民法院〔2021〕京0113执异1116号执行裁定书。
[2] 北京第三级中人民法院〔2021〕京03民终15011号二审民事判决书。

备破产条件。因此，门章公司的股东不再享有认缴出资的期限利益，其出资应当加速到期。故宦某未届认缴期限转让股权，在受让人未履行出资义务时其作为出让股东仍须承担出资责任，不能免除其出资义务。法院裁定追加被告宦某为执行案件的被执行人，在其尚未缴纳出资 10 万元范围内对门章公司不能清偿的债务承担补充赔偿责任。这说明该案件法官认为在适用《变更、追加被执行人规定》第 19 条时，应考虑未届出资期的出资应否加速到期，如果进行股权转让时实缴出资应加速到期而未实缴时进行了股权转让，则适用于第 19 条规定。

案件三：薛某、青岛英德公司等执行异议之诉。该案中，薛某与英德公司、青岛永华公司股权转让纠纷一案，两被执行人无可供执行财产。英德公司原股东王某持股比例 6.25%，出资额 200 万元，出资期限为 2020 年 7 月 7 日，章程约定的出资期限届满后，王某全部未缴纳出资并于 2021 年 7 月 2 日将其持有的股权全部转让给现股东白某，并通过股东会决议方式将股东白某出资期限恶意延长至 2041 年 2 月 18 日，白某尚未缴纳出资。[1]

法院裁定追加原股东王某为执行案件的被执行人，说明该案件法官认为在实缴出资期已经到期后，未实缴出资进行了股权转让，应适用《变更、追加被执行人规定》第 19 条的规定。

四、结语

现实中，公司的认缴资本不能如期缴足或股东出资加速到期难以实现等问题层出不穷，出资人利用公司股东实缴出资的期限利益恶意逃避债务，削弱公司责任能力的问题时有发生。因此，应尽快明确《变更、追加被执行人规定》第 19 条所规定的其股东未依法履行出资义务即转让股权的适用条件，并且在《公司法》中明确对于未实缴出资股权转让后出资责任承担规则。

---

〔1〕 山东省青岛市中级人民法院〔2022〕鲁 02 执异 23 号裁定书。

浅析局部外观设计的专利保护制度

张 楠*

（中国政法大学 北京 100088）

摘 要：自 2021 年 6 月起，最新修正的《专利法》正式施行，对局部外观设计保护作了新增说明，也填补了国内在此领域的空白，是我国《专利法》改革与完善的又一次尝试。对局部外观设计进行专利保护是必然也是必要的，有利于保护企业创新性，提高产品竞争力，具有产业价值，也是经济全球化的必然结果。基于此，本文就局部外观设计的专利保护的必要性和意义进行了初步探讨，并对局部外观设计未来实施的申请方式和判定条件进行了预测和争议点分析。

关键词：局部外观设计 判定 侵权

一、局部外观设计及制度的概念

所谓局部外观设计，区别于外观设计，它的重点在于其局部性，是指对产品某一部分展开的新设计，是对产品局部的形状、图案以及色彩的结合所进行的富有美感且适于工业应用的新的设计，可以简单地认为，只要不是产品"整体"的，就可以认为是"局部"的。局部外观设计常常被学者认定为是现代外观设计体系的一个重要组成部分，是一种更贴近于设计本源的设计方式。

我国曾在第四次《专利法》修改中引入了局部外观设计保护制度的概念，

---

* 作者简介：张楠（1990 年-），女，汉族，江苏省苏州市人，中国政法大学同等学力在读研究生，研究方向为知识产权法学。

2021 年 6 月 1 日，最新修正的《专利法》正式施行，其中外观设计专利保护期限被延长至 15 年。

二、引入和确立局部外观设计制度的必要性

自 1984 年《专利法》在我国正式施行，通过 30 多年的实践，外观设计专利制度的应用在我国已经取得显著成效，然而局部外观设计却一直被排除在外，无法可依直接造成的后果是局部外观设计不被保护也无法追究侵权。随着时代的发展，越来越多的国内学者开始呼吁局部外观设计专利也应当被纳入专利法，受到法律法规的保护，主要原因有以下三点：

（一）鼓励和保护企业的创新积极性

为了对抗各类制造行业里越来越多同质化和所谓"山寨产品"的现象，创新与原创成为众多企业发展的核心主题。然而创新是需要成本的，是包含人力、物力及大量资源投入的产出结果，因此，实施外观设计专利制度是为了保护和鼓励企业和设计者的创新积极性，这一措施也直接影响了我国在外观设计上的创新意识和创新能力的提高。然而在实践中更多的却是设计者对产品的某些部分、某个部件做出一些新的变动，这种变动是设计者基于对原产品的深刻认识和理解而提高了性能，具备了改良性的创新，这种局部设计也是具有创新意义的。如果只是着眼于"整体"而忽视了"局部"，那么凝聚着设计者的智力成果的局部创新就无法得到应有的保护，企业创新积极性势必减少，我国的创新意识也会逐渐减退，核心竞争力薄弱。

（二）巩固产品设计精细化的成果

当人民群众的生活水平提高，审美水平提高时，新颖的外观设计往往也成了吸引消费者的重要因素，更甚者，会成为一个产品的标志，产品外观设计对提升产品的市场竞争力具有显著作用。科技的日趋进步，使得产品种类呈现多样化的趋势，我国的工业水平不断发展，企业的产品外观设计能力也在不断提高和革新，产品的设计趋于精细化，企业的生产分工流程精细化，一个工业产品从设计到生产测试，从局部的零部件到组装成品，中间经过数道工序，这意味着在产品制造的每个流程里都可能产生创新，产品局部外观设计的保护需求日益显著。产品局部外观设计必然成为一种重要的创新保护方式。

（三）保证侵权判定的规范性

国内侵权的案件虽然属于产品的局部外观设计，但是由于当时没有立法对纯局部外观设计提供保护，所以在判决侵权的时候难度加大，需要证明侵权产品整体外观有侵权行为才能判断侵权。虽然最后被判定侵权，被侵权人得到了补偿，但是如果依据现在的局部外观设计保护制度，应该对权利人的保护力度更大，举证更方便，判断条件更明确，更方便法官判案。

比如在 2021 年 4 月的一起有关鞋底专利的侵权案件中，[1]原告持有ZL201930243909.3 号"鞋底（1913）"外观设计专利，原告认为自己的专利权被侵犯，而被告辩称被诉侵权产品为注塑鞋，鞋底和鞋帮是一体成型工艺制成的，所以被诉侵权产品的鞋底只是注塑鞋的局部，而不是注塑鞋的零部件。对于被诉侵权产品，涉案专利为局部外观设计，不能证明存在侵权的情形。因我国对局部外观设计实施细则上无具体规定，局部外观设计专利不能真正体现其局部保护作用，所以在举证及判定时的难度加大。而此案，法院依照一般消费者的知识水平和认知能力，以二者在视觉效果上无较大差异，二者在形状上构成近似，认定被告销售的涉案产品构成侵权。

三、对国内引入局部外观设计专利申请方式和判定条件的预测

20 世纪 80 年代，美国专利商标局率先对外观设计进行了进一步的解释。日本、韩国也分别在 1999 年和 2001 年提出部分外观设计保护的理念，2001 年 12 月，《欧盟理事会共同体外观设计保护条例》的通过，也确认了"局部外观设计"的专利保护地位在欧盟部分国家得到了认可。

2021 年 6 月，我国外观设计专利中增设了局部外观设计这一条例，至此，局部外观设计这一概念被我国正式承认，标志着我国的外观设计专利制度开始与国际接轨。

目前惯用的局部外观申请方式主要分成两种：一是采用半透明与不透明相互结合的方式，在申请时不覆盖的部分为保护部分，体现自己的原创，覆盖部分为不保护部分，意味着"主张保护的局部"与"不主张保护的部分"共存（见图 1）。二是用虚线与实线结合显示的方式，实线画出保护部分，虚线画出不保护部分（见图 2）。提交的视图原则上应当包含能清楚表达"局部

---

[1] 江西省南昌市中级人民法院民事判决书［2021］赣 01 民初 368 号。

外观设计"所属的产品领域及其在整体中的位置和大小，能直观地感受到这部分外观设计的外观要素和特点。

图 1   图 2

此外，局部外观设计保护的是产品的局部设计，按惯例提供的图示应为整体产品，提供的图示需要包括立体图和六面视图，必要时还可利用剖面图、断面图等。

除申请方式之外，引入局部外观设计保护制度后，与外观设计专利有着较大区别的就是判断标准与判定主体。

关于局部外观设计的判断标准，应当还是从新颖性、创造性和实用性角度进行思考。但要注意，在申请人明确划分保护与不保护部分的基础上，应当将着重点放在被保护部分，不要求保护的部分不应被纳入判断标准，同时也不应该将该局部外观设计与原有设计所适用的具体物品是否存在相同和相似纳入新颖性的考虑范围之内。"严格意义上来说，局部外观设计是外观设计专利的一种补充，外观设计专利的认定因素之一即要求申请专利的外观设计有其独特的创造性，由此可见，局部外观设计以及其是否侵权的认定也应当要求其具有创造性的典型特征。"[1]总的来说，局部与整体外观设计的保护制度有着近似的判断原则，但应当有着更细微区别的判断标准。

除判断标准之外，还应当关注，判定主体的不同，立场不同，便不可避免地影响到判定结果的片面性与夸大性，影响结果的公正性。消费使用者和

---

〔1〕 邓瑶："论局部外观设计的侵权判定"，载《设计》2018 年第 8 期。

设计产出者，两个与产品密切相关的群体，是最有资格作为裁判者的，因此涉及侵权时应当将两者意见综合考虑从而进行判定。

四、结语

关于局部外观设计保护，国内制度曾在相当长的一段时间里是空白的，相信在吸取国外知识产权保护成熟经验的基础上，我国的知识产权法律制度会越来越完善，立法为民，司法便民。近年来一次又一次地对《专利法》的修正，从我国国情出发，注重群众的权益保护，适应了社会经济的发展，回应了当代外观设计保护的需求。需要注意的是，并非引入了局部外观设计保护制度就意味着可以一劳永逸，显而易见的是，这场关于局部外观设计的专利保护制度的改革已初见端倪，未来的发展与变革道路任重而道远。

《民法典》中房屋租赁优先承租权探析

林雪娟*

(中国政法大学 北京 100088)

摘 要:《民法典》第 734 条在立法中规定房屋承租人享有优先承租权。将房屋优先承租权法定化,对保障承租人权利发挥着积极作用。但民法典中的相关规定较为简单,尚未明确权利行使期限,"同等条件"内容也暂不明晰。本文试图解析民法典优先承租权的性质,并针对当前存在的问题提出拙见,以期对司法实务及地方性法规颁布实施提供参考。

关键词:房屋租赁 优先承租权 行使期限 同等条件

一、房屋租赁的分类

《民法典》并未对房屋租赁的分类加以明文规定,虽然《民法典各分编(草案)》的合同篇指出:"……为落实中央提出的建立租购同权住房制度的要求,保护承租人利益,增加规定房屋承租人的优先承租权……"提到优先承租权是"住房人的优先承租人制度",将"房屋租赁"径直视为"住房租赁"并不严谨,毕竟从文义而言,"房屋租赁"四字本身并不含有任何用途指向。[1]最高人民法院在《中华人民共和国民法典合同编理解与适用(三)》[2]一书中亦提到,原租赁合同关系的继续与房屋承租人的优先承租权旨在稳定既有

---

* 作者简介:林雪娟(1985 年-),女,汉族,福建省厦门市人,中国政法大学同等学力在读研究生,研究方向为法务会计。

〔1〕 袁野:"房屋租赁中的优先承租权",载《苏州大学学报(法学版)》2020 年第 1 期。

〔2〕 参见最高人民法院民法典贯彻实施工作领导小组主编:《中华人民共和国民法典合同编理解与适用(三)》,人民法院出版社 2020 年版。

租赁关系的租赁物使用状态，即使房屋承租人并非基于生活需要承租租赁物，比如租赁用于经营的门店，经营的稳定性亦具有重要价值。故房屋租赁应当包括住房租赁和商业租赁。

二、房屋租赁优先承租权的性质

对于优先承租权的性质，主要有以下几种观点："请求权说"认为优先承租权是承租人请求，承租人一旦要约请求，法律即可强制缔约。但在实际生活中，出租人对于"同等条件"需要反复斟酌，且与第三人协商后成就。故按该说可能导致出租人权利受损。"物权说"认为优先承租权是附加于租赁物上的一种物权，租赁权就具有了物权的外观特征，具有了能够对抗第三人的法律效力。"形成权或附停止条件的形成权说"认为，依承租人单方意愿，即可与出租人建立租赁合同关系。

根据以上几种说法，请求权说因"同等条件"如何认定，主观意识较强，不利于保护承租人。物权说在缺乏公示方法情况下，对第三人影响过大。最高人民法院在《中华人民共和国民法典合同编理解与适用（三）》一书中则提到，[1]从更好地保护承租人权利的角度看，为实现立法目的和立法价值，宜将该权利界定为附条件形成权，在法律规定条件成就时，承租人单方作出的缔约意思表示即可在出租人和承租人之间成立租赁合同关系。因此，优先承租权性质上应该是附条件形成权。

三、当前房屋优先承租权法定化存在的问题

《民法典》虽为房屋承租人创设了优先承租法定权利，但均未进一步细化，如承租人行使优先承租是否设期限、同等条件具体内容等，这给实践中的审判带来了困惑。因此，如何保障承租人的优先承租权，以实现立法的目的，还有待于进一步研究和探讨。

（一）"出租人继续出租的意愿"推定认定难

《民法典》虽未明确对出租人及承租人的意思表示作出要求，但是从合同的基本前提来看，承租人要行使优先承租权的前提，需是出租人有继续对外

---

〔1〕 最高人民法院民法典贯彻实施工作领导小组主编：《中华人民共和国民法典合同编理解与适用（三）》，人民法院出版社2020年版，第1606页。

缔结租赁合同的真实意思表示，否则也无优先承租权可行使。[1]但不能保证每个出租人意思表示的真实性，因为实践中不乏出租人为规避法律责任谎称合同期满后，不再出租的，后又将房子出租于他人的情况。这种情况会损害承租人的优先承租权。因此，要明确出租方以何种方式，提前多久作出意思表示，才能更好地保障承租人的权利。

（二）房屋优先承租权的行使时限未予明确

法条规定"租赁期限届满"，但未明确规定时限，导致出租人缔约自由受到不当限制，且房屋使用状态长期中断，承租人的占有、使用和收益权能则无法保障。因此，如何设置优先承租权行使的期限，关乎租赁双方当事人的利益。

（三）"同等条件"的内容暂不明晰

学界对于《民法典》中优先承租权的同等条件具体应当是何标准，一直未形成统一看法，《民法典》亦未对此进行明确规定。[2]最高人民法院在解释中提到可结合最高人民法院《关于适用〈中华人民共和国公司法〉若干问题的规定（四）》和《关于适用〈中华人民共和国物权法〉若干问题的解释（一）》（已失效）对股东优先购买权和共有人优先购买权法律规定"同等条件"的解释，即同等条件则为合同价、付款方式、支付期限及租赁期限等因素。实践中房屋租赁因分类不同，使用功能不同、租赁物用途不同，所考量因素自然也不尽相同，如果采用统一标准来认定，势必有违公平合理原则，损害出租人、承租人及第三方的利益。

（四）优先承租权遭到妨害的救济形式无明确规定

《民法典》未明确规定承租方享有损害赔偿请求权。当承租人优先承租权受到侵害时，最高人民法院在《中华人民共和国民法典合同编理解与适用（三）》中认为可参照《关于审理城镇房屋租赁合同纠纷案件具体应用法律若干问题的解释》的相关规定，承租人可主张赔偿损失。实际生活中，居住租赁用途的承租人有时会选择赔偿损失。但对于经营性租赁，承租人因经营需要，前期进行了不同程度的投入，经营过程中也不断积累了有形或无形的财富，如果只是简单地进行损失赔偿，则救济是不够充分的。应该考虑其他的救济途径，以期充分保护承租人的合法权益。

---

〔1〕 陆迪："房屋承租人优先承租权研究"，上海师范大学 2021 年硕士学位论文。
〔2〕 金绍奇："论法定优先承租权"，载《行政与法》2021 年第 10 期。

四、房屋优先承租权条款之完善建议

（一）推定认定"出租人继续出租的意愿"

如前所述，承租人要行使优先承租权的前提是出租人有继续对外缔结租赁合同的真实意思表示。可从以下几种情况进行推定：若出租人未通知原承租人不再继续出租，应推定出租人沉默行为为继续出租的意思表示。若出租人有出租意愿，且出租条件出现变化，则应在租赁期限届满前，提前将"同等条件"通知承租人；同时，建议设立通知合理期限，考虑到租赁市场规则及交易情况，建议设立期限为 10 日。若出租人主张不继续出租，则需说明理由，并提供相关证据证明。为避免恶意损害承租人的权利，建议对再次出租间隔期进行限制，为不能过分限制出租人出租自由，建议法定期限为 3 个月。

（二）明确优先承租权行使期限

如前所述，优先承租权的行使无明确期限，则可能导致租赁市场不稳定，违背立法本意。承租人在收悉出租人通知后，应当在限定的期限内行使优先承租权。对此，可参照目前最高人民法院对优先购买权相关解释中所设定的权利行使期限，即 15 天；考虑到购房经济成本更高，交易手续更繁琐，交易周期更长，故建议优先承租权行使期限不应超过 15 天。

（三）"同等条件"不应限于价格及支付方式等因素

"同等条件"是房屋优先承租权的核心条款，一般包含租金标准、租赁期限、支付方式等。但从房屋租赁分类来看，住房租赁和经营性租赁除考虑租金、支付方式及租赁期限等客观性因素外，也应根据租赁用途不同，综合考虑其他影响租赁关系的主观因素。就主观条件而言，若承租人在原租赁合同履行过程中存在严重违约行为致使出租人对其丧失信任的，不能认为满足同等条件。对纯住房租赁，承租人道德品质、生活习惯、是否爱惜租赁物，这些都应当纳入考量因素。经营性租赁则更为复杂，承租人经营范围、经营状况、商业信誉都影响着租赁条件，出租人更愿意与具有良好信誉、知名度更高的承租人建立合作关系。因此，基于公平合理的法律理念，法在保护承租人合法权益的同时，也应当将影响租赁关系的主观因素纳入考虑范畴。

（四）优先承租权遭到妨害的救济

当承租人优先承租权受到侵害时，可参照《关于审理城镇房屋租赁合同纠纷案件具体应用法律若干问题的解释》的相关规定，主张赔偿损失。具体损失计算，参考《民法典》第 584 条的规定，损失赔偿额应相当于违约所造成的损失，即合同履行后可以获得的利益。但居住租赁和经营性租赁利益存在一定区别，在居住房屋租赁中，承租人请求对方赔偿违约损失的范围主要包括：房屋装修费、同类房屋差价、中介费、搬家费以及认定责任费用等。一般来说，住房房屋承租人更偏向选择赔偿损失作为救济途径。而经营性房屋租赁中，除了考虑装修费、搬迁费、中介费等各种直接损失，还应考虑合同正常履行后可能获得的经营利润，以及其在经营过程中建立的客源、品牌效应、流量等无形财富，只简单地赔偿是不够的。如果将合同的继续履行作为救济方式，能够更好地实现对承租人权利的保护，从而维护租赁市场的稳定。

积极老龄化视角下超龄劳动者的权益保障

陈泽艺*

（中国政法大学　北京 100088）

摘　要：我国人口老龄化程度日益加深，超龄人口再就业作为积极老龄化的重要方面对我国面对人口老龄化有积极的作用。现行法律对于超龄劳动者劳动权益的保护并不完善，需要各部门协同促进，在劳动基准保障、社会保险等方面对超龄劳动者给予更多保障。

关键词：积极老龄化　劳动关系　超龄劳动者　工伤认定

一、积极老龄化下的超龄劳动者

1987 年世界卫生大会首次提出了健康老龄化的概念，并逐步演变为积极老龄化。世卫组织在 2002 年发布的《积极老龄化政策框架》一文中，将积极老龄化定义为："人到老年时，为了提高生活质量，使健康、参与和保障尽可能获得最佳机会的过程。"[1]

根据第七次全国人口普查发布的数据显示，我国人口老龄化程度进一步加深。部分劳动者在到达法定退休年龄时尚未符合领取养老金的条件，另外我国的社会保险体系也并不能满足所有退休人群的需求，因此超龄人口再就业成为日益普遍的现象。超龄人口再就业作为积极老龄化的重要部分，在法律层面对超龄劳动者进行保护和保障，已经成为日益迫切的需求。

---

* 作者简介：陈泽艺（1989 年-），女，汉族，浙江省宁波市人，中国政法大学同等学力在读研究生，研究方向为民商法学。

〔1〕 世界卫生组织编：《积极老龄化政策框架》，中国老龄协会译，华龄出版社 2003 年版，第 9 页。

二、超龄劳动者劳动权益保护法治现状及问题

根据《劳动合同法》第 44 条规定："有下列情形之一的，劳动合同终止……（二）劳动者开始依法享受基本养老保险待遇的；……"和《劳动合同法实施条例》第 21 条："劳动者达到法定退休年龄的，劳动合同终止。"我国现行法律并未给予劳动者退休或者不退休的选择权，在这种硬性退休的制度下，劳动者到达法定退休年龄即意味着签订劳动合同的主体资格丧失，用人单位可以依法终止雇佣关系。

根据最高人民法院《关于审理劳动争议案件适用法律问题的解释（一）》的规定，对于已享受养老保险的超龄劳动者，与用人单位之间构成劳务关系。

问题在于，未享受养老保险待遇的超龄劳动者和用人单位的用工性质在法律上并不明确。各地对于用工关系性质有不同的规定，主要分为以下几种情况：其一，明确为劳务关系。例如四川省规定："用人单位招用已达到法定退休年龄但尚未享受基本养老保险待遇或领取退休金的劳动者，双方形成的用工关系按劳务关系处理。"[1]大多数地区为此种规定。其二，根据未享受养老保险待遇的超龄劳动者的情况认定用工性质，例如上海明确："……对于虽已达到法定退休年龄，但用人单位未与其解除劳动关系仍继续用工，未按规定办理退休手续的，按劳动关系处理；对于已达到法定退休年龄，且用人单位与其已解除劳动关系，但因劳动者社会保险费缴费年限不够，不能享受养老保险待遇的，劳动者只要依照《社会保险法》有关规定补缴社保费后即可享受养老保险待遇，其再就业与用工单位发生争议的，按劳务关系处理。"[2]其三，认定为劳动关系。例如［2015］鲁民提字第 526 号劳动争议案件中山东省高级人民法院认为达到法定退休年龄并不是劳务关系存在的前提，而享受养老保险待遇才是劳务关系存在的基本前提。法律未限制超过法定退休年龄的人员与用人单位形成劳动关系。

基于上述用工关系的法律规定和实操情况，在大多数情况下，超龄劳动者与用人单位形成的是劳务关系。基于劳务关系，超龄劳动者在没有劳动法

---

〔1〕 参见《四川省高级人民法院民一庭关于审理劳动争议案件若干疑难问题的解答》第 18 条。
〔2〕 《上海市高级人民法院劳动争议案件审理要件指南（一）》第 8 条。

律倾斜性保护的情况下在以下方面与正常的劳动者形成了较大差异：[1]

第一，劳动基准保障方面。劳动者作为劳资关系中的弱势群体，法律对于劳动者有倾斜性的保护，《劳动法》对于合同签订、工资、加班时长、合同解除等方面均作了保护性规定。例如在与劳动者解除或终止劳动合同时，对用人单位有严格的限制，非法定情形不得解除或终止劳动合同。而超龄劳动者与用人单位是可以自由约定雇佣条件的，超龄劳动者在劳动基准方面的权益也无法得到有效保障。

第二，劳动保护方面。超龄劳动者在工作过程中发生事故伤害或意外时，一般情况下由于与用人单位构成的是劳务关系，因此通常不能被认定为工伤，用人单位按照人身损害赔偿有关规定承担赔偿责任。工伤责任为无过错责任，即无论用人单位是否存在过错，用人单位均应承担责任。而人身损害赔偿是过错责任，《民法典》第1192条第1款规定："……提供劳务一方因劳务受到损害的，根据双方各自的过错承担相应的责任。"基于此，超龄劳动者在劳动保护方面难以得到有效保障。[2]

第三，权利救济方面。超龄劳动者无法按照劳动合同争议提起仲裁，而仅能按照民事案件通过民事诉讼解决争议。劳动争议案件的诉讼成本非常的低，在仲裁阶段是免费的，在诉讼阶段诉讼费为10元。而民事诉讼的诉讼成本相对而言就比较高了。这对劳动者而言，诉讼成本可能就成了维权路上的绊脚石。

第四，欠薪保障方面。劳动争议案件出于保护劳动者之目的，设置有一裁终局的制度，劳动报酬不超过当地月最低工资标准12个月金额的争议在裁决书作出之日即发生法律效力。在用人单位恶意拖延诉讼时间的情况下，劳动者的权益很难得到及时、有效的保障，该制度很好地保障了劳动者的权利。而同样付出劳动，法律对于超龄劳动者的薪资方面就没有这样的保障了。此外，根据《企业破产法》的规定，破产人所欠职工的工资为优先清偿款项。《工资支付暂行规定》第3条规定："本规定所称工资是指用人单位依据劳动合同的规定，以各种形式支付给劳动者的工资报酬。"而超龄劳动者的薪资是基于劳务关系产生的，并非基于劳动关系产生，因此不属于职工工资等债权，

[1] 以下均为超龄劳动者与用人单位构成劳务关系的情形，不包含构成劳动关系的情形。
[2] 参见施嫣然："超龄劳动者工伤认定研究"，苏州大学2017年硕士学位论文。

不能被列为第一顺位予以清偿。

三、完善超龄劳动者权益法律保障的建议

第一，应完善劳动基准保障。社会老龄化加剧，越来越多的超龄劳动者成为很多行业的选择。现行法律中对于超龄劳动者的各项劳动基准应进行调整和完善，保障超龄劳动者的正当权益。笔者认为劳动基准保障应至少体现在以下两方面：其一，最低工资。对超龄劳动者也应同样设置最低工资限制，这对于保障其正当权益有重要意义。[1]其二，加班时长限制及加班费。对于正常的劳动者，法律设置最多不超过 3 小时，每月不超过 36 小时的加班时长。另外，工作日、周末、法定节假日加班也有相应的加班费制度。这充分保障了劳动者休息休假的权利。而超龄劳动者更应获得此等权利的保障。

第二，应完善退休制度。现有退休制度并不符合一些人群的利益，建议在一定程度上赋予劳动者对于退休年龄的自主选择权，解决"正当年"人群的就业问题。另外，应完善社会保险制度。把社会保险缴纳延伸至超龄劳动者或者单独为超龄劳动者设立单项社保。单项社保在非全日制用工中已有相关规定，用人单位可以为非全日制劳动者单独购买工伤保险。对于超龄劳动者也可考虑设置类似的单项保险，防范其在劳动过程的风险，同时也是防范用人单位在用工中的风险。

第三，对于尚未达到领取养老金条件的劳动者，在其与正常劳动者一样接受用人单位管理进行从属性劳动的情况下，也纳入适格劳动者资格范围，享有劳动法律的保护。对于超龄劳动者与用人单位之间发生的争议，建议一并纳入劳动仲裁的范围内，使超龄劳动者能够拥有更好的维权渠道。

---

[1] 鲁晓明："积极老龄化视角下之就业老年人权益保障"，载《法学论坛》2021 年第 4 期。

论前期物业服务合同中业主权益的缺失及对策

周桂芝*

（福建通久律师事务所　厦门 361021）

摘　要： 前期物业服务合同是建设单位与物业服务企业之间就房地产前期物业管理阶段各自的权利义务所达成的协议，业主不是前期物业服务合同的当事人，但该合同却对业主具有约束力。本文主要通过对当前制度下前期物业服务合同项下业主权益缺失的分析，提出相应的建议解决问题，以便达到减少纠纷的发生，从而更好地保障广大业主的切身利益，为构建和谐文明、现代化的居住环境提供制度上的保证。

关键词： 前期物业服务合同　业主　物业服务企业

随着我国城市化进程的加快以及越来越多的外来务工人员在城市安家落户，住宅小区的数量不断增加，物业服务行业也越来越火爆。伴随着新建小区的完成，关于物业服务合同纠纷特别是前期物业服务合同纠纷近几年来也是不断增加，因此亟须国家层面出台更加完善的相关物业管理条例及司法解释规范裁判思路，让处于前期物业服务合同项下的业主权益能得到切实的维护。通过下表可以看出包含前期物业服务合同纠纷的案件，截至 2022 年 1 月 7 日，共搜索到案例 289 558 个。

---

　* 作者简介：周桂芝（1978 年–），女，汉族，河南省商丘市人，中国政法大学同等学力在读研究生，研究方向为民商法学。

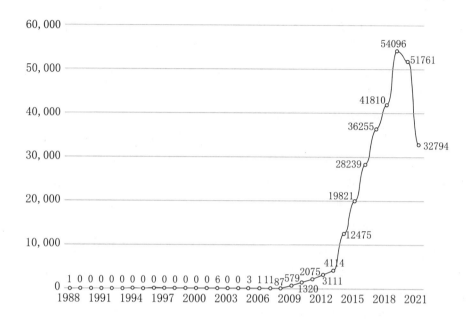

一、前期物业服务合同相关法律规定及业主权益缺失分析

（一）《民法典》的相关规定

我国《民法典》第939条规定："建设单位依法与物业服务人订立的前期物业服务合同，以及业主委员会与业主大会依法选聘的物业服务人订立的物业服务合同，对业主具有法律约束力。"这是我国首次以法典的形式将前期物业服务合同项下的权利义务一并概括到业主名下。虽然业主不是前期物业服务合同的当事人，但合同却对业主产生约束力，这有悖于合同相对性原则。建设单位是前期物业服务合同的主体之一，但签订后却不受合同的约束，因此往往在合同条款的拟定上就不会那么尽心尽力，甚至为了追求利益的最大化，与物业服务公司串通制订出有损业主的条款，这使得后来入住的业主权益无法得到保障，而在业主委员会成立之前，业主的维权之路也较为坎坷。现实中还存在前期物业服务公司阻挠业主委员会的成立，个别业主维权在主体资格和人数上达不到法定要求，从而导致连维权都无法启动的情况。有些即使成立了业主委员会，物业服务企业也会利用自己的势力，操控业主委员会的运转，一直续签前期物业服务合同，从而使广大业主处于前期物业服务合同条款的制约之下。在理论上，业主在签订购房合同时，可以对附带的前

期物业服务合同的条款和具体内容进行确认，但前期物业服务合同是事先制定的格式合同，业主并没有参与合同条款的制定，业主不签订前期物业服务合同就等于放弃购房。有些业主也不会认真审阅前期物业服务合同的条款，这也就为后来自身利益的受损埋下了隐患。[1]

（二）《物业管理条例》的相关规定

《物业管理条例》第 21 条规定："在业主、业主大会选聘物业服务企业之前，建设单位选聘物业服务企业的，应当签订书面的前期物业服务合同。"第24 条规定："国家提倡建设单位按照房地产开发与物业管理相分离的原则，通过招投标的方式选聘物业服务企业。住宅物业的建设单位，应当通过招投标的方式选聘物业服务企业；投标人少于 3 个或者住宅规模较小的，经物业所在地的区、县人民政府房地产行政主管部门批准，可以采用协议方式选聘物业服务企业。"第 25 条规定："建设单位与物业买受人签订的买卖合同应当包含前期物业服务合同约定的内容。"

从以上规定可以看出，前期物业服务企业的选聘是必须进行的，除了投标人少于 3 个或者住宅规模较小的并经过批准的以外，其他的都必须经过招投标程序。实际操作如何呢？据相关纠纷及案例表明，建设单位并没有严格按照条例的规定进行招投标手续选聘物业服务企业，或者进行程序上的招投标，而中标的又是自己的关联企业，二者往往存在利益上的输出。建设单位与没有经过招投标程序选聘的物业服务企业签订的合同的效力问题，相关的司法解释并没有明确的规定。也就是说从源头起，前期物业服务合同就是"先天不足"，但却在业主入住后持续发挥着举足轻重的作用，对广大业主具有法定的效力，即使对物业服务不满，维权的道路也一再受阻；而自己一旦欠交、不交物业费就有可能惹上官司，对于整日为生活奔波的工薪阶层来说，缺乏时间和精力去应付繁琐的官司事务。因此很多人就只好忍气吞声，为了避免麻烦定期足额缴纳物业费却享受不到相应的服务。

（三）以《厦门市物业服务收费管理办法》为例的省市级规定

各省市也会依据相关法律和条例的规定，制定物业服务收费管理办法。以福建省厦门市为例，《厦门市物业服务收费管理办法》（已失效）第 7 条第 1款规定："住宅前期物业服务费实行政府指导价。其他物业服务收费实行市场

---

〔1〕 吴永盛："论前期物业服务合同与业主的关系"，武汉大学 2020 年硕士学位论文。

调节价。"第 33 条规定:"物业服务企业可以按照与业主、物业使用人的约定,提供特约服务并收取相应的费用。"第 36 条规定:"依照本办法执行政府指导价的物业服务收费,按照下列规定实行告知性备案管理……"根据以上管理办法,实行政府指导价的前期物业服务费仅仅需要到价格主管部门——厦门市发展和改革委员会备案,价格主管部门并不会对价格进行实质性审核,这也就导致了前期物业公共服务费畸高,而入住业主只能缴纳着高额服务费而享受一般的服务。

二、司法实践中对于前期物业服务合同相关纠纷的处理

关于业主以其非物业服务合同当事人为由提出抗辩的,根据《民法典》的最新规定,人民法院不予支持,这点不再赘述。针对业主对前期物业服务合同内容不知情以及建设单位与物业服务企业恶意串通损害业主利益,进而主张前期物业服务合同无效的观点,在目前的司法裁判中也都不予支持。其中以福建省厦门市中级人民法院审理的一个相关案件[1]为例,法院认为在商品房买卖合同签订时,双方约定前期物业服务合同作为买卖合同的附件,与买卖合同具有同等法律效力,业主主张条款无效没有法律依据。根据备案信息,该小区的物业服务费收取实行政府指导价和市场调节价,市场调节价部分由物业公司与业主自行约定。除目前厦门市场上最高级别的五级物业服务等级及收费标准(4.5 元/平方米/月收费标准)外,前期物业服务合同中却制定了高出五级物业服务等级标准近两倍的 7.5 元/平方米/月的特约增值服务收费标准,也就是合同最终签订的前期物业服务费是 12 元/平方米/月。业主即使不满收费标准联合签名,但经过一审、二审,法院还是按照前期物业服务合同约定的内容进行了判决,因此业主要求调整物业服务费的请求得不到支持。

对于业主对物业服务不满意而拒交物业费引起的诉讼,法院也不会支持业主的请求,法院认为,业主可以投诉要求物业服务企业限期整改直至终止合同并提议选聘新的物业管理企业等方式维护自己的合法权益,或者要求物业服务企业承担继续履行、采取补救措施或者赔偿损失等违约责任,不能以拒付物业管理费来对抗物业服务瑕疵。而且物业服务企业涉及全体业主的利益,个别业主不缴纳物业费会对物业公司正常运转造成负面影响,导致物业

---

[1] 福建省厦门市中级人民法院〔2021〕闽 02 民终 4112 号民事判决书。

公司难以进一步改进其管理服务工作，且对于正常支付物业费的业主也有失公平。

综上所述，在目前的法律框架下，业主要想通过诉讼渠道进行维权也是行不通的。

三、前期物业服务合同中业主权益的缺失的对策

源头上，以立法的形式要求建设单位承担更多的责任，禁止建设单位选聘自己的子公司、关联企业，从而减少建设单位在制定前期物业服务合同上的利益驱动；另外以立法的形式要求建设单位在涉及前期物业服务合同的纠纷中，按照过错原则与物业服务企业一起向业主共同承担责任，这样从源头上保证制定出的前期物业服务合同的内容更能符合广大业主的利益，也能保证在出现纠纷时有法可依。同时出台配套的司法解释，对于业主通过诉讼方式维权的，要求法院进行实质审查进行，而不能一概以业主受前期物业服务合同的约束驳回业主的合理诉求。[1]

各省市根据当地的经济水平来制定前期物业服务合同范本，并要求建设单位和物业服务企业使用。范本的起草工作委托给专业机构，从而保证物业服务合同更能代表一般业主的权益。在地方物业服务收费管理办法中，明确物业公共服务收费标准的备案主管部门进行实质审查，对于不符合当地经济市场行情的收费标准拒绝备案。建立良好的投诉渠道，对于违反上述规定的建设单位或物业服务企业由主管的行政机关予以通报批评，并纳入黑名单，禁止永久或者一定时期内再次进入这个行业。

---

　　〔1〕　姜虹：“反思前期物业管理合同推动物业管理市场化”，第七届（2012）中国管理学年会城市与区域管理分会场论文集（选编），第21~28页。

论法定数字货币跨境支付的问题与规制

张天明*

（中国政法大学　北京 100088）

摘　要：随着数字经济时代的到来，货币的数字化也在如火如荼地发展。从私人数字货币到法定数字货币，数字货币的职能不断完善、应用不断广泛，正在成为下一代全球金融体系中重要的基础设施。法定数字货币将在未来决定数字空间"铸币权"与全球货币支付结算体系的主导地位归属，而其中最为核心的问题即在于法定数字货币国际化推广过程中面临的跨境支付问题。本文通过对法定数字货币跨境支付领域现存问题的论述和研究，尝试讨论有效的解决与规制路径，进而提供更加完善、民主、平等的国际货币跨境支付体系的构建与完善之路。

关键词：法定数字货币　跨境支付　货币主权　数字经济

一、引言

国际清算银行（BIS）支付与市场基础设施委员会（CPMI）于 2015 年根据货币发行源头不同，将数字货币区分为了法定数字货币与私人数字货币两类。[1]当前虽然比特币等非官方发行的私人数字货币正在逐步对现行稳定的现代货币支付体系产生新一轮的冲击，并构筑起威胁主权国家金融安全稳定的地下金融链条。但基于数字货币本身具有的特殊优势，包括中国在内的各国央行均已经开始着手研究和推广以央行为发行主体的法定数字货币，并有

---

* 作者简介：张天明（1978 年-），男，汉族，北京市人，中国政法大学同等学力在读研究生。

〔1〕 谢星、封思贤："法定数字货币对我国货币政策影响的理论研究"，载《经济学家》2019 年第 9 期。

望将其作为下一代金融基础设施的核心部分。

法定数字货币，是由央行基于国家主权信用发行的，能够代表一定具体金额的加密数字代码串，实质上仍然属于基础货币的范畴，并可以在市场中正常流通、刚性兑付，具有主权性、法偿性等基本特征。此外，法定数字货币相对于纸币现金，更加有利于央行实施稳健积极的货币政策与金融监管，维持币值稳定，并且基于区块链的底层架构也使其能显著降低交易成本、提高交易效率。[1]

在当代，世界各国对于跨境贸易与跨境支付的依赖程度也在不断攀升，全球跨境支付的规模正在以每年超过 5% 的速度迅速攀升。但是，原有的国际货币跨境支付体系存在延时较长、费用较高等诸多不尽如人意的问题，因此，采用点对点传输模式的数字货币跨境支付体系将更有利于优化和搭建快捷便利的跨境支付体系，具有其现实紧迫性。本文将梳理和分析当前法定数字货币在跨境支付领域面临的各类核心问题，并探讨优化和解决相应问题的规则构建路径。

二、法定数字货币跨境的货币主权问题

货币主权实质上就是国家主权在货币问题领域的具体体现，而世界各国以国家信用为基础发行的法定货币都是其主权货币，意味着一国之法定货币在其司法管辖权范围内具有垄断性、唯一性的法律地位，即使是数字形式出现的法定数字货币，亦不能离开这一基本的概念范畴。

（一）各国法定数字货币国际化流通存在竞争

法定数字货币的推出，加强了各国之间的金融联系，基于电子支付系统的法定数字货币便利化的使用与推广以及其依托的跨国支付载体对于货币的选择偏好等因素，都将使货币主权国面临他国法定数字货币在一定程度上于本国流通的情形，进而引发货币主权矛盾。一个主权国家想研发推广其本国法定数字货币并将其引入国际化流通体系之中，需要考虑包括经济体量、贸易体量、金融独立性、外汇储备、金融稳定程度等多方面因素，实质上是对其经济发展态势与国际信用的考验。[2]由此，新兴经济体推行数字人民币的

---

〔1〕 袁曾："法定数字货币的法律地位、作用与监管"，载《东方法学》2021 年第 3 期。
〔2〕 孟于群："法定数字货币跨境支付的法律问题与规则构建"，载《政法论丛》2021 年第 4 期。

跨境支付，实质就是对原有国际货币体系中常用的结算储备币种发起挑战，进而引发货币主权矛盾与竞争。

（二）法定数字货币域外效力缺少规范支撑

一国的法定数字货币涉及跨境流通场景时，由于不再依托于其发行国的主权，也就自动失去了"货币"的流通和支付地位。因此，一国法定数字货币的域外效力，取决于他国对其货币主权的让步，本质上是货币体系博弈与妥协的过程，高度依赖于双边、多边具体的合作协议与结算协定。[1]聚焦中国数字人民币的推广与发行过程，当前我国数字人民币国际循环体系的建立与长远发展正在受到缺少与其他国家广泛的双边、多边货币流通协议或他国国内法认可等问题的掣肘，这阻碍了人民币国际化的进一步实现，并且在一定程度上体现为人民币资本的外流。

三、法定数字货币跨境的结算系统问题

（一）现有跨境支付结算系统存在缺陷

目前，在国际通行的法定货币跨境支付结算系统中占据绝对主导地位的是由美国牵头成立的环球银行金融电信协会支付系统（SWIFT），然而由于其基于传统法币流通规则设立，技术更新速度已经跟不上时代需求，跨境结算效率较低、成本畸高，难以满足日益增长的跨境支付交易需求。此外，SWIFT作为由美国一极主导的国际跨境支付结算体系，往往可能导致中立的金融服务机构成为金融制裁与单边主义的政治工具，加剧世界金融与贸易的不平等，侵害世界金融稳定与有序发展。[2]这一点，在近年来美国多次滥用金融制裁手段取得政治利益的行为中可见一斑。

（二）各国数字货币支付结算体系难以整合

当前世界各国为了缓解经济下行趋势带来的不良影响，并逐步摆脱单一的"美元依赖"，正在逐步通过一系列"去美元化"措施争取经济主权，并推广应用自主搭建的跨境支付结算系统，而在这一过程中应用法定数字货币作为跨境支付媒介不仅能够适应更多创新性的技术，也能避免去中心化结构

---

[1] 孟于群："法定数字货币跨境支付的法律问题与规则构建"，载《政法论丛》2021 年第 4 期。

[2] 王朝阳、宋爽："一叶知秋：美元体系的挑战从跨境支付开始"，载《国际经济评论》2020 年第 2 期。

可能面临的各类金融风险与监管问题。由此，中国央行推行的数字人民币DC/EP、加拿大推广的数字货币 Jasper 等多个区域性数字货币系统应运而生，而这些由不同主体主导的数字货币支付结算系统如何进行整合、联通就成为未来的重要议题。未来数字货币支付结算系统中统一技术标准与规则的确定直接关联到不同国家法定数字货币在国际支付体系中的地位，而如果国际社会在这一问题上不能达成有效的共识与合作，将较大地强化国际支付结算体系的分散化、多元化倾向，事实上是不利于国际资本流通与世界贸易发展的。

四、法定数字货币跨境的规制优化路径

法定数字货币因其"法定"属性，必须要立足于各国的货币制度与金融法律框架之内，并且跨境支付问题的解决涉及不同国家、地区、司法制度的合作，因此构建和搭建更加便捷有效的国际数字货币跨境支付体系需要从国内、区域到国际多层面、多维度探索和构建其规则体系。

（一）完善国内立法与技术创新的有效衔接

在推广和应用法定数字货币的过程中，将会不断接触和应用人工智能风险识别等金融科技创新技术方案，并会不断升级和配套以新技术和高负载能力为特征的数字基础设施系统，以满足法定数字货币高效流通的需求。而国内立法正是要精准高效地衔接相关的技术创新，将技术迭代所能实现的新功能、新特性纳入规则体系之中，以技术进步辅助监管进步，通过技术能力实现监管目标。[1]

此外，还需要进一步完善货币相关法律法规体系配套规范，比如在原有的"伪造""变造"货币的刑事罪名中增加适应法定数字货币特征的行为类型，将已有金融行业规范和监管规则与法定数字货币的新特征、新要求相衔接，并与国际通用共识的规范接轨。

（二）广泛开展跨境支付多边、双边合作

以 SWIFT 为代表的高度中心化的传统国际货币结算体系往往存在一定的组织惯性，直接组织和吸纳如此广泛且大规模的全新的货币跨境结算组织显

---

〔1〕 保建云："主权数字货币、金融科技创新与国际货币体系改革——兼论数字人民币发行、流通及国际化"，载《人民论坛·学术前沿》2020 年第 2 期。

然是不现实的，也会引发不必要的竞争进而受到原有获益方的打压与制裁。而事实上，在当前国际贸易领域中，非美元货币往往应用于特定区域或国家团体间较为稳定、高频的跨境支付场景之中，而采取非美元货币进行结算，对于此类场景中的国家具有较强的地缘政治吸引力以及经济成本优势。此外，采纳分布式跨境支付结构的货币结算系统在技术上属于多中心的治理结构，各参与方享有平等的监管与决策权限，能够有效限制金融、货币霸权，提供更加平等、民主的跨境货币结算选择。[1]

五、结语

当前全球经济正在受到新冠肺炎疫情与地缘政治局势紧张等多方面因素带来的影响，对各国而言，把握数字经济发展势能，将其转化为经济复苏机遇成为重要的经济发展目标。在此背景下，法定数字货币对于未来数字空间经济治理与各国的金融话语权将产生较为深远的影响。逐步完善的法定数字货币体系形成后，各国监管机构及国际货币支付规则对于各类流动性过剩、量化宽松及支付渠道垄断等问题，将获得更为直接、精准、有效的调控与介入手段，也意味着未来法定数字货币的市场竞争力与影响力将直接对应一国的数字空间"铸币权"，代表了一国在数字经济时代下对于全球金融市场的影响力与地位。[2]因此，对于我国而言需要不断重视和发展法定数字货币跨境支付的技术与制度保障，把握数字经济时代机遇，主动引领新型国际货币支付体系的构建。

---

[1] 刘东民、宋爽："数字货币、跨境支付与国际货币体系变革"，载《金融论坛》2020年第11期。

[2] 刘少军："人民币国际化的基本法律问题研究"，载《经济法论坛》2020年第1期。

流质条款的效力研究

李　竹*

（国家知识产权局专利检索咨询中心　北京 100088）

摘　要：流质条款，是指债权人在订立质押合同时与出质人约定，债务人到期不履行债务时质押财产归债权人所有。关于流质条款的效力理论上有禁止主义和允许主义两种学说。本文结合《民法典》相关规定，并就我国司法实践中流质条款产生的问题对流质条款的效力进行分析。

关键词：流质条款　效力　担保物权　民法典

流质条款，是指债权人在订立质押合同时与出质人约定，债务人到期不履行债务时质押财产归债权人所有。[1]从上述定义可以看出流质条款是存在于质押合同中的一个条款，实践中比较常见的是担保合同中约定的以物抵债条款。流质条款是担保合同中的一项合同约定。在流质条款的效力问题上，有肯定者，也有禁止者。

一、我国流质条款效力认定存在的问题

目前《民法典》第 428 条已经明确了流质条款的效力：当事人订立流质条款后，当债务履行的期限届满，不发生质押财产所有权转移的效力，而是根据《民法典》第 436 条和第 438 条规定的质权实现方式就质押财产优先受偿。相比于《物权法》而言，《民法典》对流质流押条款作了较大调整，即不再禁止流质流押条款，同时规定只能依法就质押财产优先受偿，这样的调

---

* 作者简介：李竹（1990 年-），女，汉族，北京市人，国家知识产权局专利检索咨询中心员工。

〔1〕 黄微主编：《中华人民共和国民法典物权编解读》，中国法制出版社 2020 年版，第 754 页。

整顺应了我国经济的发展，紧跟时代的脚步。

已失效的《物权法》第211条的规定是关于禁止流质的规定。规定流质条款完全无效，将会产生当事人之间的质押担保法律关系效力如何进一步确定的问题。当债务人的债务期限届满时，如果债权人不经过任何清算程序就可以获得质押财产的所有权，债务人与债务人的其他债权人的利益也可能受损；如果否认债权的效力，则会使债权人的债权变成无担保的普通债权，会造成债权人的利益受损。

不再禁止流质契约，产生的问题则是债务人借债处于弱势地位，债权人可以利用债务人的不利境地和债权人的强势地位，迫使债务人签订流质契约，以价值很高的质押物担保较低的债权额，在债务人不能清偿债务时，取得质押物的所有权，牟取不当利益。而根据最高人民法院《关于适用〈中华人民共和国民法典〉有关担保制度的解释》第68条规定可知，质权的性质是担保物权，质权人设立质权的目的在于支配质押财产的交换价值从而使债权获得清偿，而不是获取质押财产。认定流质条款无效或者有效都会产生债务人利益失衡或债权人牟取不当利益的问题。

二、有关流质条款效力的理论争议

针对流质条款效力在我国司法实践中的问题，理论上提出了一些相应的解决方案，但不同观点间存在一定争议。同时，域外立法及司法实践也为我国《民法典》中的流质条款提供了重要参考。

（一）禁止主义

大陆法系的主要国家和地区对流质条款持禁止态度，目的是防止出质人利益受损。法律禁止流质条款，主要是因为，在质押物的价值过分高于被担保债权额时，若承认流质条款的效力，会导致出质人与质权人之间利益的严重失衡。这种观点称流质条款会导致处于强势地位的一方滥用权利，损害相对弱势一方的利益。不仅如此，在债务人之外的第三人提供质押时，倘若允许流质条款有效，质权人可能会与债务人恶意串通，让债务人故意不履行债务，以使其获得质押物的所有权。禁止主义认为质押的财产的价值过分高于被担保的债权额时，若认可其效力，会因流质条款的执行而造成客观结果上的损害。

另外，质权人设立质权之目的在于以质押物的价值为支配而使债权获得清偿，而非取得质押物的所有权。若允许流质条款，债务人届期不履行债务，债权人不经过任何清算程序即可获得质押物所有权，有违担保物权本质，也不符合质权的基本功能。

比较法上，例如德国就持禁止主义。《德国民法典》第1149条规定，只要债权对所有人未到期，所有人就不得出于清偿的目的而请求转让土地所有权的权利或以强制执行以外的方式实施土地的让予的权利给与债权人；同时，《德国民法典》第1222条规定，出卖权发生前所做出的规定质物所有权在质权人不受清偿或不适时地受清偿情形下应归属于质权人或被转让给质权人的约定无效。

（二）允许主义

持允许主义的观点更多的是从安全交易角度出发，注重保护债权人利益。持这种态度的国家的立法，一般没有禁止流质条款的规定，反而明确允许当事人订立流质条款。《法国民法典》新设第四编担保编，对流质条款作了很大的调整，不再禁止流质条款。另外，我国一些地区一开始也是严格禁止流质的，但学界逐渐认识到这一弊端，"惟此项禁止之规定已过于僵化，有时反于债务人有害，更不利抵押权私实行程序之运用，有碍抵押物价值之极大化，故近世已备受检讨"。[1]其于"民法"规定：约定于债权已届清偿期而未为清偿时，抵押物之所有权移属于抵押权人者，非经登记，不得对抗第三人。

三、流质条款效力相关问题的解决建议

流质条款竟是有效还是无效？应当持禁止流质条款的态度还是允许流质条款的态度？此问题似乎不是法本质的问题，而是各国立法的政策问题，所以很难绝对论断，因为流质条款是否绝对造成不公平，似乎难一概而论。可见，不管怎样流质条款的效力都会产生债务人利益受损或者债权人牟取不当利益的问题。我国《民法典》很好地解决了该问题。

（一）流质条款效力的立法完善

（1）《民法典》第428条。《物权法》（已失效）规定了禁止流质，现在的《民法典》则允许设立流质条款。根据《物权法》的相关规定，这种条款

---

〔1〕 谢在全：《民法物权论》（中册），中国政法大学出版社2011年版，第783页。

是被禁止的，若诉请至法院，会被认定为无效。《物权法》之所以禁止流质流押条款，主要基于两个方面的考虑：一是流质流押条款可能变相成为高利贷条款；二是流质流押条款不利于保护其他担保权人。但毕竟流质流押契约是当事人真实意愿的体现，法律不应当禁止。[1]因而，《民法典》对传统的禁止流质的表述作了修改，不再采用"不得约定"的强制性术语，而是规定其法律后果，实际上缓和了禁止流质之规则，有助于建立尊重个人自主决定的私法秩序，符合私法自治的精神。[2]

（2）《民法典》第436条与第438条。法律虽然不禁止设定流质流押条款，但是，当事人必须事后进行强制性清算程序。[3]此时，当事人订立流质条款的，当债务期限届满时，不发生质押财产所有权的转移，而是根据《民法典》第436条和第438条的规定，就质押财产优先受偿；如债务人履行债务或者出质人提前清偿所担保的债权的，质权人应当返还质押财产。质押财产折价或者拍卖、变卖后，其价款超过债权数额的部分归出质人所有，不足部分由债务人清偿。以上规定的法律效果是，由于不禁止流质条款，因此一旦当事人设定了这些条款，法院就不得因此认定无效，这本身就是尊重当事人的私法自治；此外，债权人在实现担保物权时有清算义务，通过这种清算程序，可以实现担保人和担保权人之间利益的均衡，而且还可以保护其他担保权人、债权人的正当利益。

（二）诚实信用原则对流质条款效力的约束

承认流质条款符合当事人意思自治。流质条款本身就是当事人的约定，依据诚实信用原则，当事人按照合同的约定，切实履行自己所承担的义务，取得另一方当事人信任，相互配合履行，共同全面地实现合同目的。只要该约定是当事人平等自愿协商后的真实表达，没有恶意串通损害第三人，没有违反社会公共利益，流质条款就是有效的。

四、结语

正如卡尔·拉伦茨所言："我们不是在适用个别法条，毋宁是整个规则。"

---

〔1〕 王利明："担保物权制度的现代化与我国《民法典》的亮点"，载《上海政法学院学报（法治论丛）》2021年第1期。

〔2〕 陈永强："《民法典》禁止流质之规定的新发展及其解释"，载《财经法学》2020年第5期。

〔3〕 耿林："论法国民法典的演变与发展"，载《比较法研究》2016年第4期。

流质条款的效力之辨，是通过立法变更揭示了《民法典》关于尊重当事人意思自治的理念，这些有异于民法典规定的观点，体现了《民法典》立法的科学性。流质条款不再当然无效，禁止流质条款的效力仅在特定时期有其合理性。随着经济社会的发展，我国立法也在不断进步。

大数据时代隐私权的宪法保护路径探究

王 凯*

(中国政法大学 北京 100088)

摘 要: 本文意在阐述大数据时代互联网隐私权展现出的新特征,揭示社会效益、商业利益与个人人格尊严之间新的冲突与矛盾,说明现阶段我国法律在互联网隐私权保护路径上的缺陷与空白。作为一切法律基础的宪法,在此种复杂局面下,应通过对人格权的保护积极介入隐私权保护,依托司法解释与违宪审查,以人为本,以利益平衡为原则,建立弹性的网络隐私权保护制度。

关键词: 大数据 隐私权 个人信息 宪法 保护路径

自1890年美国学者萨缪尔·沃伦与罗伊斯·布兰迪斯提出"隐私权"这一概念后,各国虽在隐私权的具体保护措施上存在差异,但总体仍在不断加强保护态势。伴随着大数据时代的到来,隐私权呈现出新的特点,也呈现出更高的保护需求。

一、大数据时代隐私权新特点

(一) 隐私传播速度特别快,范围特别广

借助于网络,信息的交互与储存效率实现了飞跃。这就使得网络环境中的公民在隐私权被侵害时,即使自己已经察觉,却也没有任何时间来阻却侵权行为的发生。世界网络的互联互通,理论上意味着被侵权人的隐私会被暴

---

* 作者简介:王凯 (1988年-),男,汉族,河北省沧州市人,中国政法大学同等学力在读研究生,研究方向为民商法学。

露在任意一个连接互联网的人眼前，任何人只要访问相关页面就可以获得信息，这就使得其对被侵权人造成的影响远远大于过往。

（二）隐私半公开化

在互联网上，每个人都可能因为一句话、一张照片、一段视频引起广泛关注。而一切信息传递都会在互联网上留下痕迹，一个人哪怕关闭了自己的社交媒体账号，其曾经发布的内容也会被备份在服务器的某个角落。简而言之，互联网并没有提供"后悔药"给曾经泄露自己隐私的当事人。匿名的互联网不是隐藏秘密的黑箱，而是吞噬信息的黑洞。这样的隐私半公开化，对每个普通互联网使用者都是一种潜在威胁。

（三）隐私侵权主体复杂化、侵权手段多样化

相比于从前，在互联网时代，隐私权的侵权主体呈现出复杂化的态势，包括自然人主体、网络运营/服务商、信息存储/分析机构，乃至政府机关等。当隐私权被侵犯时，其牵涉的侵权主体也往往是以上多种，这对于法律责任的认定带来了较大的挑战。若不对各侵权主体的责任在法律上予以明确，便很难对隐私权进行切实的保护。而伴随着科技发展，互联网隐私权的侵犯行为也体现出了较高的技术性和隐匿性，以及更加多样化的侵权手段。对普通互联网用户而言，隐私权侵权行为越发难以发现，难以对盗取、贩卖、刺探自己隐私的行为进行有效阻却，使得网络环境下的隐私权更加难以获得足够保护。

（四）隐私权与个人信息权的界限模糊

隐私权注重的是"隐"，保护的是自然人主体对生活安宁的追求。当自然人主体公开自己某项隐私时，它便自然从隐私信息转变为个人信息。然而，在大数据时代，个人信息的财产属性被放大，各互联网巨头与平台通过搜集客户个人信息来赚取超额利润。算法通过大数据在处理出行数据、缴费记录、消费频次、视频浏览记录等碎片化的个人信息时，可以轻易将其整合成数据网络，对客户进行侧写，获得客户不愿交出的隐私。个人隐私与个人信息之间的关系从单方转化变为双向转化，两者之间界限模糊，隐私权的侵权客体被扩大。

二、我国隐私权保护路径存在的问题

（一）宪法中隐私权定位不够清晰

隐私权作为人格权的重要组成部分，我国宪法并没有对其进行明确的定

义，对于其具体保护的内容缺失，而是依附于宪法人格权保护部分。《宪法》第 38 条明确规定了公民人格尊严属于宪法保护范畴，隐私权虽为人格权的组成部分，从法理上可将其视为宪法对其的保护，但该法条也因此较为粗疏、模糊与宽泛，当侵犯隐私权的行为发生时，难以直接引用。《宪法》第 39 条侧重于住宅权，第 40 条明确指涉通信自由与通信秘密，这两条法律条文的保护内容涉及隐私权，却均只涉及部分隐私权，无法覆盖隐私权相关全部内容，对其余部分隐私权侵犯行为的发生无法进行有效救济。由此可见，在我国宪法中，虽然有与隐私权保护相关的内容，但集中于住宅和通信隐私部分，整体而言依旧留有比较大的空白，难以应对大数据时代种类繁多的隐私权保护需求。

（二）《民法典》对隐私权的有效保护有待完善

《民法典》的颁布，是我国在隐私权保护上的重大进步，其中明确定义了隐私权，确立其独立的权利属性。在《民法典》人格权编中，隐私权与个人信息权在同一章中被分别定义，说明在立法者看来，两者虽有相似，但依旧可以被清楚区分。然而在这些法条的实际适用中，立法者却并未完全考虑隐私与个人信息界限模糊的问题。随着大数据时代隐私权新特征的出现，隐私权与个人信息权分立的方式在某种程度上反而影响了法律对隐私权的保护。社会效益、经济利益、个人人格尊严的相对平衡，在数据采集与使用普遍化的当下被悄然打破。《民法典》对隐私权被侵犯主体的事后救济，难以预防隐私权侵害的发生。且民法属于私法，其职能在于调整人身关系与财产关系，当公权力侵犯公民隐私时，民法则难以提供有效的保护。

（三）刑法震慑侵犯隐私行为的力度有待加强

由于我国现行刑法颁布时间较早，并未真正赶上互联网时代的降临，所以其中隐私权的保护部分主要依赖于传播淫秽物品罪、侵犯公民个人信息罪、拒不履行信息网络管理义务罪、非法利用信息网络罪等罪名，必要时也可援引侮辱罪和诽谤罪等。[1]整体来看，我们必须承认刑法的相关罪名与条款难以适应现阶段对网络隐私权的保护要求，无法有效震慑相关侵害行为。

----

〔1〕 张余瑛："大数据时代隐私权保护的刑法路径选择"，载《沈阳大学学报（社会科学版）》2021 年第 6 期。

三、大数据时代隐私权宪法保护路径的思考

面对现阶段互联网隐私权保护的复杂性，以及现阶段我国法律框架对隐私权保护的不足与缺陷，有必要从基础上加强对公民隐私权的保护。而宪法作为国家的根本大法，应面对时代的变化，将对隐私权保护提升至一般人格权的同等地位，以保证每一位国家公民的个人尊严和私生活的平静。

面对各方利益，著名网络隐私法律研究者丹尼尔·沙勒夫认为，法律应扮演自由主义与权威主义之间的温和角色。[1]虽然现阶段我国宪法对隐私权没有直接定义，但根据宪法本身的特性，部分学者主张的"隐私权入宪"或并不妥当。宪法作为一国法律的基础，其创制、修改都需要经过漫长而谨慎的论证，而隐私权的内涵和外延却依旧会随着时代的变化而改变。时至今日，于宪法中严格对隐私权进行定义，反而难以对隐私权进行有效保护。然而，面对当下的挑战，宪法必须作出回应。国家有必要通过宪法司法解释，一方面填充隐私权在网络环境下的相关保护内容，另一方面将对网络隐私权的保护写入宪法，双管齐下，为大数据时代公民隐私权保护打好基础。同时也通过发挥宪法自身弹性的特点保留了灵活性，为此后隐私权保护留出充足的扩张空间。

---

〔1〕 ［美］丹尼尔·沙勒夫：《隐私不保的年代》，林铮颢译，江苏人民出版社 2011 年版。

高空抛物罪的处罚范围与司法认定

刘雪琦*

（中国政法大学　北京 100088）

摘　要：《刑法修正案（十一）》在妨害社会管理秩序罪一章中新增了高空抛物罪这一罪名，明确了该罪的适用范围，且为其规定了相对较轻的处罚标准。在司法实践中需要将本罪行为与其他相似罪名行为区分开来，并深刻认识刑法的谦抑原则在司法实践中的运用。

关键词：高空抛物罪　刑法修正案十一　妨害社会管理秩序　谦抑原则

一、高空抛物行为的入刑

近年来，空突降物品砸伤行人、损坏财物事件时有发生，对人民群众的日常生活造成了极大影响，危害了群众的合法权益。为了维护人民群众的生命财产安全，同时发挥法律的预防功能及司法的惩罚功能，切实保障人民群众的安全，《刑法修正案（十一）》新增了第291条规定将高空抛物这一行为入罪。高空抛物，是指从建筑物或者其他高空抛掷物品。根据《刑法》第291条之二规定："从建筑物或者其他高空抛掷物品，情节严重的，处一年以下有期徒刑、拘役或者管制，并处或者单处罚金。有前款行为，同时构成其他犯罪的，依照处罚较重的规定定罪处罚。"该罪在《刑法修正案（十一）》一审版本稿中位于危害公共安全罪一章，后于二审版本稿中被纳入妨害社会管理秩序罪一章。罪名在刑法章节中位置的调整，直接指明了该罪侵犯的法

---

　*　作者简介：刘雪琦（1996年-），女，汉族，内蒙古自治区通辽市人，中国政法大学同等学力在读研究生，研究方向为民商法学。

益是社会管理秩序而不是公众安全，即高空抛物行为是一种扰乱公共秩序的行为。高空抛物行为中的物一般是指单一的、不会扩大影响的物品，实施后果的危害范围有限，其性质及可能造成的危害与第二章危害公共安全罪中所列举的罪名不可相提并论——例如爆炸、放火、决水、投放危险物质，上述行为的实施会导致不特定多数人的伤亡及财物的损失；[1]这样的定位也能较好地实现罪刑相适应，并有利于实现定罪量刑的相对平衡。[2]

二、高空抛物罪的司法认定

"高空"作为刑法中的用语应当作扩大解释：若以民用航空器的飞行高度或者我国近年民用商品住宅平均总层高为基准考量"高空"的高度，难免失之偏颇——与人类平均身高相比，物体不论是从动辄二三十层楼的高度坠落，还是从三四层楼的高度坠落，同样都会产生严重的后果，即在建筑物三四层楼高度以上的空间抛掷物品的可以被视作"高空"抛物。针对"抛"的行为，高空抛物行为人通常是出于主观故意因素实施该行为，对可能造成的危害他人人身和财产安全的后果持放任态度。将过失的高空抛物行为排除在罪名之外，这也符合刑法的罪刑法定原则，且并不会产生刑罚漏洞。[3]而"情节严重"作为行为构成高空抛物罪的程度要件，在其认定时则应当综合考虑行为所造成后果的实际情况、行为实施空间的高度、事发时当事人的客观状态等因素。

刑法作为需要国家强制力保障执行的法律具有较强的惩罚力度，所以需要谨慎适用，必须权衡利弊，作出符合罪刑相适应原则、谦抑原则的选择，即在司法实践中需要综合上述情节，符合以上基本要件的可以构成高空抛物罪；而对于主观态度为过失的此种行为分为两种情况：①能够预见结果、对结果的发生有一定认识的过失行为，可以以过失致人重伤罪、过失致人死亡罪确定罪名；②不能预见结果发生的过失行为，则应当按照民事侵权来划分责任。长期以来，在其他国家的法律中已采用将民事侵权责任规定适用于抛

---

〔1〕 曲新久："《刑法修正案（十一）》若干要点的解析及评论"，载《上海政法学院学报》2021年第5期。

〔2〕 林维："高空抛物罪的立法反思与教义适用"，载《法学》2021年第3期。

〔3〕 陈俊秀："高空抛物罪的教义学阐释及司法适用——以《刑法修正案（十一）》与《高空抛物意见》为中心"，载《北京社会科学》2021年第8期。

物者赔偿其行为所造成的各项人身损失、财产损失等作为一项通用做法，诸如法国、德国、意大利等国家的民法典规定以及司法实践中都认为高空抛物行为属于一般的侵权行为，而埃塞俄比亚则在其民法典中明确规定，建筑物的所有权人，对于从其建筑物上坠落的物品造成的任何损害，都应当承担赔偿责任。我国《民法典》中明确规定了"禁止从建筑物中抛掷物品"的条文，这就为依法审判高空抛物类型案件提供了相应的法律依据，同时也为没有证据证明责任人的高空抛物案件提供了一种可行的解决方式，遵从了刑事诉讼法的疑罪从无原则和刑法的谦抑原则，[1]从而能够使得该种处理方式在最大程度上与行为结果的严重程度相符，只有这样才能更好地实现保护人民群众人身及财产安全的目的。

三、高空抛物罪与类似罪名的区分

相较于可能构成的其他犯罪，刑法对侵犯法益为社会管理秩序的高空抛物罪处罚较轻，实际上是从刑法层面降低了入罪门槛，有助于惩治情节严重但并未造成严重后果的高空抛物行为，很好地诠释了刑法罪刑相适应原则。[2]在当今司法实践中，高空抛物类型案件往往因行为本身及实施行为的客观情况以及行为所造成的后果等因素呈现出多种表现形式。再结合有关案件的判决结果可以得知：与高空抛物罪可能发生竞合，包括以危险方法危害公共安全罪、故意杀人罪、故意伤害罪、故意毁坏财物罪以及过失致人死亡罪、过失致人重伤罪等罪名，此时则应当以处罚较重的罪名定罪判罚。[3]例如，以危险方法危害公共安全罪表现为行为人明知其行为会危害社会公共安全，对该后果的发生持希望或放任态度，故意采用以危险方法危害公共安全的行为，包括除防火、决水、爆炸、投毒以外的方法，或者与前述方法危险程度相当的方法，危害社会公共安全，即危害不特定多数主体的生命财产安全；故意杀人罪，即行为人主观持故意态度，以作为或者不作为的行为方式实施了非法剥夺他人生命的行为，且该行为与被害人死亡结果的发生之间具有因果关系；故意

---

〔1〕 曹波："高空抛物'入刑'的正当根据及其体系性诠释"，载《河北法学》2021年第2期。

〔2〕 张淳艺："高空抛物罪首案的警示意义"，载 http://ah. people. cn/n2/2021/0310/c3583 17-34613343. html，最后访问日期：2022年5月1日。

〔3〕 李珈："高空抛物罪适用中的疑难问题"，载《东南大学学报（哲学社会科学版）》2021年第S2期。

毁坏财物罪，行为人出于故意将财物毁坏的目的，采用毁灭或损坏方式使得公私财物丧失全部价值属性，且达到数额较大或者构成其他严重情节；过失致人重伤罪，即行为人过失地实施了非法损害他人身体健康及完整性的行为，该行为已经造成了他人身体上的实质伤害并达到重伤标准，且该行为与被害人重伤结果的发生之间具有因果关系。

所以，在认定罪名时不能简单以高空抛物行为界定，还应当结合具体案情及实际情况，全面考察行为人所施行的行为：其行为本身是否只是以高空抛物的形式实施而实际上会直接成立其他罪名，行为所隐含的风险是否仍足以用高空抛物罪衡量，实施行为所导致的后果是否真实妨害了社会公共秩序这个法益，是否适用了相较两个甚至多个相关罪名之中刑罚较重的罪名等。只有充分理解了高空抛物罪与其他罪名的本质区别后，才能在定罪处罚时正确地选择适当的罪名，防止司法实务中出现盲目适用新罪名的误区，真正做到合理合法地处罚高空抛物行为。

论加害人不明的高空抛物侵权责任

宁 悦[*]

（中国政法大学　北京 100088）

摘　要：针对加害人不明的高空抛物侵权责任，《民法典》第 1254 条作出了较以往《侵权责任法》（已失效）第 87 条更为明确和细致的规定，具有进步性，但由于调查取证难度大，因此需要承担侵权责任的主体和赔偿方式无法明确。本文讨论《民法典》相较于原规定的进步性以及该条在实践中的理解和适用。

关键词：高空抛物　侵权责任　损害救济　公平责任　无过失补偿责任

一、司法实践中存在的问题

随着社会城市化进程的逐渐加快，高层建筑的不断增多，高空坠物、抛物的案件屡见不鲜，如 2000 年发生的"重庆烟灰缸案"、2001 年发生的"山东菜板案"、2006 年发生的"深圳玻璃案"等，这些案件事实类似，适用法条一致，但却出现不同的司法结果。因此，高空抛物案件的处理一直存在争议。

高空抛物致人损害责任本质上是一种行为责任，按理应当由实际侵权人负责。[1]为维护被害人的合法权益、维护社会稳定、同时确保未侵权人的合法利益不受损害，实现公平正义的法治理念，《民法典》对被害人不明的高空

---

* 作者简介：宁悦（1990 年–），女，汉族，新疆维吾尔自治区乌鲁木齐市人，中国政法大学同等学力在读研究生，研究方向为民商法学。

[1] 李霞："高空抛物致人损害的法律救济——以《侵权责任法》第 87 条为中心"，载《山东大学学报（哲学社会科学版）》2011 年第 1 期。

抛物案件处理作出了进一步规定，但在实际适用时，仍然存在规定不明确、责任不清晰的情况。

二、《民法典》对高空抛物责任制度的完善

（一）《民法典》第 1254 条第 1 款明确禁止高空抛物行为

《侵权责任法》（已失效）未明确规定"禁止"高空抛物行为，而《民法典》对此作出了宣誓性规定，具有明确的指引性，对高空抛物行为明令禁止，法条的规定体现出社会以及法律对高空抛物行为的"零容忍"，坚决严厉打击高空抛物行为已经明确上升到法律层面。

（二）《民法典》第 1254 条第 1 款明确可能加害人在承担补偿责任后的追偿权

《侵权责任法》（已失效）只规定了不能证明自己不是侵害人的，应当补偿被侵权人，但是没有对"可能"侵权人承担责任后如何保障自己的权益作出规定。对此，《民法典》规定了类似于"垫付"的责任，在可能的侵权人承担责任后，依法有权向实际侵权人追偿。笔者认为新法是对被侵权人和可能侵权人的双向保障，能有效保障被侵权人的合法权利，而"连坐"后的追偿权，赋予了可能侵权人主动寻求保护的能力，不再被动维权。新的规定更加人性化，一方面可以有效保障责任的承担和当事人权益，另一方面可以提高司法效率，节约司法资源，具有突破性进步。

（三）《民法典》第 1254 条第 2 款增加了物业服务企业等建筑物管理人的责任要求

第 2 款增加了《侵权责任法》（已失效）没有规定的建筑物管理人的责任，更好地明确了各项主体的义务责任分担。[1]该规定对物业服务公司作出了安全管理的要求，笔者认为物业公司对高空抛物是否尽到注意义务是物业公司是否承担责任的前提。根据法条字面理解，如果物业公司做了必要的安全保障措施，则可以规避承担责任的风险，若没有做到必要的措施，就需要承担侵权责任。根据《民法典》第二十四章物业服务合同相关规定，物业公司对所服务的区域具有管理义务；其中第 942 条规定，物业服务公司的一般义务就包括采取合理措施保护业主的人身、财产安全。此处规定和前款规定

---

[1] 王利明："论高楼抛物致人损害责任的完善"，载《法学杂志》2020 年第 1 期。

不谋而合。虽然该法条第 2 款规定了物业公司避免承担责任的途径，但是笔者认为，在高空抛物案件中，物业公司的责任是难以逃避的，因为此处用语"必要的措施"，何为必要，很难认定；另外，高空抛物案件的发生可能存在意外的因素，作为物业管理公司是否时刻都存在高度的注意不得而知。此处就需要合理界定建筑管理人的管理保障义务。

（四）《民法典》明确规定了公安机关具有查清责任人的义务

《民法典》第 1254 条明确了公安机关的调查责任，公安机关应介入高空抛物案件的调查，调取监控视频、入户取证、对证据进行固定，对责任的明确具有重大的意义。此处涉及民事和刑事的交叉问题，法条规定较以往具有突破性。实务中高空抛物案件调查具有一定的困难性，案件发生一般比较隐秘，刑侦的介入无疑对实际加害人的确定有利无害，可以有效地起到震慑作用。《民法典》的完善，可以从源头上有效减少高空抛物和坠物事件的发生。同时 2021 年实施的《刑法修正案（十一）》对此也作出了特别的规定，即从建筑物或者其他高空抛掷物品的，情节严重的应当承担刑事责任，由此可见，部门法不再是单独的存在，各部门法之间互相联系、互相补充，对被侵权人合法利益进行最大程度的保障。让有过错的嫌疑人承担相应的责任，让无过错的第三人免受处罚，这才是法律存在的意义。

三、侵权责任主体分析

《民法典》第 1254 条的着力点在于侵权责任的承担，责任承担的关键问题就是确定责任主体。笔者认为，责任主体的确定在于确定侵权行为到底是谁实施的。

（一）高空抛物侵权主体可以确定时应当由实际侵权人承担赔偿和补偿责任

当高空抛物责任主体明确时笔者认为不存在责任主体的争议，唯一的争议点就是行为人是否是故意或者过失。在高空抛物案件中不论是根据旧法还是新法，实际侵权人无论是过失还是故意都应当承担责任。

（二）加害人不明时以可能加害人作为共同被告进行诉讼

《民法典》第 1254 条第 1 款明确规定了经过调查仍然难以确定侵权行为人的，可以可能加害人作为被告，可能加害人众多的可以作为共同被告，但能够证明自己不具有侵权可能的，可以不承担责任。此处的可能侵权人承担无过失补偿责任。无过失补偿责任，指对一定范围之内因某意外事故而生的损害予以补偿，并不以具备侵权行为的成立要件为必要，又称之为"非侵权行为补偿"。[1]笔者认为，当责任人不明时，若以可能侵权行为人作为共同被告的，应当基于公平责任承担无过失补偿责任。此时的责任分配应当尽量轻微、尽量公平、分散风险，因为此时证据不明、加害人不明，应当尽量减少非实际加害人的损失。

（三）加害人不明时以物业管理公司和可能侵权人为共同被告时的责任承担

物业管理公司作为法人具有较为稳定的责任承担能力，对比自然人而言具有较好的赔偿能力，那么物业公司是否应当承担责任，承担多少责任，应根据情况具体讨论。此时物业公司与可能侵权人应当以按份责任的方式承担补偿责任。而此时责任认定的关键在于对物业管理公司的安全保障义务的认定。如果物业公司采取了预防措施，但是未能达到有效避免事故发生的效果，物业公司是否还需要承担责任？若只有物业公司采取极端的方式才能避免事故发生，未免对其过于苛刻。但是根据《民法典》关于物业服务合同的相关规定，物业公司具有保障物业服务区域的人身和财产安全的一般义务。侵权行为发生在物业管理区域范围内，物业公司具有不可推卸的责任，但是基于是否实施必要的安保措施，其承担的责任大小界定不同。笔者认为，若以物业公司和可能侵权人为共同被告时，物业公司必须承担责任，其余部分由可能侵权人基于公平责任平均分配。对于"深圳玻璃案"，笔者的观点是物业公司基于特殊领域的管理责任应当承担相应的补偿责任，具体赔偿补偿方案应当以保障措施的必要程度为限，一方面是物业公司的财力可以对被侵权人的损失作出有效的补偿，另一方面对诸如此类的物业管理公司具有警示和震慑的作用，也体现了法的预防价值，对社会主义法治建设具有积极的推动作用。

四、结语

《民法典》的实施对高空抛物案件作出了较为细致和明确的规定，相对于以往的《侵权责任法》（已失效）具有鲜明的进步，但是仍然存在责任主体不明确、赔偿方式不确定等问题。这要求法学人在学习和实务中时刻将目光

---

〔1〕 参见王泽鉴：《侵权行为》（第3版），北京大学出版社2016年版。

流转于事实和规定之间，注重细微的差别，针对不同责任主体，在正确理解法律规定的基础上，动态地适用法律规定。在高空抛物案件中，对案件最终的审判和责任承担也应当是动态的、富有弹性的，如此不仅符合公平公正原则，也是对侵权案件各方当事人权益的最大化保护。

股权让与担保的对外效力研究

娄欢军*

（中国政法大学　北京 100088）

摘　要： 我国对股权让与担保的对外效力规则供给不足，亟待补充完善。上述现状，主要受制于股权让与担保的特殊性，分为标的物的特殊性、立法体例和结构的特殊性和法律构造学说的特殊性，一定程度上加重了股权让与担保对外效力的理解难度。股权让与担保的对外效力，涉及股东身份定位、股东出资瑕疵连带责任承担、擅自处分股权的效力和公司破产时担保权人是否享有别除权等，这些有待进一步解释完善。

关键词： 股权让与担保　对外效力　法律构造　商事外观主义

股权让与担保，是让与担保的一种类型，是指债务人或第三人为担保债务的履行，将其股权转移至债权人名下并完成变更登记，在债务人不履行到期债务时，债权人可就股权折价后的价款受偿的一种担保。让与担保以权利转移之手段达到担保债权之经济目的，对经济发展和资金融通大有助益。时至今日，让与担保制度已经成为德日等国担保实务中被利用得最为频繁的担保方式。[1] 各国根据自身情况以学说、习惯及判例等方式逐步肯认并完善让与担保，部分国家、地区亦有立法成文化之趋势。

一、问题的提出

我国《民法典》虽未明文规定让与担保制度，但《民法典》第 388 条规

---

* 作者简介：娄欢军（1981 年－），男，汉族，浙江省杭州市人，中国政法大学同等学力在读研究生，研究方向为民商法学。

〔1〕 王闯："关于让与担保的司法态度及实务问题之解决"，载《人民司法》2014 年第 16 期。

定了"其他具有担保功能的合同"可以作为设立担保物权之担保合同，以此为让与担保的效力规则制定预留了充分的解释空间。2021年1月1日由最高人民法院实施的《关于适用〈中华人民共和国民法典〉有关担保制度的解释》（以下简称《民法典担保解释》）第68条规定了让与担保的认定及权利实现程序，并规定了让与担保经过公示的，让与担保权人即获得优先受偿权，使得隐形于《民法典》之中的让与担保制度得以显形。[1]《民法典担保解释》第69条专门针对股权让与担保情形，对名义股东（担保权人）是否应对原股东的出资瑕疵承担连带责任进行了规定。

最高法院首次以上述司法解释明文规定了让与担保制度，对其获得法律的接纳认可、统一司法裁判标准等均有重大意义。但是，由于上述司法解释提供的效力规则较为有限和单一，相较于复杂的让与担保实践仍有诸多不足，尤其在股权让与担保对外效力方面争议颇多，亟待完善统一。

二、影响股权让与担保对外效力结构的核心因素

关于股权让与担保的效力体系，理论界和实务界的诸多争议来源于我们对让与担保本质认识的不充分以及股权登记性质的模糊性，从而忽视了从理论上整体架构和解释的可能。[2]因此，论证股权让与担保的对外效力之前提，是必须对影响股权让与担保对外效力的核心因素有符合理性之认识。

（一）股权作为让与担保标的物的特殊性

股权让与担保之标的股权，相对于不动产和动产更具抽象性，又因股权具有财产权和成员权之二重属性，使得股权让与担保在效力规则领域，尤其是对外效力上愈加复杂。公司法特殊规则和商事外观主义对股权让与担保的对外效力规则也有影响。

（二）我国让与担保制度的立法体例和结构的特殊性

各国对让与担保的立法体例均有所区别，德国因采用形式主义立法原则，注重以抽象性概念、原则构建让与担保制度，以判例和习惯法的方式予以承认，但并未付诸成文化。美国则在《统一商法典》第九编以担保利益为出发

---

〔1〕 王洪亮："让与担保效力论——以《民法典担保解释》第68条为中心"，载《政法论坛》2021年第5期。

〔2〕 葛伟军："股权让与担保的内外关系与权利界分"，载《财经法学》2020年第6期。

点富有创造性地构建了特有的担保制度。我国对让与担保等非典型担保制度的立法体例和结构较为特殊，整体上期望借鉴融合德国和美国两种立法体例，采取在民法典中作出概括性的隐性规定（《民法典》第388条），结合司法解释对让与担保的具体规则进行细化落实，这种双重的立法体例和结构，也在一定程度上加重了让与担保制度的理解难度。

（三）让与担保的法律构造学说之特殊性

让与担保的法律构造，主要分为权利转移构造说和担保权构造说。对其构造的不同理解，会产生不同的效力规范。因此，区分所有权构造与让与权构造之各学说，其区别实益主要在于对各方当事人之权利义务关系作出利益均衡的法律效果评价，构建周延和谐的让与担保效力规则体系。

对让与担保之法律构造，无论采纳何种立场，都各有优劣，难臻完美。我国现行法对让与担保采纳了担保权构造，对股权让与担保，参照适用最相类似的股权质权规则。

三、股权让与担保对外效力争议

（一）股东身份的认定

按照最高人民法院司法解释的观点，股权让与担保权人与公司及其他股东之间，属于公司内部法律关系，应当按照法律规定并遵循当事人意思自治原则确定受让标的股权的效力，从而认定股东之真实身份。《民法典担保解释》显然将让与担保定性为"担保权构造说"，担保权人出于担保债权之目的，依据股权让与担保合同受让股权之行为，并不属于虚伪意思表示，亦未违反物权法定之禁止性法律规定，且不违背禁止流担保条款。

因此，担保权人基于股权让与担保合同，在公司及其他股东明知或应知股权让与担保情形下，除非征得公司及其他股东的同意，担保权人在内部关系上仅在担保债权的目的范围内行使股东权利，即所谓"名义股东"。在公司及其他股东不知让与担保情事时，受让股权效力如何认定？解决办法仍应回归意思自治原理，担保权人取得完整的股东权利，让与担保当事人不得以此对抗公司及其他股东。

（二）担保权人对担保人之股东出资瑕疵应否承担连带责任

依照《民法典担保解释》第69条规定，股权让与担保中，公司或者公司的债权人不得以股东未履行或者未全面履行出资义务、抽逃出资等出资瑕疵为由，请求作为名义股东的债权人与股东承担连带责任。

最高人民法院认为，股权让与担保中，债权人仅仅是从名义上受让股权，并不具有股东身份，不享有与股东身份有关的表决、分红等权利，亦不负有出资义务和清算义务，对于公司的债务不承担法律责任，股权转让登记的性质属于宣示性登记，不是设权性登记。上述观点显然是从功能主义立场所作的解释，注重股权让与担保的担保目的。

有学者认为，上述司法解释与商事外观主义的原则相冲突，名义股东是否应承担出资瑕疵责任，主要涉及第三人和名义股东的权利优先保护，应当先由谁来承担相应的法律后果。[1]对此，应当留有进一步优化的讨论空间，目前的规定对利益保护较为单一，应当加强对第三人合理信赖利益的保护，维护交易安全。

（三）担保权人擅自处分标的股权时对相对人的效力

在担保权构造下，担保权人对标的股权享有的权利，应以担保债权的目的范围为限，此为股权让与担保的内部效力，尚无异议。但涉及担保权人擅自处分标的股权时，基于股权受让登记的公示效力，从股权的权利外观角度观察，善意相对人完全有理由信赖担保权人的股东身份而受让股权。因此，按照商事外观主义原则，对善意的股权受让方，应当维护其合理信赖利益，保障交易安全。

（四）公司破产时担保权人可否以债权人身份享有别除权

首先，涉及担保权人的身份定位，在担保权构造下，担保权人受让的股权仅为担保债务之目的，其真实的身份是债权人，并非公司的股东，因此担保权人仅为名义上的股东，并不完全享有公司的股权利益。其次，从股权登记的性质上来看，担保权人的股权登记属于权利宣示，并未真正创设股权，所以，担保权人并非公司的实际股东。最后，担保权人相对于公司而言，并非公司的债权人，其在股权让与担保中与公司不存在任何债权债务关系。综上，当公司破产时，担保权人对标的股权不能享有优先受偿权，也无法享有别除权，其清偿顺序应当在债权人之后。

---

〔1〕 司伟、陈泫华：“股权让与担保效力及内外部关系辨析——兼议《民法典担保制度解释》第68条、第69条”，载《法律适用》2021年第4期。

胎儿利益保护不宜包含损害赔偿请求权

——基于对《民法典》第16条的实践思考

薛红伟*

（中国政法大学　北京 100088）

摘　要： 司法实务中侵害胎儿利益案件的类型越来越多元化，由于继承与接受赠与系已被立法明确规定的胎儿利益种类，故而争议不大，但为胎儿利益保护预留空间的"等"字应如何解释，引发了理论界和实务界的广泛争论。因第三人的不当行为导致胎儿受伤后的权利救济问题由于缺乏法律依据和实务操作指引，成为亟待解决的实务难题。本文拟从司法实践角度出发，论证不宜将损害赔偿请求权引入胎儿利益保护范围的合理性和必要性。

关键词： 民法典　胎儿利益　适用范围　损害赔偿请求权

一、问题的提出

随着我国经济社会的快速发展，各级法院受理的与胎儿利益保护相关案件数量明显上升。在这些案件中，工业化进程带来的环境污染、医疗行业从业人员的不当诊疗行为和道路交通运输过程中的意外事故等因素造成胎儿受到侵害的案件比例不断增加。在目前的法律框架下，与胎儿利益保护相关的法律规定主要为《民法典》第16条，立法者出于多重考量并未对胎儿利益保护的范围全部进行明确列举，仅在文字表述上用一个"等"字给保护范围预留空间。学术界对胎儿利益保护的范围看法不一，持开放态度者有之，持谨慎态度者亦有之。立法上的漏洞和学术上的争鸣，均无法有效指导实践，使

＊ 作者简介：薛红伟（1985年-），女，汉族，河北省沧州市人，中国政法大学同等学力在读研究生，研究方向为民商法学。

得法官在处理个案时，只能依据个体的能力素养和经验阅历利用自由裁量权对案件进行处理，容易造成同案不同判的后果，不利于裁判尺度的统一。

二、我国胎儿利益保护的实践困境

（一）侵害胎儿权益行为的特殊性

胎儿在母体中时，并非法律意义上的"自然人"，但它是一种和人最为关系紧密的生命初始状态，由于胎儿本身的特殊性，该种侵权行为与一般侵权行为相比呈现出一些特点。

（1）侵害行为的间接性。与一般侵权行为直接作用于受害人本身不同，在司法实践中，对大多数胎儿的侵害过程是侵权人先直接侵害到母体，在母体受伤的同时间接对胎儿健康造成影响。

（2）损害事实的间隔性。通常情况下，一般侵权行为结束时受害人的损害事实就已经造成并显现，可以为一般人所能感知，但是胎儿在遭受侵害后，除个别缺陷或损伤可以通过医疗技术手段进行检测外，大部分损害后果与侵权行为发生之日具有较长时间间隔，根据发育情况，通常为一个孕期，甚至更久。

（3）权利享有的不确定性。在现行法律制度下，对于民事权利能力的认定区间，必须严格按照关于自然人的一般规定，"始于出生，终于死亡"。[1]胎儿作为一种特殊的生命状态，虽然医疗技术的发展使胎儿的存活率明显提高，但是否能顺利出生从而过渡到自然人的状态依然具有不确定性，这也是立法技术上将胎儿拟制为"自然人"而不是直接规定为自然人的原因所在。

（二）胎儿何时取得民事权利能力存在争议

主要表现为两种观点：

（1）胎儿期间即取得民事权利能力。有学者认为，《民法典》是在尊重自然人"权利能力始于出生"规则的基础上，通过运用法律拟制技术，将胎儿"视为具有民事权利能力"，胎儿享有权利可根据具体情况区分为停止条件和附解除条件，即对于涉及胎儿继承利益适用解除条件比较合理，对于涉及

---

[1] 李锡鹤："胎儿不应有法律上利益——《民法总则草案》第16条质疑"，载《东方法学》2017年第1期。

胎儿损害赔偿利益适用停止条件为优。[1]

（2）娩出为活体时开始享有民事权利能力。保护胎儿，不等于保护"胎儿利益"，保护胎儿的实质意义是保护胎儿出生后的权利，从权利能力制度的本质要求与民法体系解释两个维度来看，事实上无法得出胎儿具有民事权利能力并能成为民事主体的结论。[2]

权利能力的取得时间直接影响胎儿行使权利的时间界定，由于缺乏具体的操作细则，与行使权利相关的诸如胎儿利益是否可以由法定代理人代理主张等司法实践中无法回避的问题仅依靠《民法典》第16条这一单一条文是不能有效解决的。

三、不应将损害赔偿请求权引入胎儿利益保护范围

（一）实践考量

（1）回避胎儿何时产生"权利能力"的争论。明确将损害赔偿请求权限缩在胎儿利益保护范围之外，胎儿出生时为活体的，其在胎儿期间所受的侵害，可以在出生后以其自己的名义请求损害赔偿，可以很好地回避胎儿何时产生"权利能力"的争论，从而进一步回避由何人提出权利主张的问题，有利于在司法实务中对诉讼主体的确定。

（2）避免法官自由裁量权使用空间有限产生的不利影响。法官的自由裁量权，是指法官在诉讼过程中，基于案件的基本情况，根据公正、衡平的法律精神和法律原则，对案件事实或者法律适用问题酌情作出裁判。由于自由裁量权本身的权利特性，使得自由裁量权存在被滥用的风险，随着我国法治进程的推进，社会各界对自由裁量权的使用普遍提出疑问，在社会舆论的压力影响下，越来越多的法官在处理具体案件时都会采取谨慎的态度，在无法找到明确法律依据的情况下，会尽可能地限缩相关权利人的权利边界，这种通行做法必将对胎儿利益产生不利影响。

（3）胎儿利益保护更全面。由于当下医学技术对胎儿损害的鉴定仅限于对明显肢体缺陷的诊断，所以对大多数的胎儿损害，都无法明确评估其损害

---

〔1〕 朱庆育：《民法总论》（第2版），北京大学出版社2016年版，第386~387页。

〔2〕 谭启平："论民法典第16条的限缩解释——以胎儿不能成为征地补偿对象而展开"，载《东方法学》2020年第4期。

程度。如果将损害赔偿请求权引入胎儿利益保护的范围，面临的首要问题就是计算胎儿的实际损失情况，由于损害程度的不确定性，导致该种损失计算缺乏事实根据。另一方面，一般侵权行为模式下针对自然人的诸多赔偿项目，诸如精神损害赔偿、残疾赔偿金等，均无法提出。反之，胎儿出生后，对胎儿的实际损伤程度可以精确地进行评估鉴定，其自身的损失可以有效得到填补，最大限度地满足其生存需要，相关利益得到全方位保障。

（二）规则探索

（1）在立法上，出台细则明确将"损害赔偿请求权"划定于"胎儿权益保护"的范围之外，受孕期间遭受侵害而采取保胎等治疗措施的，视为对母体的损害，胎儿娩出时为活体的，根据具体损害状态可就其在母体中受到的侵害提起损害赔偿请求。

（2）司法实践上，最高人民法院作为我国最高审判机关，应通过发布指导性案例、制定司法解释等方式统一该类案件的裁判方法，指导司法实务。

（3）在诉讼时效的起算上，由于依托现有技术也无法明确胎儿损害的具体情况，故而虽然与胎儿利益相关者均能明确侵害行为发生的日期，但提出具体的赔偿请求却无事实根据，所以权利实际上根本无法正常行使，故提出损害赔偿请求的时间应从胎儿出生后损害结果实际显现之日或者确诊之日开始计算。

（4）在行使对象上，胎儿在母体内时应视为母体的一部分，母亲可以自己的名义提出损害赔偿请求，胎儿出生后，如因之前的侵害行为导致损害结果在出生后显现，由于此时已经成为法律意义上真正的自然人，故而亦可以自己的名义提出损害赔偿请求，其父母可以作为法定代理人代理其进行诉讼活动。

（5）在赔偿范围上，胎儿在母体内遭受损害，母亲针对胎儿的损害仅在必要治疗过程中产生的医疗费范围内有权提出损害赔偿请求，而当胎儿活体娩出后，可就全部损害提出赔偿请求。

（6）在举证责任分配上，可通过合理分配工业污染、食品药品致害等特殊加害行为的举证责任来减小原告方因举证不能而败诉的风险。

四、结论

胎儿作为一种特殊的生命状态，需要从立法技术上对其具体利益进行特殊性的保护处理，但将胎儿拟制为"自然人"并不能简单地等同于"自然人"，其享有的民事权利能力不能作一般化和扩大化的理解，否则将有违该项法律制度的立法原意。而且从切实保护胎儿利益的角度，片面强调胎儿在母体中受到侵害后利益保护的及时性，并不能解决保护的有效性和全面性问题。对胎儿利益保护范围的限缩，客观上更有利于胎儿出生后以自然人身份对自身民事权利进行全方位的主张，同时，也有利于统一裁判尺度，破解司法实践难题。

浅谈"加速到期"在民间借贷中的适用

陈莎莎*

（中国政法大学　北京 100088）

摘　要： 随着经济的发展和人们生活方式的改变，有些人在资金短缺时不直接找金融机构贷款，而是求助于亲友或向非金融机构进行资金拆借。但随着新冠肺炎疫情的暴发，部分个人、企业无法及时偿还借款，使得民间借款纠纷频发。针对还未到期的民间借贷，且现行法律法规中关于"加速到期"的规定能否适用于民间借贷又无明确规定的情形，出借人为维护自己的合法权利，该如何突破未到期而行使追索权的问题值得深究。本文在现有研究成果的基础上，先对"加速到期"的内容与特点进行介绍，梳理了当下所面临的"加速到期"在民间借贷中的适用问题，在此情况上比较分析了"加速到期"与其他法律概念的区分，尝试为民间借贷未到期债权人如何更好地维护自身权益提出建议。

关键词： 加速到期　民间借贷　救济办法

一、关于"加速到期"的基本问题

（一）"加速到期"与预期违约

预期违约，是指在双方签订的合同截止时间之前，负有支付款项义务的一方明确表示其不会按期履行合同义务，可能导致守约方无法实现期待合同利益的情形。而"加速到期"是指当负有支付款项义务的一方提前明确表示

　＊ 作者简介：陈莎莎（1988 年-），女，汉族，河北省石家庄市人，中国政法大学同等学力在读研究生，研究方向为经济法学。

不会按照合同约定履行义务，债权人为维护自身权益而要求债务提前到期。

我国《民法典》第578条对预期违约责任进行了明确的规定，即如果合同中负有履行义务的当事人明确表明不履行其合同义务，合同的债权人可以在合同未到期前要求债务人承担违约责任。也就是说，构成预期违约的条件之一是涉案合同履行期限尚未到期，但义务人以明示或默示的方式表明了其不会如期履行合同义务，导致守约方可获得的期待利益受损。而在借款合同纠纷中，虽然借款期限尚未截止，但是当借款人出现了不按时偿还借款本金及利息、经济状况显著恶化等情况，进而导致其丧失了后续如期履约的能力时，出借人如不及时收回出借的款项，其债权将无法如期收回并造成损失，这与预期违约的法理内涵一致，因此，笔者认为，"加速到期"理论可以说是对预期违约制度的具体应用。

（二）"加速到期"与不安抗辩权

不安抗辩权，是指都负有履行义务的双方签订了一份有先后履行顺序的合同，应当先履行合同义务的一方发现或者有确切的证据可以证明后履行合同义务的一方当事人难以履行合同约定的义务时，在对方当事人未提供任何物或人的担保之前，应当先履行义务的一方有权中止履行双方签订的合同。不安抗辩权的概念及其行使条件体现于《民法典》第527条，即应当先履行债务的合同一方当事人，有确切证据证明对方存在下列情形之一时，可以要求中止履行，如：①对当事人经营状况和经济状况严重恶化；②对方当事人存在将资产转移给其亲属或者其他外人，或者隐匿资产以便逃避债务的；③对方当事人丧失商业信誉的；④对方当事人无法履行债务能力的其他情形。但如果先履行债务的合同一方当事人没有足够的证据证明可以中止履行的，应当承担违约责任。

从上述的法律规定可以看出，合同的一方当事人行使不安抗辩权仅会产生暂时中止合同履行的法律效果，但如果对方能够提供相应的担保，则应当恢复合作继续履行合同义务。因此，不安抗辩权仅是一种暂时性的权利，而"加速到期"则是终局性的，一旦宣告加速到期，则意味着合同期限届至，债务人必须承担还款义务，不存在回转的可能，这是两者最大的区别。

（三）"加速到期"与合同解除

在部分司法案件中，当事人或法院往往会混淆"加速到期"与合同解除的法律关系，以合同解除的理由来认定合同加速到期，或者反之。如果加速到期与合同解除适用于同样的违约情形,该做法尚可以得到解释;但如果合同约定的加速到期条件与合同解除条件并不一致,或者根本没有约定,则不能随意混淆这两个概念。

在"加速到期"的情况下,合同仍是有效的,仅是合同约定的履行期限提前届至,这是其与合同解除的主要区别之一。我国《民法典》第 673 条规定,借款人未按照双方签订的合同约定的借款用途使用借款的,贷款人可以暂停继续向借款人出借款项,并可以要求提前收回借款或者要求与对方解除双方签订的借款合同。由此可见,提前收回借款与解除合同是并列关系,而非包含关系,二者应明确加以区分。

二、"加速到期"在民间借贷中的适用问题

实践中,法院是否认可合同"加速到期"要看债权人提供的证据是否足够支撑其主张。

(一)法院认可"加速到期"在民间借贷案件中适用的裁判案例

广州市花都区人民法院在 2017 年的一宗民间借贷案件[1]中的裁判观点是支持了"加速到期"的适用。该案中债务人吕某某不归还到期的 20 万元借款,且存在下落不明的情形,其行为已经明确表明对于尚未到期的借款也将不履行合同义务,故债权人温某某有权主张提前清偿尚未到期的 300 万元借款。因此,《合同法》(现已失效)第 107 条规定:"当事人一方不履行合同义务或者履行合同义务不符合约定的,应当承担继续履行、采取补救措施或者赔偿损失等违约责任。"法官据此认定温某某要求吕某某偿还借款本金 320 万元的诉讼请求依据充分,认可了"加速到期"在民间借贷中的适用。

而广州市中级人民法院在 2019 年的终审判决[2]中亦是采纳了"加速到期"的观点,这则案件中,法官认为债务人谢某某和债权人刘某某所签名确认的"借款合同"和"还款计划书"约定所有款项分五期还清并约定了具体还款时间。现因谢某某没有按约定及承诺归还第一期款项,且至今仍没有偿还任何款项给刘某某。催款过程中,谢某某也多次表示无力按期偿还借款,致使刘某某对谢某某履行后期款项的偿还能力产生了合理怀疑,刘某

---

[1] 广州市花都区人民法院 [2017] 粤 0114 民初 8128 号民事判决书。
[2] 广州市中级人民法院 [2019] 粤 01 民终 17487 号民事判决书。

某要求解除合同并要求谢某某归还全部借款。法院认为该请求符合《合同法》第 93 条、第 108 条的规定予以支持。本案亦是因为债务人存在事先违约的行为，且明显无继续按时履约的可能性，守约方为维护自身的合法权益，要求其提前偿还出借的款项合法合情合理，应予以支持。

（二）法院不认可"加速到期"在民间借贷案件中适用的裁判案例

广州市中级人民法院在 2017 年的一宗民间借贷案件[1]中给出了不支持"加速到期"的观点。该案是由于债权人何某某要求债务人胡某某提前清偿债务，而债务人不同意引发的纠纷。法院认为因债权人并未提供相关证据证明债务人可能存在的预期违约行为和事实，在其借款期限未到期的情况下，无权要求对方提前清偿。

而宁波市中级人民法院在 2018 年的某判决[2]中同样未支持"加速到期"的观点，法院认为：因债权人张某某提供的证据不能证明或推定债务人杨某某不履行合同义务，张某某也不能要求杨某某支付未到期的款项。故对其诉讼请求不予支持。该案例未被支持的原因与上一个案例类似，都是因为出借人未提供足够的证据来支撑其自身的主张。

从检索的判例来看，在借款人不能按期履行还款义务时，法庭会重点从"债务人明确表示或者以自己的行为表明不履行合同义务或可能丧失如约还款能力"的角度论证"加速到期"的必要性和依据并相应作出支持或不支持"加速到期"的判决。

三、结语

根据目前的司法判例以及实务中的操作，可见"加速到期"是可以在民间借贷纠纷中适用的，但前提是债权人要提供相应的证据可足够证明债务人确实存在无力履约的情形。同时为了避免加重债权人的举证责任，债权人可在相应的合同条款中明确约定"加速到期"的情形，以便更好地维护自己的权益和更快地实现自己的债权。

---

[1] 广州市中级人民法院［2017］粤 01 民终 5264 号民事判决书。
[2] 浙江省宁波市中级人民法院［2018］浙 02 民终 1974 号民事判决书。

情谊行为侵权责任的减免问题研究

范彦霖*

（中国政法大学　北京 100088）

摘　要： 互帮互助是中华民族的传统美德，由此产生的情谊行为普遍存在于生活的各个领域，比如请客聚会、搭便车、帮忙装修房屋等。实践中，"好心办坏事"这种情谊行为造成侵权后果的纠纷案件时有发生。本文针对情谊行为中出现的侵权责任纠纷问题展开研究，并在此基础上提出自己的思考和解决策略，以期能够有效解决该问题。研究证明，情谊行为中的侵权责任根据事实适当减轻对维护社会稳定、维系人与人之间的情谊起着积极的作用。

关键词： 情谊行为　侵权责任　减免

一、不同法系对情谊行为的概念界定

迪特尔·梅迪库斯在《德国民法总论》中将情谊行为界定为一种不受法律约束的社会行为，当然也不会在双方之间产生法律意义上的效果。[1]不同法系对情谊行为的界定存在较大差异，笔者分别考察了大陆法系与英美法系对情谊行为的界定，从而对情谊行为的概念有更加全面准确的认知。

（一）大陆法系对情谊行为的界定

判断双方之间是否存在法律约定，以主观和客观为重要要件界定情谊行为，是大陆法系国家判断情谊行为的常用方法，也是判断情谊行为的重要标准。双方的行为并不具有订立合同的意思表示，或者双方行为时并不具有法

---

* 作者简介：范彦霖，（1996 年-），男，汉族，河南省南阳市人，中国政法大学同等学力在读研究生，研究方向为民商法学。

[1] 参见王雷：《民法学视野中的情谊行为》，北京大学出版社 2014 年版。

律上的意思表示，此时应将这种行为界定为友好行为。当无法根据双方意愿判断是否存在订立合同的目的时，应结合实际情况判断是否应视为情谊行为。一份德国联邦法院的判决书指出：如果仅从双方当事人的主观方面无法判断存在于双方当事人内心的真正意思表示时，法院需要以法律中的诚信原则作为出发点，并综合考虑双方当事人之间是否存在情谊行为和以往的交易习惯等情况，由此判断是法律行为还是事实行为。判决中还认为，如果该行为进入社会层面，关系到个人道德、宗教信仰等问题，则无论当事人是否存在受法律约束的意思表示，均不属于民事法律行为的范畴。

（二）英美法系对情谊行为的界定

在英美法系国家，情谊行为通常被称为"友谊行为"。朋友之间的这种约定只发生在两个人之间。这种在两个人之间完全建立起来的友谊，在不违反公共秩序和良好风俗习惯的前提下，不具有法律约束力。大多数友好行为都规定，任何一方都无意承担法律责任。

英国学者认为，合同和协议都有相同的含义，签订协议的当事人没有订立法律关系的意思表示不构成法律认可的合同。可以看出，尽管大陆法系和英美法系在情谊行为的称谓上存在较大差异，但二者都认同友谊行为不存在权利义务关系，不具有法律约束力。

二、情谊行为与其他相关概念的区别

（一）与法律行为的区别

民事法律行为的定义来源于德国，维尔纳·弗卢梅认为："法律行为是指能够引起一定法律效果的行为，根本上是指产生一定的法律效力的行为。"[1]中国学者梁慧星教授认为："法律行为是指一种法律事实，意思表示是私效力的要素。"王利民教授认为："法律行为以意思表示为要件，民事主体旨在通过法律行为确立、变更和中止民事权利义务。"综合以上二位学者的定义，笔者认为，民事法律行为的成立需要双方确认知晓各自的权利义务关系，且期待双方的行为具有法律效力，同时双方的共同意思表示是法律行为成立的必要条件。基于此，情谊行为与法律行为有着本质上的区别。

---

〔1〕 参见［德］维尔纳·弗卢梅：《法律行为论》，迟颖译，法律出版社 2013 年版。

（二）情谊行为与事实行为的区别

事实行为是指行为人没有设立、变更或者消灭民事法律关系的意思表示，但根据法律规定可以造成民事法律后果的行为。从意义表达的角度来看，友谊行为和事实行为确实有相似之处，但从友谊行为和事实行为的构成要件来看，二者有诸多不同之处，比如：情谊行为需要行为人与受益人之间具有合意，但法律规定的事实行为并不需要此合意。其次，法律法规是事实行为产生特定法律效果的依据。因这些规定而形成法律关系。但是，情谊行为要求双方当事人不能有受法律约束的意思表示，双方当事人并无产生权利义务关系的意思表示。因此，可以看出，情谊行为并不会直接产生法律层面上的特定后果。在情谊行为履行时所产生的纠纷大多是事实行为的一种，但这种后来发生的纠纷与先前发生的情谊行为有显著的区别，不能由此推断情谊行为本身也是一种事实行为。

三、实践中情谊行为与侵权行为竞合时减免侵权责任的依据分析

（一）自甘风险原则的适用

自甘风险指已经知道有风险，而自己自愿去冒风险，当风险出现的时候，就应当自己来承担损害的后果的原则。尽管我国《民法典》中新增了关于自甘风险原则的规定，但在理论和实践上对自甘风险原则的适用存在许多争议。笔者认为，在情谊行为与侵权竞合时应当充分考虑自甘风险原则，在情谊行为中，若当事人意识到了风险，依然选择认可该风险，并参与到情谊行为中，此时基于个人的意思自治，自甘风险会削弱侵权责任产生的赔偿请求权。

（二）处理情谊行为的侵权责任纠纷应充分考虑公平原则

实践中，如果将实施某一情谊行为而引起的侵权责任与一般侵权责任同等对待，并因此要求情谊行为的行为人赔偿相对方全部的人身损害或者财产损失，则对行为人而言是显失公平的，尤其是当信谊行为的行为人在很长一段时间内无偿帮助对方取得某种利益，而受惠人没有付出相对应的义务就取得了该利益，此时，法院的裁判结果就会出现明显争议。

与此同时，公平原则虽有促进裁判公平公正维护社会稳定的作用，但是也不能滥用，不能以损失法律严肃性与大众的可期待性为代价来适用该原则。此外，也要防止对情谊行为引发的侵权责任案件不具体分析事实而一律适用公平原则裁判的情形。情谊行为侵权责任中公平原则的适用，应当是在依法

规定的责任分配方式有违公平公正的情况下，对其责任的一部分重新分配，目的是更好地平衡双方的利益。

（三）灵活发挥过失相抵原则在情谊行为侵权责任中的作用

过失相抵原则是指当加害人依法应承担损害赔偿责任时，若受害人对于损害事实的发生或扩大存在过错，则可以减轻加害人的赔偿责任。这项规则在《侵权责任法》（已失效）中存在的价值在于公平分配双方之间的责任，由受害人自己承担因自身过错引发的损害后果，防止加害人承担本属于受害人自身过错的责任。因此，过失相抵原则是一种减轻责任的方法，即根据受害人对损害的发生的过错程度，达到减少加害人的赔偿责任的法律效果。

四、结语

与司法工作联系最紧密的家国文化、法治文化，突出强调的就是法、理、情，这也深深融入中华民族的文化血脉。近些年，情谊行为中的侵权责任纠纷案件也越来越多，法官在裁判时往往倾向于借用以往的裁判经验和道德素养进行裁判。但赋予法官过大的自由裁量权，将不利于我国司法制度的发展和社会良好秩序的维护。本文认为，只有在理论上充分剖析并在立法或者司法解释中加以明文规定，才可以解决此问题，避免"同案不同判"的现象。

关于核损害赔偿限额法律问题的探讨与思考

——以《民法典》第 1244 条为中心

龚　宇[*]

（生态环境部核与辐射安全中心　北京 100082）

摘　要：我国现行核损害赔偿限额的规定出自国务院《关于核事故损害赔偿责任问题的批复》。由于该文件早于《侵权责任法》（已失效）发布，与我国后续逐步完善的侵权责任法律制度以及高度危险责任的责任赔偿限额理念存在一定出入，对于核损害赔偿限额的规定也早已不再适应我国目前核能和经济社会的发展水平。在《民法典》实施之际，本文围绕《民法典》第1244 条对高度危险责任赔偿限额适用范围的规定，对核损害赔偿限额进行探讨，提出赔偿限额适用界限的观点及相关建议。

关键词：核设施　核事故　高度危险责任　赔偿限额

2021 年是《民法典》正式实施的第一年，在第十三届全国人大第四次会议上，国务院总理李克强在其所作的《政府工作报告》中提出：在确保安全的前提下积极有序发展核电。本文以《民法典》确定的侵权责任原则为基础，讨论我国核损害赔偿限额的法律问题，旨在为我国的核损害赔偿法律制度的完善提供一点参考。

一、我国核损害赔偿制度与赔偿限额的规定

（一）我国核损害赔偿制度

我国尚未建立完备的核损害赔偿法规制度体系，核损害赔偿制度起源于

---

　　* 作者简介：龚宇（1987 年-），男，汉族，陕西省西安市人，生态环境部核与辐射安全中心工程师，现从事核安全政策法规研究。

大亚湾核电厂技术引进引发的第三方核责任问题，1986 年出台的《国务院关于处理第三方核责任问题给核工业部、国家核安全局、国务院核电领导小组的批复》，明确了核设施营运者的绝对和专属责任、责任限额、政府公共资金有限补偿、核设施营运者对第三人的追偿权等制度。随后《民法通则》（已失效）第 123 条明确规定了从事放射性等高度危险作业的行为人的严格责任和免责事由等制度，是我国第一个以立法形式确立的核损害赔偿制度。在 2007 年《国务院关于核事故损害赔偿责任问题的批复》中重申了核设施营运者为核事故损害赔偿专属责任主体的原则，并大幅提高了赔偿责任限额和政府公共资金的补偿额度。《侵权责任法》（已失效）第 70 条首次以民事基本法律的形式确立了核事故损害赔偿责任的责任主体、无过错归责原则及免责事由等基本制度。

2017 年我国颁布的《核安全法》其中第 11 条第 2 款规定："公民、法人和其他组织依法享有获取核安全信息的权利，受到核损害的，有依法获得赔偿的权利。"第 90 条第 1 款规定："因核事故造成他人人身伤亡、财产损失或者环境损害的，核设施营运单位应当按照国家核损害责任制度承担赔偿责任，但能够证明损害是因战争、武装冲突、暴乱等情形造成的除外。"

2020 年颁布的《民法典》沿袭了《侵权责任法》（已失效）确立的责任主体、无过错归责原则，将"运入运出核设施的核材料"纳入了核事故这一项高度危险责任的管理范畴，并增加了《核安全法》中确定的武装冲突、暴乱等免责事由。

（二）我国核损害赔偿限额的规定

1986 年，国务院发布的《国务院关于处理第三方核责任问题给核工业部、国家核安全局、国务院核电领导小组的批复》首次规定了一次核损害最高赔偿额 1800 万元人民币，如果超出，政府将提供最高限额 3 亿元人民币财政补偿。2007 年，随着我国社会经济发展，国务院发布的《国务院关于核事故损害赔偿责任问题的批复》规定："核电站的营运者和乏燃料贮存、运输、后处理的营运者，对一次核事故所造成的核事故损害的最高赔偿额为 3 亿元人民币；其他营运者对一次核事故所造成的核事故损害的最高赔偿额为 1 亿元人民币。核事故损害的应赔总额超过规定的最高赔偿额的，国家提供最高限额为 8 亿元人民币的财政补偿。"该规定沿用至今。

按照这一规定，核电站等营运者对一次核事故所造成的损害事故最高赔偿额为 3 亿元，加上国家提供的最高赔偿限额 8 亿元，一次核事故造成损害的最高赔偿额为 11 亿元人民币。因此，从法规制度的层面来说：在核损害事故中，一次事故的损害赔偿限额，企业承担的最高限额为 3 亿，国家承担的仍然是限额赔偿 8 亿元。不论受害人有多少，只能在这个限额中按照债权平等的原则，按比例受偿。

二、关于我国核损害赔限额的分析

（一）我国目前核损害赔偿限额的局限性

第一，过分强调核损害赔偿的有限责任原则。其原因主要包括：核能发展是国家意志的体现，核事故是高科技风险，具有一定的不可预知性，核事故赔偿额巨大超出核电运营者的承担能力等。本文认同上述观点的合理性，也认为国家对核事故赔偿进行兜底必不可少。但只片面强调有限责任，而不论核设施营运单位对核事故的发生是否存在过失都执行相同的赔偿标准，将不利于督促核设施营运单位充分履行安全注意义务、努力避免事故的发生，进而不利于对公众生命、健康等权益的保护。基于此，德国、日本、瑞士、芬兰等国家要求营运单位承担无上限的核损害赔偿责任。

第二，核损害赔偿限额明显不足。纵观国际上几次重大核损害赔偿，如 1979 年美国三里岛核事故，共计花费约 7100 万美元保险理赔金；1986 年苏联切尔诺贝利核电站事故，花销按当时物价达 30 多亿美元，全部由政府承担，并且事故索赔至今仍未了结；1999 年日本东海村核事故共赔付 1.3 亿美元；2011 年日本福岛核事故，赔偿总额约 7.1 万亿日元（约合人民币 3600 亿元）。而我国营运者承担的 3 亿人民币不仅不足以弥补受害人的损失，若根据当前的赔偿限额，一旦发生核事故国家承担了较高的赔偿责任，将给国家带来巨额的财政负担，也容易动摇公众对发展核能的信心。

（二）《民法典》对高度危险责任赔偿限额规定

核损害的责任在《民法通则》中就被归于严格的"无过错责任"，而至《民法典》中又进一步排除了战争、武装冲突、暴乱等情形以外不可抗力的免责事由。因此，实践中往往更容易忽略发生核事故时核设施营运单位是否存在过错以及其与承担损害赔偿之间的关系问题。这种想法缺乏公平性和合理性。无过错责任原则是法律对某种危险性特别严重的侵权领域给予受害者更为妥善的保护，赔偿限额也是对加害人没有过错以及减少受害者的举证责任的对等法律安排。但是对有过错的加害人，承担更重的赔偿责任，才能体现法律的公平和正义。[1]

《民法典》第1244条规定："承担高度危险责任，法律规定赔偿限额的，依照其规定，但是行为人有故意或者重大过失的除外。"从法律上进一步明确了高度危险责任赔偿限额仅适用于"无过错"责任，对于"有过错"责任应该适用侵权责任的一般原则，对受害人的损失进行全部赔偿。

（三）我国民用航空业的实践及借鉴

与核损害相类似，民用航空器造成的他人损害也系《民法典》规定的高度危险责任范畴，同样适用于"无过错责任"，民用航空业的相关实践对我国核损害制度具有借鉴意义。《民用航空法》对国内航空运输承运人赔偿责任限额作出了原则性规定，在《国务院关于〈国内航空运输承运人赔偿责任限额规定〉的批复》中规定了具体限额。而《民用航空法》第132条明确规定："经证明，航空运输中的损失是由于承运人或者其受雇人、代理人的故意或者明知可能造成损失而轻率地作为或者不作为造成的，承运人无权援用本法第一百二十八条、第一百二十九条有关赔偿责任限制的规定；证明承运人的受雇人、代理人有此种作为或者不作为的，还应当证明该受雇人、代理人是在受雇、代理范围内行事。"该规定是民用航空领域对高度危险责任中的无过错责任的责任限额的突破。对于高度危险责任是否采取限额赔偿，根据加害人对损害责任是否存在过错为依据，此种选择是必要的，也是法律的应有之义。[2]

三、我国核损害赔偿法律制度的完善建议

（一）推动核损害赔偿立法

由于我国至今尚未建立完整的核损害责任赔偿体系，核损害赔偿专门法缺失，且未加入任何有关核损害赔偿方面的国际公约。现有的民事和核安全监管法律规范难以对核损害的定义和范围、核设施运营商的赔偿责任、赔偿范围、赔偿限额、赔偿顺序、责任免除、强制财务保证、诉讼管辖、诉讼时

---

[1] 曲云欢、李光辉、李小丁："核损害赔偿制度的问题与对策研究"，载《环境保护》2018年第12期。

[2] 马燕："高度危险责任的赔偿限额立法问题研究——以《侵权责任法》第77条为中心"，载《法制博览》2018年第18期。

效等内容作出细化的规定。因此，建议加快我国核损害赔偿立法工作进程，同时在充分考虑我国现实国情的前提下，适时加入与核损害相关国际公约，助力我国核能与国际接轨。

（二）及时调整核损害赔偿方案

核损害赔偿法出台之前，根据《民法典》确定的"过错责任"和"无过错责任"两个方面的原则，调整我国核损害赔偿方案。根据我国核电和经济社会的发展适时调整核设施运营单位的最低赔偿限额，并在充分跟踪、调研国际重大核事故损害赔偿情况的基础上，制定适合我国国情，兼顾不同核设施类型、不同事故级别、不同责任的核损害赔偿方案。

四、结语

核损害赔偿需要一套复杂和完备的制度设计和财务安排，才能保证一旦发生核事故时有足够的资金来救济灾民和修复环境。赔偿责任的划分是构建这套制度体系的基础，既需要符合侵权责任法律制度的一般规律，也需要考虑核设施、核事故的特殊性。只有社会各界共同努力建立完善核损害赔偿制度，才能有效保障我国的核能发展以及人民生命安全和身体健康。

浅谈在建工程抵押权相关法律问题

薛 杰[*]

（中国政法大学　北京 100088）

摘　要： 随着我国房地产行业的迅速发展，房地产行业已经成为我国经济的重要支柱产业，将房地产抵押作为债权担保方式进行融资的现象愈发普遍，在建工程抵押权制度作为一项重要的抵押担保制度，在融资方面发挥着举足轻重的作用。本文以《民法典》物权编的规定及相关理论为基础，对司法实践中在建工程抵押权存在的问题进行了梳理分析，包括与设立登记、建设工程优先受偿权及消费者商品房期待权等相关的权利冲突，并进一步提出了问题解决途径和制度完善建议。

关键词： 在建工程　抵押权　权利冲突　制度完善

在建工程抵押是资金融通的一种重要方式，为了适应我国市场经济发展的需要，优化营商环境，需要进一步完善在建工程抵押权制度。本文主要探究司法实践中在建工程抵押权存在的问题，在此基础上提出制度完善建议。

一、司法实践中在建工程抵押权存在的问题

（一）在建工程抵押权的设立登记问题

关于在建工程抵押权的设立登记问题，理论界存在不同的观点和看法。有学者认为，在建工程设立抵押权不同于预购商品房抵押，在建工程抵押是以建设用地使用权和已经完成的工程部分进行抵押，新增或续建的建筑部分

---

* 作者简介：薛杰（1984年-），男，汉族，山东省青岛市人，中国政法大学同等学力在读研究生，研究方向为民商法学。

不属于抵押财产范围。《民法典》将抵押权规定在物权编第四分编担保物权第十七章，属于现实的担保物权，而非债权的物权化保护，亦不是物权期待权、请求权，[1]基于此，在建工程抵押权并不符合预告登记的条件。也有学者认为，正在建造的建筑物属于在建工程抵押权抵押财产，由于其尚未竣工，无法办理初始登记，亦不可能办理抵押权登记。因此，需要在建工程竣工备案，进行物权初始登记后，对外进行权利公示，从而实现抵押权登记。基于此，在建工程抵押权符合预告登记的条件。

（二）在建工程抵押权与建设工程优先受偿权冲突的法律问题

关于《民法典》第 807 条规定的建设工程优先受偿权的性质问题，学界主要存在以下三种观点：第一种观点认为，在建工程优先受偿权属于留置权；第二种观点认为，该权利属于法定抵押权；[2]第三种观点认为，在建工程优先受偿权区别于留置权和法定抵押权中具有物权担保性质的优先权。[3]根据最高人民法院《关于审理建设工程施工合同纠纷案件适用法律问题的解释（一）》第 41 条规定，建筑工程优先受偿权应在支付建设工程款项作出 18 个月内向发包人行使，由此可以得出，不超过主张期限的建设工程优先受偿权优先于在建工程抵押权。

但是，关于在建设工程拍卖或变卖时所得拍卖或变卖款的优先受偿权的顺位问题，常会发生抵押权人与承包人权利的冲突和竞合。此时，债权人在建工程抵押物财产范围内的优先受偿权将会受到严重影响，甚至可能出现无法偿还债权的情况。

建设工程优先受偿权是法律直接赋予承包人的权利，而非来源于发包人与承包人的约定。对此，学界也存在不同的观点和看法：有学者认为，承包人享有的建设工程价款优先受偿权，系法律赋予的一项民事权利，在不违反法律法规相关规定的条件下，应当尊重当事人的真实意思表示，当事人可以选择放弃，也可以主张。但有学者却认为，放弃或限制建设工程优先受偿权有违立法目的，是对意思自治和自由原则的滥用。[4]最高人民法院《关于审

〔1〕 参见陈怡：《商品房买卖合同纠纷疑难问题解析与典型案例》，北京大学出版社 2020 年版。

〔2〕 张学文："建设工程承包人优先受偿权若干问题探讨"，载《法商研究（中南政法学院学报）》2000 年第 3 期。

〔3〕 参见最高人民法院经济审判庭编著：《合同法解释与适用》，新华出版社 1999 年版。

〔4〕 参见江平主编：《中华人民共和国合同法精解》，中国政法大学出版社 1999 年版。

理建设工程施工合同纠纷案件适用法律问题的解释（一）》第42条明确规定，当发包人与承包人的约定损害建筑工人利益时，发包人主张承包人放弃或限制建设工程价款优先受偿权的请求，人民法院不予支持。因此，通过建立建设工程价款优先受偿权在财产范围内的预告登记制度，有利于避免在建工程抵押权与其他权利的冲突和竞合，进而维护市场交易安全，保障债权人利益。

（三）在建工程抵押权与消费者商品房期待权冲突的法律问题

在房地产交易过程中，开发商投入部分资金建设工程，当建设工程达到一定条件，取得商品房预售许可证后，具备与消费者签订商品房买卖合同的条件。在商品房预售阶段，尚不具备办理不动产权登记的条件，无法进行物权转让，因此，为了实现商品房物权的转移，双方通常通过办理预告登记，对所预售商品房进行权利公示，从而确定了消费者商品房的期待权。

开发商投资建设前期，通常先对在建工程建设用地使用权及新建或续建的建筑物设定抵押权。开发商取得商品房预售许可证后，如果开发商未明确，消费者很难知晓预售房屋的法律状态。但当消费者完成了商品房预告登记后，即享有了对所购商品房的期待权。

依据现行《民法典》物权编关于预告登记制度的相关规定，在商品房进行预告登记前所设立的在建工程抵押权，按照物权优先于债权的原则，抵押权人享有优先受偿权。但是，司法实践中，消费者所享有的商品房期待权可以对抗在建工程抵押权人的优先受偿权。

二、在建工程抵押权制度的完善建议

（一）完善在建工程抵押权的相关立法

随着我国市场经济的不断发展，在建工程抵押凭借其良好的融资优势，为房地产行业的快速发展提供了有力的资金保障，已逐渐得到广泛地应用和认可。但是由于我国目前关于在建工程抵押制度尚不完善，实践中在建工程抵押权存在诸多问题，尤其是容易与其他相关权利发生冲突，因此需要进一步完善立法规定中的不足。基于此，我们可以借鉴《德国民法典》中的相关规定，即不动产所有权人对其不动产在不动产登记簿上办理抵押登记后，登记机关应依法将该抵押权制作成抵押权证券，交付给不动产所有权人，[1]从

---

〔1〕 张庆爽："完善在建工程抵押制度建议"，载《现代商贸工业》2015年第8期。

而使在建工程抵押权脱离主债权而独立存在，抵押权人在转让在建工程抵押权时，只需独立交付抵押证券，抵押权即发生转移，无须另行办理抵押权变更手续。

（二）完善在建工程抵押价值评估体系

在建工程抵押权设立时，评估机构需对在建工程建设使用权及其建筑物进行价值评估。此种做法有利于切实保障债权人的利益，促进房地产经济的良性发展，因此，应保障在建工程抵押权设立时价值评估的统一性和规范性，从而加强对在建工程抵押评估机构的政府监管。从立法角度出发，应结合我国现实国情，完善资产评估的立法规定，建立完整的价值评估体系。

（三）完善在建工程抵押登记制度

目前，我国在建工程抵押登记存在许多问题，如由于登记部门不统一导致的房地分离登记问题，同时由于登记部门所掌握的信息侧重点有所不同，为在建工程抵押登记制造了障碍。为此，应建立抵押登记信息管理平台，确保各部门之间信息共享，进而实现房地统一登记。

三、结语

综上所述，我国目前的在建工程抵押制度尚存在立法上的保守性和滞后性。我国应立足司法实践，推进科学立法，推动我国在建工程抵押制度不断发展完善。

司法规律视野下的法院审判管理优化研究

刘　爽*

（中国政法大学　北京 100088）

　　摘　要： 在深化司法体制改革和构建和谐社会的大背景下，正确认识司法规律，理性应对当代法院审判管理中存在的主要问题，依照司法规律，完善审判管理体制的创新，促进中国特色社会主义法律制度的丰富和完善。

　　关键词： 司法规律　审判管理　优化

一、审判管理和司法规律的内在联系

（一）审判管理应当遵循司法规律

审判权属于一种司法权，其行使必须遵循司法规律，并受其制约。无论是从审判权的产生还是发展，司法规律无不蕴含在审判的脉络之中，并主导着审判管理工作的运行。[1]对司法规律可以从两个层面进行理解：一是司法工作的规律；二是司法制度发展的规律。

（二）审判管理和司法规律的一致性

审判管理和司法规律的一致性体现在以下三个方面：首先，在"司法为民，以人为本"方面是一致的。"司法为民、以人为本"是司法规律中"人权保障"原则的进一步深化和升华。其次，在"审判独立，不受干涉"方面是一致的。审判独立指审判权独立行使，不受任何机关和个人的干涉。最后，在"客观公正，保障人权"方面是一致的。审判工作中的"客观公正，保障

---

　　* 作者简介：刘爽（1988 年–），女，汉族，黑龙江省大庆市人，中国政法大学同等学力在读研究生，研究方向为民商法学。

　　〔1〕参见李兴山主编：《现代管理学：观念·过程·方法》，现代出版社 1998 年版。

人权"体现在"努力让人民群众在每一个司法案件中都感到公平公正"。

二、新时代基层法院审判管理运行的现状分析

（一）我国基层法院审判管理运行的现状

审判管理制度的运行关系到审判工作执行的各个方面。[1]通过对一些基层法院的访谈调研，得出现阶段法院审判管理的运行情况如下：

（1）审判管理制度较为健全。审判管理部门的基本职能主要有审判管理制度建设、审判效率管理、审判质量管理、审判流程管理、审判运行态势分析、审判绩效管理、总结审判经验七项。通过调研发现，这些基本的职能，都有相应的制度文件规范，但具体的工作内容更多更复杂，具体包括约20项。

（2）案件评价体系初步设立。在各级法院的评查工作中，较为重视的是对裁判文书和庭审的评查。为此，法院专门制定了各院的具体实施办法。裁判文书的评查通常包括四种方法：点评、经验交流、交叉评查、优秀裁判推广。庭审评查主要包括全员评查、庭审观摩、庭审直播、实行点评等方法。为了考核员额法官的审判绩效，很多法院制定了多达20项的指标，每一项指标的具体计算方法和标准都有明确的规定。

（3）数据统计工作初见成效。审判数据统计工作是通过数据分析得出有用结论的一种手段，数据统计并不是最终目标。例如，有的法院每周都要统计结案率、调撤率、上诉率、扣审未结比、裁判文书上网数等案件审判指标数据。之所以进行上述统计，主要是因为法院需要通过统计数据全面掌握审判工作的进展情况，为审判工作提供数据支撑。

（4）各级法院信息化管理平台已初步建立。主要体现在以下几个方面：一是审判政务无纸化。使用自动办公系统，开展网上办公和移动办公，卷宗随案同步生成，动态监控卷宗归档情况等。二是司法服务便捷化。大部分法院安装了自动查询一体机，当事人可自行查询其案件信息。三是审判管理智能化。优化司法信息管理系统，如高清科技法庭，互联网庭审直播，实现远程审判。利用执行指挥中心监控调度指挥现场执行和取证调查等执行过程。

---

[1] 顾天佑、王大波、高菲："审判管理信息化存在的问题与对策——以安顺市两级法院为视角"，载《安顺学院学报》2015年第2期。

四是办案执法规范化。如推进审务公开，网上公布开庭信息，加强与当事人的沟通交流。启动"点对点""总对总"执行网络查控系统。

（二）我国审判管理在司法实务中存在的问题及原因

尽管审判管理运行机制逐渐成熟，但其在司法实践中仍存在以下问题：

（1）审判权与审判管理权错位混同。从现有司法实践来看，法院通常实行行政模式的管理方式，对职能和业务的划分不够清晰明确，这就造成审判过程中审判管理权与审判权的界限不清，法官和行政人员的角色混同。有内部行政权力性质的审判管理不断干预审判权的错误倾向，既影响了法官在案件审理过程中的独立思想，也破坏了法院的审判规律。

（2）审判管理模式不够精细。具体分析如下：一是大数据应用不足。多数法院还处于大数据信息化建设的初级阶段，审判管理方法传统、低效、粗放。二是审判管理缺乏服务性。在管理模式上仍然依靠传统的管理手段，以检查监督为审判管理的主要工作内容，服务审判工作的内容较少。三是管理模式不够精细。

（3）案件量化指标设置科学性有待加强。各级法院制定的审判管理量化指标还不够合理。同时，法院审判管理的绩效考核，对调撤率都给出了过高的评价。个别法院为了提高调撤率的指标，可能会采取不正当手段。

三、司法规律视野下的审判管理之优化路径

如何遵循司法规律，优化审判管理机制，建立科学的审判管理制度，促进法院审判管理工作的全面发展，已成为当前人民法院面临的重大课题。

（一）遵循司法规律，更新审判管理理念

司法具有内在规律性，审判管理要为执法服务，办案先行，必须把握和遵循司法内部规律，及时调整审判管理工作的重心，通过考核指标的制定和调整，紧紧抓住与人民群众利益密切相关的关键指标，使审判管理工作更好地化解人民群众之间的矛盾，满足人民群众的要求。要转变原有重管理轻服务的行政管理模式，做到以服务审判为核心目标。

（二）深化管理机制，推进审判管理科学发展

完善考评指标设置。可以从法院评价体系和法官评价体系两个层面，构建"个案评查""司法统计分析"和"社会公众评价"三位一体的评价体系，以司法公正、办案效率和司法效果为主要评价内容，以个案评查、司法统计

报表、当事人和社会公众司法满意度调查等为评估数据。

完善评查程序。法院内部成立案件质量监督评查机构，作为定性评议工作的领导决策机构，开展专项评查、重点评查和定期评查，对立案的审查、诉讼程序、实体裁判、文书、卷宗、执行等进行全方位评查。

完善考评反馈机制。为了取得更好的效果，审判管理必须注重结果。一是建立结果反馈制度。审判管理办公室发现的案件质量、程序规范、法官履职等问题，不仅要向领导反映，还要向法官本人反映。二是建立法官异议制度。将绩效考核结果及时反馈给被考核的单位和个人，并允许提出异议。

完善激励约束长效机制。实现依法追究违法审判与法官独立审判的平衡，落实奖惩制度，严格执行绩效考核，做到评优评先、立功、职务职级晋升有效衔接，将审判绩效考核结果、案件质量考核结果、裁判文书考核结果作为评价法院和法官审判绩效的主要依据，经过严格的程序确认为违法审判的，按照法律规定追究违法审判、违法执行的过错责任。

(三) 努力推进改革创新，不断完善审判管理体系

第一，以专职的审判管理机构为主体。审判管理办公室由院长直接管理，接受审判委员会的领导，负责审判委员会的日常事务，负责审判流程管理、个案质量评查管理、司法绩效管理三项基本职能，审管办可下设流程监管组、质量评查组、绩效评估组。

第二，优化人员管理模式。一方面由审判管理机构统一管理调度审判部门辅助人员。如可由审判管理机构安排各书记员的具体工作，合理平衡书记员的工作量，分配时间，提高审判效率；另一方面充分发挥院长、庭长的法律知识和业务经验优势，加强全院业务培训，经常性召开业务研讨会，组织培训。

第三，强化信息技术手段。基于全国法院网络建设的趋势，有必要充分利用网络加强和改进法院的审判管理工作。一是要重视法院基础网络设施的稳定运行，确保管理系统随时可用。二是注重数据分析和整理，提取有效数据，服务审判活动和审判管理工作。三是要全面实现从立案、审理、结案到执行的全程自动化、数据化，加强智慧法庭建设。

浅析外国劳动法典

刘 玮*

（中国政法大学 北京 100088）

摘 要：近年来，我国法律体系逐渐完善。《民法典》经历了"两步走"的立法过程，第一步出台《民法总则》，第二步完成《民法典》各个分编的编纂工作。立法过程中虽然遇到了各种艰难险阻，但最终成就了我国这部举世瞩目的《民法典》。如今，《民法典》已融入民众的生活，得以广泛应用和遵循。但是，在社会与劳动保障方面，我国劳动法典的编纂仍面临许多困难，因此，本文通过对国外劳动法典的分析，以期对我国劳动法典的编纂起到促进作用。

关键词：社会保障 法典化 劳动法典

世界上多数国家都有不同形式的劳动立法，其中有些国家将劳动法法典化。外国劳动法典由于历史和各国国情的不同，具体内容也不尽相同，下文将对外国劳动法典的编纂情况进行梳理，比较分析其共性，以期对我国劳动法典的编纂起到促进作用。

一、外国劳动法典编纂的基本情况

世界范围内，现代意义上针对劳动的立法出现在第一次工业革命后，随着无产阶级革命运动的兴起而发展起来的。无产阶级在缩短工作时间、增加工资报酬、保护未成年工人和女性工人劳动权益等方面的诉求不断增加，迫

---

* 作者简介：刘玮（1992年-），女，汉族，江苏省连云港市人，中国政法大学同等学力在职研究生，研究方向为民商法学。

使资产阶级政府作出适度妥协，由此催生了劳动立法。学界普遍认为，英国
1802 年颁布的《学徒健康与道德法》是现代劳动法的开端。[1]此后，发达国
家逐步颁布了劳动领域的专项法律，如法国 1806 年颁布的《工厂法》[2]、德
国 1839 年颁布的《普鲁士工厂矿山条例》、法国 1841 年颁布的《童工、未成
年工保护法》、英国 1901 年颁布的《工厂和作坊法》等，以保障工人的良好
工作环境和条件，进而维护资产阶级的统治秩序。

20 世纪以来，一些国家为加强劳动法律适用，解决劳动法律规范不统一
问题，增进公民对劳动法的了解，开始启动劳动法典的编纂工作。第一次世
界大战前，法国已着手编纂劳动法典，是最早启动劳动法典编纂工作的国家。
法国劳动法典的最初结构为六编，由于各种原因当时只公布了劳动契约、劳
动保护、调解仲裁三编，其余的劳动团结、劳动者保障、劳动者救济三编未
公布。目前法国的劳动法典主要由法律、国务委员会发布的条例、政令三部
分构成，对此，学界普遍认为法国劳动法典并非典型意义上的劳动法典，更
接近于劳动法律法规汇编。

1918 年，世界上第一部社会主义性质的《苏俄劳动法典》出台。苏联成
立后，又相继进行了一系列重大的劳动立法活动，并于 1971 年颁布了《苏联
劳动法典》。苏联解体后，俄罗斯继承并延续了这部劳动法典。[3]为适应从计
划经济向市场经济转变过程中劳动关系调整的需要，俄罗斯政府不断改革和
完善劳动政策，并着手修改劳动法律，还成立了由政府、雇主、工会、杜马
和联邦委员会代表组成的制定新法协调委员会来平衡各方的利益关系。经过
长达 10 年的起草和讨论，2001 年 12 月 30 日，新的《俄罗斯联邦劳动法典》
获得通过，并于 2002 年 2 月 1 日生效，这部法典出台后，先后进行了十多次
修订。[4]

受苏联的影响，东欧一些实行计划经济的国家自 20 世纪 50 年代起也先
后出台了劳动法典，如罗马尼亚（1950 年）、保加利亚和匈牙利（1951 年）、
德意志民主共和国（1961 年）、捷克斯洛伐克和南斯拉夫（1965 年）、阿尔巴

〔1〕 江琼："两岸三地劳动基准法律制度比较研究"，福建师范大学 2008 年硕士学位论文。
〔2〕 代海军："工业发达国家职业安全与健康立法"，载《现代职业安全》2012 年第 7 期。
〔3〕 张在范："俄罗斯劳动法利益平衡理念的实现机制"，黑龙江大学 2012 年博士学位论文。
〔4〕 王佳慧："《俄联邦劳动法典》中的劳动权利保护制度——兼谈我国劳动立法的完善"，载
《湖北社会科学》2008 年第 12 期。

尼亚（1966 年）、波兰（1974 年）。此外，还有部分亚非拉发展中国家也制定了劳动法典，如卢旺达（1967 年）、沙特阿拉伯（1969 年）、伊拉克（1970 年）、越南（1994 年）。

二、典型国家劳动法典的主要内容

（一）《俄罗斯联邦劳动法典》的主要内容

现行《俄罗斯联邦劳动法典》共包括 6 个部分、14 编、424 条，包括：一般规定、劳动领域的社会合作、劳动合同、工作时间、休息时间、工资和劳动定额、保障和补偿、劳动规章和劳动纪律、员工的职业培训及再培训和技能提高、劳动保护、劳动合同双方的物质责任（包括一般规定及雇主和员工的物质责任）、调整个别工种员工劳动的特别规定，以及劳动权利和自由的保护、劳动争议的审理和解决、违反劳动法和包含劳动法规范的其他文件的责任及附则等内容。[1]该法典是理念较为先进、体系完整、逻辑严密的一部劳动法典。

（二）《民主德国劳动法典》的主要内容

1977 年民主德国修订通过的《民主德国劳动法典》共包括 17 章 305 条，其中将基本原则专设一章。基本原则规定了劳动者的基本权利，包括：职工有权参加企业管理、参加讨论及制定经济计划、对企业提出各种意见和建议、保证职工对企业的领导权、工会的权利和义务。此外，该劳动法典还设有专门章节规定劳动合同的签订、变更和解除；劳动组织和劳动关系纪律；劳动报酬、奖金的发放；职工教育和进修；学徒工的权利和义务；职工的精神文化生活；职工的健康和劳动保护；社会保险和社会福利；职工的休假制度；劳动时间；对母亲和女工的保护；法律监督以及违反劳动纪律行为的处罚等内容。

（三）《越南劳动法典》的主要内容

制定于 1994 年的《越南劳动法典》共有 17 章 198 条，包括：总则、就业、职业训练、雇用合同、集体劳动协议、工资、工作时间和休息时间（对有关定义、时间要求、个人事假、不带薪假、特种工作时间等作出了具体规定）、劳动纪律和损失责任、职业安全和卫生、关于女工的特殊规定、关于未成年工和其他几类工人（老年工人、残疾人的雇用、具有高级专门技能和技

---

〔1〕 叶姗："社会法体系的结构分析"，载《温州大学学报（社会科学版）》2011 年第 4 期。

术资格的工人、涉外用工）的特殊规定、社会保障、工会、劳动争议的处理、劳动行政、国家劳动监察和违反劳动法的处罚及附则等内容。

三、外国劳动法典的主要特点

（一）法典出台时间较早

从出台时间来看，外国劳动法典多形成于 20 世纪 50、60 年代，起步较早。首先，这一时期，以苏联实行的计划经济取得巨大成就为标志，全世界无产阶级运动达到高峰。东欧国家在这一时期普遍效仿苏联，实行单一的公有制经济，采取指令性计划控制经济运行，依靠行政方法来管理企业与劳动力。随着东欧社会主义阵营的瓦解、经济社会管理模式的转变，东欧国家的劳动法典逐步被新的劳动法律所替代。同时，统一后的德国曾多次尝试将劳动法编纂为一部劳动法典，但一直未能实现，目前主要由民事和行政等法律调整劳动领域的社会关系。

（二）主要集中于社会主义国家

从国家类型看，制定劳动法典的国家主要集中于社会主义国家。这些国家的主要宗旨是通过综合立法的形式来保障劳动者的合法权益、巩固无产阶级的胜利果实。如越南作为社会主义国家，1994 年颁布的劳动法典就有鲜明的社会主义特色。比较而言，劳动法典在资本主义国家的编纂较少，主要源于资本主义国家通常信奉自由主义和意思自治，因此，劳动领域的社会关系主要靠民事法律关系调整。如意大利在民法典中单独设立劳动编，用以调整劳动关系。

此外，《俄罗斯联邦劳动法典》是俄罗斯完成经济社会转型后出台的，虽然国家类型上属于资本主义国家的劳动法典，但从历史演进看，其主要框架和内容继承并延续了苏联劳动法典；从增加的内容看，也主要立足于保护劳动者的合法权益，比如员工的职业培训以及再培训和技能提高、劳动者权利和自由的保护、违反劳动法和包含劳动法规范的其他文件的责任以及劳动者个人资料的保护等，由此可见，其与苏联劳动法典的性质是一脉相承的。

（三）制定过程备受社会关注

从国外劳动立法实践来看，各利益集团将劳动法典的编纂作为争取和维护自身权益的契机，例如法国、德国、俄罗斯在推行有关劳动立法政策过程中，都不同程度地引发了社会事件，甚至造成了社会动荡。在 2000 年劳动法典即将正式通过前夕，俄罗斯各方仍难达成共识，提出了五个新劳动法典草案文本，并为此争论不休，30多个州还爆发了广泛的示威、集会、请愿、罢工等抗议活动。

（四）法典结构和内容大体相同

在具体劳动法律体例上，各个国家对劳动关系的认识大致相同，主要包含劳动合同、工作时间、工资报酬、休息休假等内容。从苏联劳动法典颁布至今，在劳动法典的体例上，法典的结构和内容大体相同。而未编纂劳动法典的资本主义国家，往往通过一些专项立法，对劳动者的工作时间、工资报酬、工作条件等作出规范。

四、结语

虽然我国目前仍处于社会主义初级阶段，但是我国作为世界第二大经济体，为适应经济发展需要，促进经济良好发展，必须加强法治建设。体现人民意志、保障人民权益、激发人民创造活力，是新时代立法工作和法治建设的根本目的。全面依法治国最广泛、最深厚的基础是人民，必须把实现好、维护好、发展好最广大人民根本利益贯穿始终。因此，劳动和社会保障对于社会稳定有序发展有着重大意义，关乎民生大计。然而实践中，依然存在许多劳动者权益得不到应有保护的情况，用人单位与劳动者之间的矛盾依然激烈。为实现中华民族伟大复兴的中国梦，共享和谐社会建设成果，需要进一步完善劳动立法，推进我国劳动关系健康发展，进而保障劳动者合法权益，激发经济创造活动。

著作权保护在大数据领域的应用

——人工智能时代的版权思考

（中国政法大学 北京 100088）

摘 要： 信息化催生了互联网，互联网将碎片化的数据汇聚，由之前的静态变得鲜活。数据已成为互联网时代十分重要的生产要素，并创新出基于大数据的人工智能、云计算、移动互联网、物联网、智慧城市等新兴信息技术，有力推动了社会的科技进步。因此，针对新兴信息技术的保护也成为了政府、社会乃至国际广泛关注的焦点，本文主要就人工智能技术在知识产权领域的保护措施进行探讨。

关键词： 人工智能 汇编作品 赛博人

第十三届全国人大常委会第二十三次会议于 2020 年 11 月 11 日表决通过了全国人民代表大会常务委员会《关于修改〈中华人民共和国著作权法〉的决定》，自 2021 年 6 月 1 日起施行。

一、研究背景

互联网时代，数据变得十分重要，基于数据产生的新兴信息技术推动了社会科技的进步。因此，针对新兴信息技术的保护也成了焦点。

二、典型案例分析

为了将人工智能与知识产权保护有效结合，本文拟通过剧本智能评分系

---

* 作者简介：赵雯（1985 年–），女，汉族，北京市人，中国政法大学同等学力在读研究生，中级知识产权师，研究方向为知识产权法学。

统和剧本智能创作系统两个案例进行说明。

说到剧本，不得不提到最新修改的司法解释中涉及的"视听作品"。此次修改加大了对影视作品的知识产权保护力度，将过去"电影作品和以类似摄制电影的方法创作的作品"统一修改为"视听作品"，涵盖了电影作品和电视剧作品。一个好的影视作品的诞生，需要一个好的剧本为支撑，那么剧本的评定和创作就成为重中之重。因此，市场对于剧本评分和剧本创作的需求也应运而生，如何更为准确、高效地创作和评价剧本，是软件开发商的主要研究方向。

（一）剧本智能评分系统

以往剧本的评分都是通过人工方式进行判断，而剧本智能评分系统是依靠人工智能技术，对剧本内容进行智能识别，并参照海量剧本资源进行评分，相比仅依靠经验的人工判断方式，具有更好的准确性和权威性。纵观整个剧本智能评分过程：

首先，需要构建一个完整、海量的剧本库，汇聚已公开发表的剧本资源，并按照剧本类型（话剧、小品、小说、影视、动画、短视频、微电影、微动漫、相声等）、题材（主旋律、喜剧、爱情、都市、农村、青春校园、儿童、谍战、悬疑、犯罪、家庭、动作、科幻奇幻、惊悚、历史、军事、剧情等）、体裁格式（起—开端、承—设置矛盾、转—解决矛盾、合—结局）、剧情内容（矛盾冲突、人物语言、舞台说明、人物关系、情节高潮、主题思想等）、作者、编剧等进行分类，在分类过程中，系统对剧本内容的选择有独特的方式和判断，或对剧本内容的编排有独特的结构和方法。

其次，当数据库构建好后，剧本内容的智能识别是关键。在识别剧本内容的过程中需要运用人工智能技术，比如卷积神经网络这类深度学习算法（包括梯度下降、反向传播学习、Delta）。对于文本格式的待测评剧本，可直接运用深度学习算法进行内容识别；对于图片或 PDF 格式的待测评剧本，先通过图像处理技术转换成文本格式，再进行内容识别。同时，为了提高机器识别的精度，系统会对识别后的内容进行自主学习，通过全监督或半监督方式不断提高识别的准确性。

再次，按照剧本类型、题材、体裁格式、剧情内容等分类方式，将识别后的待测评剧本切割成文本片段。将切割的片段对照剧本库做查重处理，以判断待测评剧本是否侵权。如果复制比超过 30%，则该剧本被认定为抄袭并提示；如果低于30%，会继续对该剧本进行评分操作。

最后，利用剧本评分标准对查重后的片段进行打分。系统可摘录高分剧本的经典片段作为参考，来设定剧本的评分标准，其中，评分对象包括主题内容、语言表达、人物刻画、故事情节、整体结构等；评分方式是去掉一个最高分，去掉一个最低分，汇总后取平均分，平均分可精确到小数点后两位，同分情况下可精确到小数点后三位。

（二）剧本智能创作系统

以往剧本的创作是具有丰沛情感和感知力的人类，凭借深邃的思考、突涌的灵感、火热的激情和优秀的文笔，结合对过往的回忆和现实的思考，历经不断摩擦和激烈碰撞而创作出可以打动人心、引人共鸣、极具个人特色的作品的过程。而剧本智能创作系统是依靠人工智能技术，通过对海量资源的智能分析和精华总结，形成独特作品的过程。

人类通过情感创作的作品和利用人工智能技术创作的作品，两者风格迥异、各具特色。前者拥有深厚的情感投入，能够发人深省、引人共鸣。后者利用人工智能技术，通过识别作品的关键词、类簇数、语法树距离、特殊句式和情感极性等特征，将命名实体、实体关系和事件语素应用到写作场景和逻辑模板中生成关联语段，并最终聚合成作品，能够具备时下热门作品的特征，有效迎合市场的需求。纵观剧本智能的创作过程：

首先，和剧本智能评分相同，汇聚已公开发表的剧本资源，系统通过独特的方式和判断来选择剧本内容，或独特的结构和方法来编排剧本内容，构建出一个完整、海量的剧本库。之后，利用人工智能技术对剧本库的海量资源进行解析，生成各种写作场景、逻辑模板和特殊句式等创作素材，构建出一个剧本素材库。

其次，当数据库构建好后，剧本内容的智能创作是关键。系统会利用人工智能技术进行剧本创作。创作人可以在系统中输入想要创作的剧本的关键信息，系统根据创作人提供的需求与数据库进行对照解析，最终生成高质量作品。解析过程是：先从关键信息中抽取有效关键词，生成标签；之后参照剧本素材库的素材进行聚类分析，抽取出对应不同标签的实体、事件和情感极性形成类簇数；之后根据语法树距离、情感极值来判断各类簇间的关联度和重要度；之后将实体、实体关系和事件语素结合特殊句式应用到写作场景和逻辑模板中生成关联语段；最终聚合成作品。

最后，系统利用深度学习算法根据输入的参数自动生成语段，该语段被填入逻辑模板，用于生成较短的文本片段。同时，系统会基于不断的机器训练和模型迭代结果，对聚合的作品进行完善，使之具有更好的连贯性和正确性[1]。

三、存在的风险

（一）剧本智能评分系统存在的风险

剧本智能评分系统是通过使用他人已发表作品对待测评剧本进行判断和评分。如果系统是营利的，那么使用他人已发表作品形成营利性产品的过程，是否涉嫌侵犯原作者的著作权，目前有两种观点：一种是使用了他人的著作权，但是如何判断实际使用了哪些作品是一个问题，因为人工智能分析是一个参照海量作品进行识别和分析的过程，无法确定具体使用的作品。如果作品无法精准确定，那么原著作权人就无法确认，也就无法取得原著作权人的许可并支付报酬；另一种是未侵犯他人的著作权，理由是剧本的评分过程，是系统在具有独创性的数据库的基础上独立完成的智能分析和评价，并未依赖他人已发表作品，因此不应认定为侵权。

（二）剧本智能创作系统存在的风险

同样，剧本智能创作系统依旧是在分析和使用他人已发表作品的基础上进行新作品创作的过程。如果系统是营利的，那么使用他人已发表作品形成营利性产品的过程，是否涉嫌侵犯原作者的著作权，目前主流观点有三个：

第一种是人工智能创作的作品受限于当前的技术水平，不能完全实现智能化创作，只是基于他人已发表作品进行的抽取和组合，不具有独创性，不应受著作权的保护。

第二种和第一种前提一致，也是人工智能创作的作品受限于当前的技术水平，不能完全实现智能化创作，但是系统通过独特的方式和判断选择剧本内容，或独特的结构和方法编排剧本内容，形成具有独创性的作品，以汇编作品的形式进行著作权保护。并且，创作过程并没有融入人工智能作为独立个体的思想和感情，因此不能以作者身份享有著作权，该汇编作品的著作权

---

〔1〕 王娜、胡滨洋：“文本自动写作方法和系统”，专利公开号 CN108563620A，专利公开日期2018 年 9 月 21 日。

应由系统开发商或投资商享有。

第三种不同于第一、二种的逻辑前提，认为人工智能创作的作品具有原创性。理由是系统利用深度学习算法进行自主运算，并不断主动学习和训练，形成独具特色的完整总结，这个过程可以看作是具备了独立思考的能力，具有了独立存在的实体。因此，其创作的作品既不是基于他人已发表作品进行的抽取和组合，也不是汇编作品，而是具备了独特思想、独立创作的作品，应作为原创作品进行著作权保护。并且，由于人工智能能够以一个独立的实体存在，从法益角度讲，可以看作具备了独立的法人资格，我们称之为"赛博人"，赛博人才是该生成作品的真实作者。

但是，由于人工智能技术尚未发展成熟，目前持第一和第二种观点的学者居多。

四、解决对策探析

(一) 剧本智能评分系统的解决对策

针对剧本智能评分系统可能出现的法律风险，鉴于目前没有一个完整的法律规范进行合理规制，因此，建议可采取如下方式：

我国设有专门的著作权登记机关，系统可以使用著作权登记机关的数据库资源，按照统计调取资源的次数向著作权登记机关进行付费。著作权登记机关可以将报酬按照系统对作品调用的次数进行分配。从而节省了系统开发商寻找原著作权人的繁琐过程。同时，系统开发商应尽量避免使用网络上权属不明的作品，这样可有效规避法律风险。虽然数据库的资源量在一定程度上会受到影响，存在好作品并未在著作权登记机关登记入库的情况，使剧本评分的准确性和权威性受到影响，但是从知识产权保护意识不断提高的长远角度考虑，原创作品登记是未来的发展趋势，并且，这种付费方式也能提高原创作品登记的积极性，对于侵权风险的规避更为合理和有效，有利于市场的良性发展。

(二) 剧本智能创作系统的解决对策

同样，针对剧本智能创作系统可能出现的法律风险，也缺乏明确的法律规范，因此笔者建议可采取如下方式进行规制：根据人工智能技术的实际发展现况，因地制宜地建立和完善制度，在当前人工智能技术尚未发展成熟之际，可以根据作品的创作过程是否具有独创性，来赋予其创作作品的著作权保护。当然，这个阶段需要注意对原著作权人权益的保障，可以参照剧本智能评分系统的解决对策，使生成的作品不会侵犯到原著作权人。

但是，随着人工智能技术的不断进步，当人工智能具备了独立思考的能力和丰富的情感，能够作为一个独立实体存在时，那么人工智能和人类之间就没有了人和机器的界限，可以自由地交流和沟通。

从法益的角度讲，人工智能和人类具备了相同的法人属性，可以视为平等的民事主体生活在同一个环境中，拥有同等休养生息的权利。

五、结语

综上，新兴信息技术的快速发展和法治体系建设的迟滞性已成为较为突出的矛盾。法治体系建设和完善的速度赶不上新兴信息技术发展的速度，如何使滞后的法律治理体系能更为有效、全面地保护好迅猛发展的新兴信息技术，是新兴信息技术的从业者和法治工作的建设者需要共同思考的问题。这既是法律治理体系建设队伍的研究目标，也是需要社会各界人士共同完成的工作任务。

女性罪犯社区矫正措施研究

娄晓天*

（中国政法大学　北京 100088）

摘　要：社区矫正制度是近年来新兴的一种与监外执行相对应的刑罚执行方式，社区矫正措施在此制度下显得尤为重要。针对不同犯罪类型的社区服刑人员应采取不同的措施。本文分析了女性犯罪的特点和犯罪原因，并提出相应的矫正措施。

关键词：社区矫正　罪犯　女性

社区矫正是相对于传统的监禁式刑罚而言的一种新兴的犯罪处理方式，代表着世界范围内行刑发展的潮流与趋势，具体是指将符合社区矫正条件的罪犯置于社区内，由国家机关在相关社区团体和民间组织以及社会志愿者的协助下，在判决、裁定或决定确定的期限内，矫正其犯罪心理和行为恶习，并促进其回归社会的非监禁刑罚执行活动。

社区矫正的措施因社区矫正对象的不同而具有差异性。社区矫正对象也依据不同的分类标准，分为不同类型：从学理上讲社区矫正的对象有判处管制、被宣告缓刑、被裁定假释、被暂予监外执行和被剥夺政治权利并在社会上服刑的人；从性别上划分有男性社区服刑人员和女性社区服刑人员；从年龄上划分有未成年社区服刑人员、成年社区服刑人员和老年社区服刑人员。

鉴于不同类型的社区服刑人员有其特定的犯罪特点和犯罪原因，所以针

---

* 作者简介：娄晓天（1988 年-），女，汉族，河南省濮阳市人，中国政法大学同等学力在读研究生，研究方向为民商法学。

对女性社区服刑人员采取矫正措施时应充分考虑其犯罪特点和犯罪原因。

一、女性罪犯的特点

（一）女性罪犯在生理方面的主要特点

女性犯罪，顾名思义就是指女性实施的犯罪。女性犯罪具有官能享受性。根据调查，女性犯罪人将赃款用于吃喝玩乐的占32.5%，购置高档物品的占12.5%，这表明，女性犯罪人多追求物质享受。

（二）女性罪犯在主体方面的主要特点

在女性违法犯罪者中高龄人士居多。由于更年期的精神状态处于不稳定的状态，容易产生犯罪。然而，随着现在经济的迅猛发展，社会结构等诸多因素，女性犯罪者呈现犯罪低龄化的趋势。根据有关女性罪犯（包括女劳教人员）的初犯年龄调查，绝大多数女性罪犯在14、15周岁至24、25周岁这一年龄内失足。目前女性未成年罪犯约占在押女性罪犯的55%。[1]

（三）女性罪犯在行为方面的主要特点

女性在生理结构、心理机制、社会角色等方面的不同决定了男女性罪犯在犯罪行为方面的不同。

（1）女性作案方式的攻击性、灵敏性差，经常采用非暴力、隐藏性强的犯罪手段。一般来说，女性很少使用暴力手段，而是充分利用自己的魅力和优点"扬长避短"，但是近年来，女性犯罪也呈现出暴力手段的特点，由依附于男性型犯罪向独立犯罪转换。

（2）女性犯罪具有发泄某种情绪的愤怒报复性。其报复对象往往是与其关系较为亲密的人，如亲人、好友和邻居等。江苏省对217名女杀人犯的调查表明，杀害丈夫的占25%，杀害子女的占8.75%，杀害邻居的占14.2%，杀害情夫或恋人的占4.29%，杀害一般亲属的占21.43%，杀害同事同学的占5.17%，杀害骗夫之妻的占12.86%。

（3）女性报复犯罪大多具有恶逆变性质，即先是受害人，后转为加害人。虽然现在社会经济有所进步，但对女性的歧视和压迫现象仍是存在的，女性凭自己的力量很难保护自己，而且不少女性不善于用法律保护自己，这使得

---

[1] 赖修桂："浅析女性犯罪的特点、原因及预防"，载《中央政法管理干部学院学报》1997年第3期。

女性罪犯由受害人转变为加害人。

（4）女性犯罪具有欺骗性和贪婪性。由于女性力量薄弱较少采取暴力犯罪，所以大多数女性犯罪为行骗性犯罪，通常通过自己的智商施行诈骗、拐卖妇女儿童等犯罪行为。

（5）女性犯罪日益以集团化的形式出现，并逐渐趋向于男性化。随着社会的发展和教育的普及，女性的文化水平较以前有所提高。而且随着文化多元化和社会对女性歧视的减少，女性的认识也有了新的变化，由以前的易激动、敏感到现在的淡定稳重。因此这也助长了一些女性团伙犯罪。这些组织多以强迫组织妇女卖淫、诈骗、拐卖妇女儿童为主。

（四）女性罪犯在心理方面的主要特点

1. 个性心理特征

（1）需要。需要是指人的生理平衡和社会要求在人脑中的反应。根据马斯洛理论，人的需要从低级到高级依次可分为生理需要、安全需要、社交需要、尊重需要和自我实现需要。不同层次的需要将对应不同的犯罪形态，女性在各个层次依次表现为：性欲的畸形发展；因受遗弃、虐待而产生的攻击行为；为获得归属感而从事犯罪活动；因得不到尊重而实施的报复行为；畸形的自我实现而实施的行为。

（2）动机。动机是在需要的基础上产生的，是指引起某种活动以满足意志和愿望。

（3）能力。由于男性和女性在能力上的区别主要体现在体力上，因此女性犯罪主要选择侵犯财产犯罪、性犯罪等。在手段上则多采用非暴力，如欺诈等。

（4）性格。性格是指"个体在生活过程中形成的，对现实稳固的态度以及与之相适应的习惯了的行为方式方面的个性心理特征"。

2. 意志特征

（1）意志受情绪影响大，带有明显的情绪色彩，暴力倾向的女性犯罪显著体现了该特征，这种类型的女性罪犯往往是因为情绪的巨大落差而影响其意志，使其失去了原有的坚定意志，从而实施犯罪行为。

（2）意志力薄弱，行为易受他人的暗示，大多数女性罪犯起初往往没有犯罪的意图，而是在受到环境影响或者他人暗示的情况下实施的。例如许多卖淫者，他们通常是看到其他女性物质富足，或者在生活上被暗示，再加上本身意志薄弱而走上了卖淫的道路。

3. 认识特征

女性的形象思维发达，导致女性倾向于从表面层次解决问题，如女性走上卖淫的道路，为了逃避家庭暴力而直接杀死施暴者，为了满足自己的嫉妒心而加害被嫉妒者等。

4. 情绪情感特征

（1）女性情感细腻丰富，由于这种情感特征，常会因为细小琐碎的事情而感到受伤，这样较容易引起女性的犯罪动机。

（2）女性情绪波动大，自我调节能力较差，当女性受挫或遇到伤害后，往往会产生较大的情绪波动，而且无法进行有效的自我调节。

二、女性罪犯的犯罪原因

（一）社会因素

商品经济发展中的消极因素影响。在商品经济发展的过程中，产生的一些消极因素客观上刺激和促进了女性犯罪，如拜金主义、高消费观、讲究吃穿、享乐主义和性自由、性开放等思想。根据针对女性犯罪的类型调查可知，财产犯罪和性犯罪是最高的两种类型，二者合计占女性犯罪总数的70%以上。同时，诸如"男尊女卑"等封建思想的存在，也导致一些女性在家庭、学校还有工作场合中受到歧视，这也容易成为诱发女性犯罪的动因。

（二）家庭因素

（1）家庭教育因素。家庭教育对女性起着不容忽视的作用，直接影响着一个人的人生观、价值观和生活方式等方方面面。而有些家庭对女性的家庭教育不够重视，特别是在农村和一些贫困地区，很多女性因过早辍学而步入社会，极易受到社会的不良影响。

（2）婚姻家庭因素。在婚姻家庭方面，女性婚后在经济上大多处于弱势地位，不得不依赖丈夫，这促使女性对男性的服从和忍耐。容易诱发诸如家庭暴力下的女性犯罪。

（三）心理因素

（1）女性的需要得不到满足，女性犯罪经常因为经济需要、精神需要、自尊需要得不到满足而犯罪，有的女性因为性的需要得不到满足而犯罪。

（2）女性的性格因素，其一女性情感波动大，很容易动感情，这使得女性犯罪者在激动的情况下容易实施突发型犯罪，其二是易被现象所迷惑，有时不能透过现象看本质，使其自身陷入错误判断及认识。

（四）导致女性犯罪的其他因素

（1）女性对法律的认识有待加强，根据对某监区的调查，某监区收押女性文盲罪犯有 65 人，占 27%，小学文化 34 人，占 14%，初中文化以上 139 人，占 58%，可见文化低与犯罪有很大的联系。

（2）女性价值观的偏差，某些女性的虚荣心导致其对物质的追求超过对精神的追求，再加上攀比的心理更助长了其畸形的消费观。

三、女性社区服刑人员的社区矫正措施

女性犯罪的原因主要有上述四个方面，我们应从这四个方面对其进行社区矫正，具体如下：

（一）树立其生活信心，加强与社会的接触，更好融入社会

社区矫正就是对服刑人员的再社会化，要杜绝女性服刑人员在犯罪的危险，首先要使她们感到她们不是社会的弃儿。所以，要提供尽可能多的机会让她们与社会接触，为所在社区作贡献，让她们感到她们的价值所在，树立她们重获新生的信心。

（二）加强其文化基础知识、形势政策和法律知识的学习

对一般女性罪犯而言，大部分是自身文化素质低下，法律意识淡薄而造成的，加强女性社区服刑人员的文化基本知识的学习，有利于其从正确的角度思考问题，加强对政策形势和法律知识的学习有利于女性社区服刑人员利用合法手段维护自己的权益，进而降低再犯罪的可能性。

（三）关注其心理问题，及时疏导解决

在接受社会化和再教育的过程中势必要与她们以前的观念形成冲突，这将不可避免地产生心理问题。在这一过程中，女性服刑人员大多存在焦虑、自责、愧疚、逃避等多种心态，以及面对"面目全非"生活时的恐慌和不适。因此，社区矫正中不可缺少的一步就是心理治疗和心理矫治。

（四）提高道德观念，帮助其树立正确的人生观和价值观

在物欲横流的社会，不少女性的人生观、价值观存在偏差，导致对事物的错误认识，如对金钱物质的过分追求，采取不正当的手段而走上了犯罪的

道路。提高道德观念，纠正女性犯罪人错误的人生观和价值观，有利于从根本上解决女性犯罪的问题。

根据女性犯罪特点及原因，采取适合女性的社区矫正措施，有利于女性从根本上完成社区矫正，也有利于女性犯罪者顺利回归社会。

论典型交易行为的性质

熊　洁*

（中国政法大学　北京 100088）

摘　要： 典型交易是指无须双方进行意思协商，仅需一方实施特定行为便可完成的交易行为。在典型交易中，行为人的意思表示蕴含其行为之内，应认为行为人具有意思表示的自由。因此，典型交易行为的法律性质应认定为格式合同，而非事实契约。在解释典型交易时亦不能机械套用格式合同的规定，因双方地位不平等而否定其作用。

关键词： 典型交易　事实契约　格式合同

实践中存在大量的典型交易行为，如坐公交车、在小卖部结账等。但典型交易行为的法律性质并非没有争议，有学者认为典型交易行为是一种事实契约，在双方交易过程中没有意思表示；也有学者认为典型交易行为本质上是一种为了交易便利而根据习惯形成的格式合同，具备民事行为的一切要件。对典型交易行为性质的不同认定，将直接影响司法实践中对典型交易行为效力的认定，因此本文将围绕两种主要的学说，进行探讨。

一、事实契约说评析

"事实契约"这一概念最早由德国的豪普特教授提出，豪普特教授在《论事实上的契约关系》一书中指出，并非所有的合同成立都需要行为人的意思表示，行为人通过完成一定的事实行为也可以成立合同。换言之，行为人的

---

* 作者简介：熊洁（1980 年–）女，汉族，甘肃省天水市人，中国政法大学同等学力在读研究生，研究方向为民商经济法学。

意思表示并非必要条件。[1]

民法学界对于事实契约是否为合同一直存在争议，如著名法学家拉伦茨教授认为，意思表示非民事行为所必须，社会生活中存在大量的典型交易行为都属于事实契约，如乘坐公交车、在停车场停车。此时，合同双方完成了交易，但完全没有意思表示。[2]但大部分学者对此持否定态度，认为意思表示是成立契约的基础，事实契约是一个伪命题，很多典型交易行为并非没有意思表示，只不过意思表示被隐含在具体行为中。例如在网络购物平台进行购物，销售方通过广告发出要约，购买方将商品放入购物车并提交就是承诺，由此构成买卖合同。还有些典型交易，因要约、承诺的缔结方式与传统契约理论不符，被认为行为人无意思表示，例如乘坐公交、停车场停车等。[3]本文认为这类典型交易将意思表示通过具体行为表示出来，是将负担行为与处分行为合二为一，通过"意思的实现"来成立合同。若因要约、承诺的缔结方式与传统契约理论不符产生形式瑕疵，当"无效的法律后果与诚实信用原则不相符"时，合同也应该被视为有效。[4]

以停车场停车为例，停车场门口一般会有"停车一小时五元，自助缴费"的标价牌，可视作是停车场对不特定公众发出的要约。当驾驶员开车进入停车场时，即视为同意，是对要约的承诺。当车主结束停车，并自助缴费后，便可认为双方根据合意达成的合同履行完毕。此处的意思表示既非不真实又非不自由，不存在意思表示瑕疵，应视为双方真实意思表示。[5]虽然上述例子中，车主与停车场的老板未进行协商，也未签订任何合同，但是其意思表示蕴含在其履行行为中。车主停车设定的权利和停车场履行承载义务之间有着直接的联系，因此车主停车和缴费的行为应该认为具有受领和处分的双重作用，否则将违背诚实信用原则。由此可见典型交易并非没有意思表示，而是由于交易行为的要式性和交易定型化，交易双方将合意过程简化了，因此

　　[1]　参见王泽鉴：《民法学说与判例研究：重排合订本》，北京大学出版社 2015 年版。
　　[2]　参见朱庆育：《意思表示解释理论——精神科学视域中的私法推理理论》，中国政法大学出版社 2004 年版。
　　[3]　参见邵建东编著：《德国民法总则典型判例 17 则评析》，南京大学出版社 2004 年版。
　　[4]　参见《民法总则立法背景与观点全集》编写组编：《民法总则立法背景与观点全集》，法律出版社 2017 年版。
　　[5]　参见王泽鉴：《民法总则》，北京大学出版社 2016 年版。

典型交易缔结的并非事实契约。

事实契约谬误的根本原因在于忽略了意思表示既包括明示的意思表示，也包括默示的意思表示。正是由于典型交易行为的常见性，在社会层面已经形成了一定共识，有一定社会阅历者都能理解特定行为背后蕴含的意思表示，可视作是一种默示的意思表示，而这种默示的意思表示由于被广泛认可，因此具有普遍适用性。

二、格式合同说评析

格式条款是当事人为了重复使用而预先拟定，并在订立合同时未与对方协商的条款。由格式条款构成的合同被称为格式合同。典型交易行为是否构成格式合同，民法学界也存在争议，大部分学者认可典型交易行为是格式合同，可按照格式合同的规定进行处理，但也有学者认为某些典型交易，例如网上购物，消费者根本没有选择的余地，其意思自治无法得到尊重，不存在意思表示，不能构成合同。[1]本文并不认可这种观点，因为典型交易中行为人有选择的自由，也有明确的意思表示。只不过在典型交易中，行为人是有意思表示的，交易的某些部分被抽象出来，行为人只需简单地作出接受或者放弃的意思表示即可完成，事实上在大多数合同缔结过程中，人们的选择最终都可以归结为接受或放弃两种。当行为人面对陌生事物时，可能需要通过彼此的沟通交流才能作出选择，但是面对已广为接受的事件就不再需要探讨而是直接作出选择。

依然以停车场停车为例，毫无疑问停车场居于优势地位，其与车主之间订立的便是完全由停车场设立且不允许更改的格式合同。车主即使想与停车场讲价，停车场一般也不会同意。但车主并非完全没有自主选择权，车主既可以选择停在别的停车场，也可以直接停在路边，只不过车主在进行经济衡量后，认为停在别的停车场虽然便宜，但是路程过于遥远；停在路边虽然不用交钱，但有可能面临行政罚款，因此停在停车场仍然是最优解。而后，其通过停车的行为将该意思表示出来。

将典型交易行为认定为格式合同后，便需要思考典型交易行为与一般的格式合同在适用上是否有所不同，即制定合同的一方是否一定为优势方，其

---

[1] 参见郑玉波：《民法总则》，三民书局 1979 年版。

是否需要履行《民法典》第 496 条规定的义务：采取合理的方式提示对方注意免除或者减轻其责任等与对方有重大利害关系的条款，按照对方的要求，对该条款予以说明。提供格式条款的一方未履行提示或者说明义务，致使对方没有注意或者理解与其有重大利害关系的条款的，对方可以主张该条款不成为合同的内容。

笔者认为，格式合同双方普遍具有不平等地位，不能否认确有商家以此免除责任，侵害消费者权利，但大多数格式合同是为了弥补合同双方地位的不平等而制定的，不能轻易否认其作用。例如房地产公司提供购房合同，购房者只有接受或拒绝的权利，但不能据此认为该合同极大地损害了购房者权益。由购房者维权之艰难可知，当双方实力悬殊时，平等协商未必对弱者有利。事实上，很多格式合同并非完全由强势一方制定，还要受到行政部门以及消费者协会等组织的监管，例如在网购过程中，《消费者权益保护法》要求所有电子商务经营者都要履行 7 天无理由退货的义务，除非其出售的商品或服务具有特殊性，并且将此种义务写入格式合同中，商家只能承诺更高的自身义务，如 14 天无理由退货，而不能削减自身义务。

三、结论

随着信息技术的发展，网民群体不断增加，线上交易所占份额越来越高，尤其是新冠肺炎疫情发生后，管控期间，线上交易的份额远超线下交易。在此背景下，典型交易行为的具体类型也在发生变化，但不论如何，只要在社会范围内就某一行为背后蕴含的意思表示达成共识，便可认为该典型交易行为为格式合同，适用格式合同的相关规定。

混合担保中担保人追偿权证立研究

吉海莲*

（中国政法大学　北京 100088）

摘　要：担保是保障债权实现的手段。混合担保中担保人之间的法律关系与连带债务人基本相同，仅在"每个债务人都负担实现全部给付的义务"这一构成要件上与连带债务人存在不一致的情况。关于混合担保情形下担保人之间的内部追偿问题，法律并未有明确规定。对此，本文通过对《民法典》第 468 条、第 547 条以及第 700 条的体系解释和类推适用，得出混合担保中担保人之间内部追偿权的正当性。

关键词：混合担保　追偿权　连带债务　代位权

本文所论述的混合担保是指债权人既要求债务人或者第三人提供物的担保，又要求第三人提供保证担保的情形，即人保与物保并存于同一债权。

一、混合担保中担保人内部追偿权的理论梳理

混合担保中，担保人承担担保责任后，向债务人追偿的权利被称为外部追偿权。与此相对应，担保人承担担保责任后，就超出责任比例份额的部分向其他担保人追偿的权利即为内部追偿权。[1]对于担保人内部追偿权的合理性与可行性问题，学界存在两种不同的观点：

有学者对此持肯定态度，主要理由如下：

首先，虽然《民法典》第 392 条并未规定担保人之间内部追偿权，但并

---

* 作者简介：吉海莲（1978 年-），女，汉族，北京市人，中国政法大学同等学力在读研究生，研究方向为民商法学。

〔1〕 汪洋："共同担保中的推定规则与意思自治空间"，载《环球法律评论》2018 年第 5 期。

不意味着对此表示否定。通过对《民法典》第700条进行体系解释，即保证人向债务人追偿时，享有债权人对债务人的权利，可以看出该条的规定蕴含着对担保人内部追偿权的肯定。其次，连带债务理论或代位权理论也可为担保人之间的求偿关系提供合理性依据。再次，担保人分担风险，没有超过担保人提供担保时的预期，反而更加契合公平及诚实信用原则的要求。最后，从效率角度看，承认内部追偿权有利于避免道德风险，降低担保人之间另行约定的交易成本。

与此同时，也有许多学者基于以下原因，对担保人之间的追偿权持反对态度：

首先，相关法律实际上否认了担保人之间的内部追偿权，仅肯定了"事先约定"和"在同一份合同书上为意思表示"两个例外情况。[1]其次，有些学者认为担保人间的求偿关系没有法理支撑。同时，认为担保人之间的求偿关系不符合当事人的真实意思。

二、混合担保中担保人内部追偿权的司法实践考察

关于混合担保中担保人的内部求偿权问题，实务中裁判态度不一，主要体现在对法律的解释及对公平原则的适用两个方面。

（一）在法律解释方面

一些司法裁判认为立法对于担保人之间追偿权的沉默实际上是对其合理性的否定，结合目的和宗旨来看，立法本意对内部追偿权持否定态度。但有些判例则认为立法对内部追偿权的沉默并不意味着对此的否定，并在裁判中肯定了担保人之间的内部追偿权。最高人民法院在相关判例中则认为承担了保证责任的担保人对其他担保人的追偿属于债法范畴，不在《物权法》（已失效）的调整范围之内。[2]

（二）在公平原则的适用方面

司法裁判中对公平原则的争论焦点在于：有些裁判认为混合担保中担保人以其全部责任财产为主债务的履行提供的担保，没有超过自愿担保的范围，

---

〔1〕 彭诚信、吴越："混合担保人内部追偿权否定论证成——兼评'民法典担保制度解释'第13条"，载《南京社会科学》2021年第7期。
〔2〕 最高人民法院〔2017〕最高法民再137号民事判决书。

不存在不符合公平原则的情况；但有些裁判则主张，某一担保人独自承担担保责任后，其他担保人则无须承担其担保责任，在此情况下担保人向其他担保人请求分担责任并没有加重任何一方的责任，符合公平原则。

三、混合担保中担保人内部追偿权的合法性证成

（一）基于对连带债务理论的分析

（1）连带债务的认定。我国《民法典》第178条和第518条分别规定了连带责任和连带债务，但规定较为概括和抽象。参照《德国民法典》第421条的规定并结合学界关于连带债务的理论研究，本文认为，连带债务应包含以下构成要素：①多个债务人向同一债权人负担"同一给付"；②每个债务人都负担实现全部给付的义务；③各债务人负担的义务属于同一层次。

（2）混合担保中担保人之间的关系与连带债务的共性与区别。首先，混合担保中担保人之间的给付构成"同一给付"。对此，有学者认为保证人负担的是债务，物保人负担的是责任，因此认为，"给付"不具有同一性。保证人承担既包括履行自身债务，又负担所担保主债务的担保责任。同时混合担保中，物保人也需承担给付义务，无论是抵押还是质押，均需要物保人履行交付或办理登记的义务，在物保成立之前，债权人与物保人之间始终存在债务，物保成立之后，债务人不履行债务时，债权人可直接就担保物优先受偿，而无须借助物保人的履行。

综上所述，无论从"债务"还是从"责任"的角度看，混合担保中担保人之间的"给付"都具有同一性，因此通过主张债权人对于保证人享有的是债权，而对于物保人享有的是物上请求权，进而推论给付不具有同一性是牵强的。实践中，大多数情况下并不区分连带债务和连带责任，认为连带责任就是连带债务。同时就担保的功能而言，认为物的担保与人的担保具有等效性。[1]

混合担保中并非每个担保人均负实现全部给付的义务，但都应确保债权的实现。有学者也认为鉴于保证有一般保证与连带保证之分，物保也存在担保范围的差异，因此无法认为各担保人均对债权人负有全部给付的义务。这与连带债务存在差异。这主要是因为对"负实现全部给付义务"的理解不同，

---

[1] 薛军："论'提供担保'义务的履行规则"，载《法学》2006年第4期。

笔者认为，在各担保人没有约定担保责任时，依据《民法典》第 392 条，债权人可以任意选择担保来实现债权，这就意味着所有担保人都要对债权人的全部债权承担担保责任。

此外，连带债务中要求各债务人所负担的债务必须是同一层次的，与此相同的混合担保中每个担保人负担的义务也属于同一层次。同一层次是指，如果某一债务人所负担的是从属债务，即其与主债务人的债务不构成连带债务，例如连带保证人和主债务人不构成连带债务关系。在混合担保中，数个担保人，不论是保证人还是物保人均负担从属性的债务，因此担保人之间负担的义务属于同一层次。

（3）连带债务理论对混合担保中担保人的追偿权的证成。

第一，连带债务发生的法定性不足以否认内部追偿权的证立。连带债务的发生通常以法律规定或者当事人有明示的意思表示为前提，我国《民法典》第 178 条第 3 款亦有此规定。就混合担保而言，现行法律没有明文规定担保人之间的连带关系，但并不能因此否定内部追偿权的合法性。首先，成立连带债务必须法定或明确约定不是通例，德国法律就允许推定连带债务，同时不允许推定连带债务成立的国家也多规定混合担保中担保人之间的关系适用连带债务的规定。其次，连带债务法定的本意是保护债务人，混合担保中，担保人之间的连带关系不仅不损害担保人的利益，反而会有利于分散风险。因此，连带债务发生的法定性不足以否认内部追偿权的证立。

第二，混合担保中担保人之间的关系可类推适用连带债务的规定。通过对上述连带债务构成要件的分析，混合担保中担保人之间的关系仅在第二个构成要件存在差异，但本文认为连带之债侧重点并非"负担全部给付的义务"而是"确保债权的实现"，而担保人正是承担着这样的使命。从实际的法律效果看，无论哪个向债权人承担了担保责任，对其他担保人的效力也都是绝对的，即债权人无权就已经受偿的部分要求其他担保人继续承担担保责任。这种效果与连带债务的法律效果具有高度的一致性。因此，有学者认为混合担保的担保人成立担保之连带，故混合担保中担保人间的关系可以类推适用连带债务的规定。

（二）基于代位权理论的分析

（1）代位权理论的含义。担保人的"代位权"或者"承受权"，是指担保人清偿债务之后，在债权人受偿的限度内享有债权人对债务人的权利，如担保物权等。换言之，担保人承担担保责任后，相当于原来债权人，自然享有原债权的担保。这属于债权地位的法定转移，进而可以推论担保人之间的内部追偿权的合法性。[1]

（2）类推适用《民法典》第 700 条成立内部追偿权。《民法典》第 700 条规定保证人向债务人追偿时，债权人对债务人的权利法定移转于保证人。根据前述关于连带债务的分析，共同保证构成连带债务，可以适用《民法典》第 519 条之连带债务的追偿规则。同时，基于前文分析，混合担保中担保人之间的关系类似于连带债务的连带担保关系，可以类推适用《民法典》第 519 条之规定。

因此，基于对连带债务理论和代位权理论的分析，梳理混合担保中担保人之间的关系，以及对《民法典》相关规定的体系解释，可以证立混合担保中担保人的内部追偿权的合法性。

---

[1] 程啸："混合共同担保中担保人的追偿权与代位权——对《物权法》第 176 条的理解"，载《政治与法律》2014 年第 6 期。

反向刺破公司面纱制度研究

卢　薇*

（中国政法大学　北京 100088）

摘　要：刺破公司面纱制度是司法中较为常用的为保证债权人权益，而请求股东为公司或公司为股东承担连带清偿责任的方式。与此同时，司法实践中逐渐形成了一种反向刺破公司面纱制度，而其又衍化出了内部人与外部人反向刺破公司面纱两种方式，其中最为关键的是公司人格否认。但是实践中，该制度的适用却面临着许多困境，因此，本文通过梳理反向刺破公司面纱制度的发展和内涵，分析该制度适用中面临的司法困境，并尝试提出解决方案。

关键词：内部人　外部人　刺破公司面纱　反向刺破　人格否认

一、绪论

在经济下行周期中，许多企业因资金链断裂导致企业进入破产程序，债务危机持续爆发。在此情况下，司法重整在化解债务危机、解决社会问题中发挥着举足轻重的作用。本文以反向刺破公司面纱制度为研究对象，旨在为债权人债权的实现提供新思路。

刺破公司面纱制度旨在有效防止股东滥用职权，逃避法律义务和债务，进而导致一系列损失。随着公司规模扩张，关联公司中人格混同的现象屡见不鲜。虽然在《公司法》第 20 条第 3 款中肯定了公司法人人格否认制度，但

---

　* 作者简介：卢薇（1990 年–），女，汉族，福建省龙岩市人，中国政法大学同等学力在读研究生，研究方向为公司法学。

在司法适用中仍面临许多困境，具体表现在举证责任的分配以及证据收集等方面。

二、刺破公司面纱制度概述

（一）刺破公司面纱制度

《公司法》的相关规定肯定了公司人格独立原则，意味着公司财产和股东财产的分离。在司法实践中，当公司没有偿还能力时，可以通过适用刺破公司面纱制度，使股东或关联公司承担连带清偿责任，进而保障债权人的合法利益。

如何否认公司人格成为适用刺破公司面纱制度的关键。在《全国法院民商事审判工作会议纪要》中主要列举了以下三种方式：

（1）人格混同。最基本的判断标准为公司是否具有独立意思和独立财产。

（2）过度支配与控制。公司实际控制人或相关股东对公司过度支配与控制，使其企业完全丧失独立性。[1]

（3）资本显著不足。其法理依据是股东实际投入与公司当前经营的风险不匹配。同时，基于刑法中，单位犯罪的惩罚方式仅适用罚金，因此，对单位刑罚的适用取决于其自身财产是否足够承担刑事责任。

在司法实践中，当债权人发现公司存在上述情况时，可以请求该公司股东为公司债务承担连带清偿责任，即为"刺破公司面纱"。

（二）反向刺破公司面纱制度的起源与发展

在司法实践中，如果债权人能够证明公司存在被实控人过度支配的情况，不仅可以请求实控人履行债权，还可以"反向"穿透式刺破实控人控制的其他公司，揭开公司面纱，进而为债权人追索债权增加更多追索主体。在此情况下，债权人要求将债务人与其关联公司视为同一整体，进而使公司对该股东个人债务承担责任。这种刺破公司面纱与传统方式截然不同，因此被称为反向刺破公司面纱。[2]

---

〔1〕 这是《全国法院民商事审判工作会议纪要》中相对核心的条款，也是反向刺破公司面纱的主要依据。

〔2〕 杜麒麟："反向刺破公司面纱的制度构建与适用"，载《法学评论》2016年第6期。

三、反向刺破公司面纱的基本方式及适用

（一）内部人与外部人反向刺破

有学者提出，反向刺破依其方式不同，可以划分为两个类别：其一是公司特定股东主动要求刺破公司面纱，即称为内部人反向刺破公司面纱；其二是该股东的债权人提出要求刺破公司面纱，此为外部人反向刺破公司面纱。[1]通过对相关理论和实践的梳理，可以发现，无论是出于债权人的要求动机还是其否认公司人格的目的，外部人反向刺破公司面纱的方式更容易被接受。[2]

反向刺破公司面纱制度是传统刺破公司面纱制度的延伸，用于确保法律关系的实质优先于形式，从而防止法人滥用其企业的独立人格和有限责任，进而保障债权人的合法权益。在内部人反向刺破公司面纱情境下，主要是基于内部人采用何种恰当的方式进而最大程度抵御有限责任带来的风险；而在外部人反向刺破公司面纱的情境下，则是对公司债权人或无过错股东预期的颠覆。因此，反向刺破公司面纱的适用应受到合理限制，同时在适用时应注意各方利益的平衡。

（二）司法实践对内部人反向刺破制度的推动

有学者认为，1985 年美国明尼苏达州终审判决的 Cargill 案[3]充分援引了 1981 年的 Roepke 案关于反向刺破公司面纱的论述，进一步承认了内部人反向刺破公司面纱原则的法律地位，并扩大了其适用范围。[4]该案中，法院首先认为被告符合公司的法律形式，同时指出 Hedge 一家与农场的日常运营有着紧密的联系，实质上构成 Hedge 一家的"另一自我"。农场是 Hedge 家的住所，因此并不存在经营场地的租约，同时 A. Hedge 是农场唯一股东。该案判决中援引 Roepke 案，[5]进一步肯定了内部人反向刺破案件中的"同一性程度"标准的重要性，本案中 Hedge 一家既需履行自身债务，又需承担对债权

---

〔1〕 陈林、贾宏斌："反向刺破公司面纱——公司法人格否认规则的扩张适用"，载《人民司法》2010 年第 14 期。

〔2〕 潘勇锋："何时能适用反向揭开公司面纱：抚顺工行与铝业公司、抚顺铝厂借款合同纠纷案"，载《法制日报》2009 年 6 月 15 日。

〔3〕 Cargill, Inc. v. Hedge, 363 N. W. 2d 315（Minn 1985）.

〔4〕 杜麒麟："反向刺破公司面纱制度的类型构建"，载《河南财经政法大学学报》2016 年第 1 期。

〔5〕 Beverly Roepke v. Western National Mutual Insurance Co., 302N, W, 2d 350（Minn 1981）.

人的责任。法院尽管承认刺破公司面纱将对债权人的原告 Cargill 公司造成负担，但仍准许了被告 Hedge 一家的刺破请求，其缘由归结于原告对被告的交易预期本就是对被告的个人身份赊销，并不知晓其农场公司的存在。相比于 Roepke 案，此案拥有更为清晰的政策性理由支持反向刺破公司面纱，法院以此进一步推进该州宅地豁免立法目的的实现。

（三）反向刺破公司面纱制度的适用

关于反向刺破的构成要件，许多学者倾向于采用三要件分析框架，即"主体—行为—结果"，[1]以规范法官的分析方式和提高法院裁判的可预测性。这一分析框架修正了被股东破坏的公司秩序，使得外部人反向刺破公司面纱和传统正向刺破公司面纱的基本理念更易被接受，因而具有一定的合理性。外部人反向刺破侧重于对行为要件的考量。在司法实践中，较之传统刺破公司面纱，适用外部人反向刺破公司面纱的行为样态相对贫瘠，因此，对于其适用条件具有更为严格的标准。[2]

内部人反向刺破公司面纱实际上倾向于保护公司或股东的权益，而非债权人的利益，从某种程度上可能使债权人的利益受到损害。[3]因此，尽管内部人反向刺破公司面纱打破了常规刺破公司面纱方式用于约束股东滥用公司独立人格和股东有限责任的理念，但是法院在适用时仍持谨慎态度，依然偏向坚持传统刺破公司面纱的方式，实践中尚未有内部人以反向刺破公司面纱的方式获得司法支持。对此，本文认为，内部人反向刺破公司面纱的结果要件是法官裁判是首要考量因素，也是法官自由心证过程中不可或缺的一部分。因此，在严格限制其适用条件的前提下，可以适当对内部人反向刺破公司面纱方式进行适用。

四、反向刺破公司面纱制度的完善建议

在反向刺破公司面纱的过程中，面临着举证责任分配及证据收集方面的

---

〔1〕 林承铎、胡兵："内部人反向刺破公司面纱的构成要件研究"，载《浙江大学学报（人文社会科学版）》2017 年第 5 期。

〔2〕 林承铎、胡兵："外部人反向刺破公司面纱的构成要件研究"，载《武汉理工大学学报（社会科学版）》2016 年第 5 期。

〔3〕 岳万兵："反向否认公司人格：价值、功用与制度构建"，载《国家检察官学报》2021 年第 6 期。

困境。对此，就证据收集来讲，本文认为可以从关联公司的认定角度进行突破，并且应当对放宽关联企业的界定（无论是直接还是间接控制）。具体可以从以下三个方面进行证据收集：

首先，核查企业资产。可以通过参考政府公开信息，排查公司的有形和无形资产。其中有形资产如场地、设备、库存等较为明显，而无形资产，如商誉、专利、版权、资质等往往易被忽视，可以通过国家政府的互联网公示信息平台进行取证。

其次，核查企业员工。员工作为公司的重要生产力也被视为一项举足轻重的资产。可以通过对员工社交媒体内容或其情绪的分析，把握其与公司的关系，进而获取有关公司异常或是否存在其他关联公司等信息。

最后，核查企业客户。通过股份公司公示的招股说明书、法律意见书、自主对外披露的财务报表等文书，追寻公司重要客户名单，分析是否存在关联公司的利益输送。

证据的收集是刺破公司面纱案件的难点，但随着科技的发展，充分运用电子等新型取证手段收集线索和证据，有策略地维权和追偿是未来不可或缺的手段之一。

横向法人人格否认制度研究

林建文 *

（中国政法大学　北京 100088）

摘　要：我国自 2005 年修订《公司法》后，正式确立了法人独立人格制度和股东有限责任原则，但在目前日益发达的市场经济环境下，仍然存在股东滥用法人独立人格和公司有限责任原则非法获利、逃避债务等违背市场公平原则的行为，严重损害了债权人合法权益和公共利益，也不利于维持稳定的经济秩序。对此，我国在 2013 年修正的《公司法》中对此类行为加以规范，以保证市场经济中个人或企业的主体利益，达到维护市场经济秩序良好发展的目的。但由于我国对于法人人格否认制度的研究起步较晚，在实践过程中该制度的适用仍存在许多问题，有待进一步解决和完善。本文以法人人格否认制度为论证对象，分析目前该制度在我国的发展现状以及存在的问题，进而提出完善建议和思考。

关键词：法人人格否认制度　横向法人人格否认制度　人格混同

一、法人人格否认制度的内涵

法人人格否认制度起源于 19 世纪末的美国，之后在英法美等发达国家进一步完善并形成了较为成熟的法律体系，又被称为"揭开公司面纱"制度。该制度是在 1897 年萨洛蒙诉萨洛蒙有限公司一案中确立的，是指在特定情况下，当公司法人独立人格和有限责任在市场经济发展下对所属债权人或社会

＊ 作者简介：林建文（1996 年-），男，汉族，河南省开封市人，中国政法大学同等学力在读研究生，研究方向为民商法学。

大众带来不公平和权益损害时，法律可以不考虑公司有限责任的特性，直接让其背后真正的股东承担责任。[1]

二、我国法人人格制度的确立和发展

第一次工业革命，极大地推动了世界经济发展的进程，在各类经济领域快速发展的同时，诞生了公司和法人制度，为公司的发展提供了动力和保障。《公司法》对公司各项活动作出了规范，也确立了法人人格制度，规定了在从事经济活动时法人和股东只承担部分所属责任，但并未就公司股东滥用法人人格独立地位，从事违法活动，损害债权人利益，从而危害公平正义的情况进行规范。法人人格制度的产生不仅用于约束其有限责任，还应致力于维护市场的公平公正，进而促进社会经济良好发展。

三、我国公司法人人格否认制度的确立和发展

20世纪末以来，随着市场经济的发展，为了进一步规范市场行为，适应国内经济发展需要，经过不断修改和完善，最终《公司法》第20条确立了公司法人人格否认制度，该条规定："公司股东应当遵守法律、行政法规和公司章程，依法行使股东权利……不得滥用公司法人独立地位和股东有限责任损害公司债权人的利益。……公司股东滥用公司法人独立地位和股东有限责任，逃避债务，严重损害公司债权人利益的，应当对公司债务承担连带责任。"但是在实践中，企业主体和股东普遍存在滥用权利、侵犯他人或共同财产的行为，使得企业无法严格分割个人财产和公司财产，进而使企业的债务能力降低，不利于保障债权人的利益。通过对相关案件的梳理，可以发现世界范围内适用公司法人人格否认制度的案件中我国占比近6成，较发达国家适用率更高。[2]为此，我国法律完善了对此类情况的相关规范，为各方面利益提供了有效的法律保障，但在实施方面仍存在许多问题亟待解决。

四、我国公司法人人格否认制度存在的问题及原因分析

在立法初期，我国法律对人格否认制度作了原则性规定，禁止企业组成

---

〔1〕 参见朱慈蕴：《公司法人格否认制度理论与实践》，人民法院出版社2009年版。
〔2〕 黄辉："中国公司法人格否认制度实证研究"，载《法学研究》2012年第1期。

人员或股东滥用人格独立制度，使用违法手段或行为侵犯债权人或股东的利益，否则应承担相应责任。这一制度在一定程度上有利于维护债权人的利益，但是基于我国市场经济的复杂性，许多企业在实际债权利益受损时仍无法适用此项制度，凸显了该制度在适用上存在的缺陷。此外，我国《公司法》中规定的公司法人人格制度，缺乏对公司法人滥用权利、损害债权人权益时的责任承担规范，更加凸显了该制度的局限性。[1]

实践中，我国法人人格否认制度主要适用于以下几种情形：

首先，公司虚构注册资本。2018 年修正的《公司法》放宽了注册资本登记条件取消了最低注册资本的规定。虽然在实际运用过程中，法人人格否认制度较少适用于注册资本不足的情况，但仍存在公司股东结合其他滥用公司独立人格地位，虚构注册资本，侵害公司和债权人权利的情况。主要表现为公司法人在成立公司时虚假出资，导致注册资本与实际资本严重不符，或公司成立以后逃避出资，造成公司规模和隐含的风险与需要资本所承担的风险明显不符的情况下，采取隐瞒注册资本或虚构注册资本的方式使债权人相信其有能力承担风险，进而达成交易，这种情况下，实际风险将由债权人承担，债权人利益难以得到保证。

其次，法人人格混同。公司法人人格混同主要存在以下几种情形：财产混同、公司和公司股东之间人格混同以及业务混同。公司法人人格独立的基础就是独立拥有自己的财产，公司人格混同将打破公司法人人格独立性，进而损害债权人的利益，也不利于市场经济的安全发展。在此情况下，可以适用法人人格否认制度对其不当行为进行规避。

最后，利用公司独立人格规避法律和合同义务。规避法律义务的行为主要是指股东将新成立的公司财产转移到其个人名下，造成财产混同。其目的是防止在公司运营期间财产被强制执行，进而逃避法律惩罚。公司规避合同义务的方式主要有：利用公司不作为、违背商业禁止行为以及要求股东和公司共同承担责任等情形。规避合同义务还表现为公司利用其独立人格刻意转移资产侵犯或欺诈债权人的权益，或者利用漏洞违规操作，抽逃资金、宣布破产等，进而隐瞒公司财务状况，逃避其应承担的法律责任和义务。对于规

---

[1] 郭玉坤、何苗："国外公司法人人格否认制度的理论与实践"，载《大连海事大学学报（社会科学版）》2007 年第 2 期。

避法律风险和合同义务的行为，适用法人人格否认制度可以让公司和股东承担相应的法律责任，进而约束股东的行为。

五、公司法人人格否认制度的完善

通过对比研究发现，国外大多数发达国家的公司法人人格否认制度，并未改变公司制度，而是在特殊情况下，为了保障公司独立人格不被滥用，避免不公正的结果而否认公司股东的有限责任。结合我国目前发展现状，公司法人人格否认制度的适用仍需进一步完善。首先，要在承认法人人格独立和实际出资人有限责任的前提下，适用公司法人人格否认制度，以防止公司股东滥用法人人格独立地位，实施损害债权人权益的行为。在具体适用过程中，可以明确责任主体的范围，对公司的法人、股东、实际投资人等进行约束，在出现利用公司法人人格独立地位谋取利益伤害债权人权益时，追究其责任。其次，在现有法律规定的基础上，建议进一步扩大公司法人人格否认制度的适用范围，在实践中不断完善相关的法律法规，以对相关违法行为进行追究，进而保障债权人的合法权益，维护市场秩序的公平和稳定，规范公司在市场经济活动中的行为，进一步完善公司治理结构，健全公司法人人格制度，建立符合中国特色的经济法律制度。

待批准合同法律效力问题研究

曹　丹*

（中国政法大学　北京 100088）

摘　要：《民法典》对合同法律规范中待批准合同制度进行了修改与补充，不仅集中体现了理论及实务界近些年的研究成果，也从制度层面为待批准合同制度注入了新的活力。本文以旧法律规范中待批准生效合同为落脚点，梳理旧规范中的不同理论观点及存在的问题。

关键词：行政审批　待批准合同　有效合同

一、绪论

合同是当事人依据自主意思决定是否产生、变更、消灭民事法律关系的协议，其存在基础在于当事人的意思自治。但是某些特定合同，不仅涉及合同双方当事人的利益，也可能会影响社会公众乃至国家的利益，为此，我国法律对这类合同设置了行政审批等特别生效要件，不符合该要件，则会对合同效力产生影响。

（一）相关法律规定

关于该类合同法律效力问题的规定主要体现在以下法律规范中：首先，《合同法》（已失效）第44条规定："依法成立的合同，自成立时生效。法律、行政法规规定应当办理批准、登记等手续生效的，依照其规定。"最高人民法院《关于适用〈中华人民共和国合同法〉若干问题的解释（一）》（已失效）

---

* 作者简介：曹丹（1985年-），女，汉族，河北省保定市人，中国政法大学同等学力在读研究生，研究方向为民商法学。

第9条也规定："依照合同法第四十四条第二款的规定，法律、行政法规规定合同应当办理批准手续，或者办理批准、登记等手续才生效，在一审法庭辩论终结前当事人仍未办理批准手续的，或者仍未办理批准、登记等手续的，人民法院应当认定该合同未生效；法律、行政法规规定合同应当办理登记手续，但未规定登记后生效的，当事人未办理登记手续不影响合同的效力，合同标的物所有权及其他物权不能转移。"

通过梳理相关法律规定可以发现，《合同法》及其司法解释中，并未就待审批合同的效力问题予以明确规定，司法实践中，关于这类合同的效力认定也一直存在争议。[1]基于此，外商投资企业法对待批准合同作出了特殊规定，体现在最高人民法院《关于审理外商投资企业纠纷案件若干问题的规定（一）》（2020 年修正）第 1 条第 2 款的规定中，即"合同因未经批准而被认定未生效的，不影响合同中当事人履行报批义务条款及因该报批义务而设定的相关条款的效力。"即规定批准生效的，自批准之后才生效，未批准的则是未生效，而不应当认定为无效，当事人可以通过补充批准手续让合同发生效力。该项规定对外商投资中待批准合同的法律效力问题予以明确。

2021 年生效的《民法典》在肯定上述规定的同时，对待批准合同的效力问题也作出了一般规定，表现为第 502 条规定："依法成立的合同，自成立时生效，但是法律另有规定或当事人另有约定的除外。依照法律、行政法规的规定，合同应当办理批准等手续的，依照其规定。未办理批准等手续影响合同生效的，不影响合同中履行报批等义务条款以及相关条款的效力。应当办理申请审批等手续的当事人未履行义务的，对方可以请求其承担违反该义务的责任。依照法律、行政法规的规定，合同的变更、转让、解除等情形应当办理审批等手续的，适用前款规定。"

（二）行政审批与合同效力绑定的影响

从合同效力角度来看，合同最基本的特性是当事人的意思自治，行政审批是国家行政机关行使行政职权的具体方式，将行政审批与合同效力相绑定意味着当事人自主成立合同的意思表示受到国家行政机关的限制与约束。根据法律规定，合同在未办理批准、登记等手续时，处于未生效而非无效状态。

---

〔1〕朱广新："合同未办理法定批准手续时的效力——对《中华人民共和国合同法》第 44 条第 2 款及相关规定的解释"，载《法商研究》2015 年第 6 期。

无效是绝对的合同无效且并不能采取其他任何手段而使之有效，而未生效是指合同已经成立，但还未发生法律效力，需要当事人采取一定的行为弥补其效力瑕疵才能使这种未生效状态转化成有效状态。关于无效和未生效的界分问题，法律规定违反法律、行政法规效力性强制性规定的合同无效，即违反效力性强制性规定直接导致合同无效而非未生效的法律后果。但是法律、行政法规规定办理批准手续才生效的合同自办理相关手续时生效，否则认定为未生效。可见两种效力判断标准存在于同一法律体系，这表明司法机关在行政审批法律规范中对违反效力性强制性规定则无效的规范进行了变更或特别处理，这种变更是行政审批逻辑所必须的，在批准之前合同一直处于已经成立但未生效的状态，并未进入有效状态，而违反效力性强制性规定无效则是针对已经生效的合同。总体而言，法律关于合同未生效和无效的界分存在一定的模糊性。

从法律后果角度来看，当合同因未办理批准手续而未发生效力时，当事人一方享有要求相对方办理相关手续的权利，相对方也负有办理相关批准手续的义务。但是，该义务属于约定义务还是法定义务，以及不履行该义务时，所承担责任的是约定责任还是普遍责任、缔约过失责任还是违约责任、无过错责任还是过错责任，目前法律尚未明晰，有待进一步讨论。

二、关于待批准合同效力的相关理论

关于待批准合同的法律效力问题，学界看法不一，目前主要存在以下四种观点：

（一）缔约过失说

该学说的主要观点是违约责任以合同有效成立为前提，若合同未生效则该合同不能成为行为人承担违约责任的基础。在合同订立过程中，一方因违背其依据诚实信用原则所产生的义务，而导致另一方的信赖利益受损时，应承担损害赔偿责任，即为缔约过失责任。[1]缔约过失责任与违约责任相区别，前者为过错责任，后者为无过错责任。因此，如果批准生效合同适用缔约过失责任，则意味着当行为人不存在过错时，受损方的损失将无人承担。此外，缔约过失责任范围仅限于信赖利益损失，其范围明显小于受损方所遭受的实

---

〔1〕 孙维飞："《合同法》第 42 条（缔约过失责任）评注"，载《法学家》2018 年第 1 期。

际损失。因此，待批准合同适用该学说并不合理。

（二）效力过失责任说

持该观点的学者认为，批准、登记责任不是缔约过失责任，缔约过失责任适用于合同订立的动态过程，而合同批准是发生在合同已经成立但生效之前，因此将合同批准认定为缔约过失责任说的观点并不合理。此外，申请批准义务人由双方当事人在合同中约定，这种约定属于约定责任范畴，并非与缔约过失责任系属的法定责任。总之，效力过失责任说否定了将待批准合同登记责任划为缔约过失责任的观点。

（三）合同拘束力说

合同拘束力是指合同有效成立后，非因法定情况，任何一方当事人不得任意撤销或变更合同。合同拘束力区别于合同效力，是指合同成立后产生合同的法律拘束力，进而约束合同当事人之间的行为，但并不涉及合同的履行内容。因此，该学说认为申请合同批准则是合同成立后对当事人所产生的一种拘束力。

（四）有效合同说

有效合同说肯定了合同效力与合同履行相区分的原则，认为待批准合同在不具备其他效力瑕疵时成立即生效，而申请批准是合同生效之后才产生的义务，这种义务是约定义务而非法定义务。双方当事人可以在合同中约定履行报批义务的主体，以及约定未履行义务时所要承担的法律责任，此时报批义务为合同履行义务，法律责任为违约责任。这一界定可以有效避免缔约过失责任说中存在的逻辑问题。同时，相比于法定责任，将责任界定为约定责任更能体现意思自治原则，也能更好地保护受损方的利益。

通过对以上四种观点进行梳理和分析，可以发现，有效合同说能够弥补缔约过失责任所存在的逻辑漏洞，将债权行为与物权行为区分开来，通过限制批准手续与程序来达到控制物权行为的目的，不仅能够确定合同效力，也使申请批准行为更加体现当事人意志，激发申请批准程序应有的活力，避免了行政审批程序的僵化，因而更具合理性。

三、《民法典》对待批准合同效力的规定及评述

《民法典》第502条规定，只有当法律明确规定某类合同需要办理批准手续才生效时，批准才是该类合同的特别生效要件，而当法律没有特别规定，

仅强调需要办理批准手续而未指明该手续于合同效力的影响时，该批准程序并不是合同的特别生效要件。该条规定将待批准合同分为批准生效与纯批准两种类型，以此来纠正《关于适用〈中华人民共和国合同法〉若干问题的解释（一）》（已失效）的偏差。

就纯批准合同而言，批准仅仅是合同履行方式之一，并不影响合同效力，若一方不履行合同约定的报批义务，则应承担违约责任。

就批准生效合同而言，批准是该类合同的特别生效要件，在未办理批准手续之前，该合同处于未生效而非无效的状态。此时，应秉持"有效合同说"中的区分原则，将合同效力与报批条款的效力区别开来，当合同因未报批而未生效时，报批条款独立发生法律效力，即合同中报批义务条款及其相关条款独立生效，并不因为合同未生效而影响其效力，如果说没有履行该报批义务，按照前述的约定承担违约责任，没有约定的话则按照实际损害来进行赔偿。

《民法典》在《合同法》及其司法解释的基础上，进一步明确了待批准合同的法律性质和内涵。一般情况下，行政审批被视为是对当事人意思自治的约束，因此，为实现行政审批与意思自治的合理平衡，应当按照合同履行方式界定待批准合同的法律效力，即采取未批准不影响效力的纯合同方式。但是，实践中存在部分特殊商事活动需要采取区别于一般合同的严格行政审批制度，即批准生效制度，以实现对特殊行业进行商事限制的目的。这种针对特殊领域的区别规定，有利于更好地维护合同法律秩序。《民法典》针对该制度的完善，是对"合同特别生效要件"理论的发展，也适应了实务需要，也是全面落实依法治国、健全中国特色社会主义法治体系的生动体现。

有限公司股东会计账簿查阅权行使研究

刘天怀*

（中国政法大学　北京 100088）

摘　要：有限公司股东会计账簿查阅权是有限公司股东监督公司经营状况的重要保证。这一权利的行使，有助于落实有限公司股东对公司经营状况的监督权，进而保障股东的合法权益。但同时也存在股东利用会计账簿查阅权损害公司利益的情况，因此需要进一步明确该权利的具体行使规则及限制。

关键词：收益权　会计账簿查阅　监督权　不正当目的

一、有限公司股东行使会计账簿查阅权存在的问题

《公司法》第 33 条规定，有限公司股东主要可以通过两种方式行使会计账簿查阅权：其一，股东直接依据《公司法》规定对公司行使会计账簿查阅权；其二，公司以《公司法》规定的理由拒绝向股东提供会计账簿时，股东可向人民法院诉请要求查阅公司账簿。目前，公司股东在通过第二种方式查阅账簿时主要存在以下争议：首先是如何界定有限公司股东是否存在不正当目的；其次是关于公司股东可查阅会计账簿的范围。

二、"不正当目的"的认定

（一）相关法律规定

最高人民法院《关于适用〈中华人民共和国公司法〉若干问题的规定

---

*　作者简介：刘天怀（1993 年-），男，汉族，广东省深圳市人，中国政法大学同等学力在读研究生，研究方向为民商法学。

（四）》第 8 条规定了"不正当目的"的三种认定方式[1]：一是实质性竞争经营，二是为向他人通报有关信息，三是曾向他人通报有关信息。同时，为了防止司法实践中对"不正当目的"的机械化界定，该条还设有一项兜底条款，赋予人民法院一定的自由裁量权。

（二）"不正当目的"的认定

根据《关于适用〈中华人民共和国公司法〉若干问题的规定（四）》第 8 条的规定，除前三款规定的情形外，人民法院对"不正当目的"的认定享有一定的自由裁量权。在行使自由裁量权时，人民法院也应遵循体系解释原则，在具备第 8 条所列情形外，若符合《公司法》第 33 条第 2 款规定的"可能损害公司合法利益的"要件时，也可认定为"不正当目的"。[2]因此，"可能损害公司合法利益"是认定"不正当目的"的关键要素。换言之，除符合第 8 条前三项规定的情形外，其他"可能损害公司合法利益"的情形，也在人民法院对"不正当目的"认定的自由裁量权范围内。

（三）"不正当目的"的举证责任

普遍认为，应由公司承担对于股东"不正当目的"的举证责任。但是，对于其缘由存在不同观点。有学者认为，公司承担"不正当目的"的举证责任是本应由有限公司股东承担的举证责任倒置的结果，也有学者主张这是推定有限公司股东"正当目的"的结果。

我国立法中采用"不正当目的"的表述，因此，有限公司股东查阅会计账簿时仅需说明查账目的即可，而不应要求股东对其查账目的的正当性进行证明。基于此，通过对现有法律规定进行文义解释，可以发现，拒绝股东查阅账簿的公司本就应承担对股东"不正当目的"的证明责任，因此，并不存在举证责任倒置的情形。同时，因我国立法中未采用"正当目的"的表述，也未有法律要求股东查阅账簿的目的必须要"正当"，故认为推定有限公司股东"正当目的"的说法也失之偏颇。

事实上，较之于公司而言，有限公司股东在绝大多数情况下处于弱势地位。我国法律也更倾向于认同公司对"不正当目的"具有举证能力和可证明

---

[1] 李建伟："股东查阅会计账簿的'不正当目的'抗辩研究——《公司法》第 33 条第 2 款的法教义学分析"，载《当代法学》2021 年第 1 期。

[2] 参见杜万华主编：《最高人民法院公司法司法解释（四）理解与适用》，人民法院出版社 2017 年版。

性，因此，规定由公司承担对"不正当目的"的证明责任，而股东仅需对"目的"进行说明即可。

（四）"正当目的"的证明力

如前所述，我国立法并未采用"正当目的"的表述，但股东如因公司拒绝其行使账簿查阅权而诉诸人民法院时，股东仍可就自身查账目的的正当性进行举证，但举证的目的并非证明其"正当目的"，而是用以证明其行使会计账簿查阅权并非为了损害公司利益，换言之，"正当目的"的证据是为了减弱公司已经或可能提出的"不正当目的"的证明程度。例如，在有限公司股东频繁行权的情形中，不应仅以公司能够证明股东频繁行权作为法院裁判依据，还应结合原告提供的"正当目的"证据，就公司对股东的"不正当目的"的证明程度进行综合认定。

三、有限公司股东查阅会计账簿的范围

根据我国《公司法》的规定，有限公司股东能够行使会计账簿查阅权。关于股东能够查阅账簿的范围问题，在《关于适用〈中华人民共和国公司法〉若干问题的规定（四）》的征求意见稿中，曾囊括会计凭证，即记账凭证或原始凭证等。但在正式文本中未有股东可以查阅会计凭证的规定。关于有限公司股东的查阅权行使的范围是否包括会计凭证等有关材料，实践中存在较大的争议性和模糊性，需进一步明确。

（一）会计凭证的性质

根据我国《会计法》的规定，会计账簿是基于会计凭证而形成的，会计凭证是会计账簿形成的基础。在公司运营和司法实践中，会计账簿造假的成本低、难度低，而会计凭证造假的成本和难度较高。因此，从我国现有的会计现状中可以发现，会计账簿很容易架空会计凭证。因此，对会计凭证性质的判断不应脱离现状，不应仅被视为会计账簿的形成基础，而应将其认定为会计账簿的组成部分。

（二）有限公司股东查阅会计凭证的风险分析

目前学界对有限公司股东行使会计账簿查阅权的范围主要有狭义说、广义说和折中说三种观点。狭义说认为对其范围的认定应当遵循法定主义，即根据《公司法》的规定，查阅的范围应当限于会计账簿本身。广义说认为，鉴于当前会计账簿存在作假情况的可能性，为保障会计账簿的真实性，应当

将会计凭证纳入有限公司股东会计账簿查阅权的行使范围内。最后，折中说认为，有限公司股东能够查阅会计凭证，但同时应当履行相应的义务。[1]

对于有限公司股东是否有权查阅会计凭证的分析，除正向对股东是否享有该权利进行合法性论证外，也应考量有限公司股东查阅会计凭证带来的风险。一般而言，除严格法定主义学说外，认为有限公司股东无权查阅会计凭证的观点，主要是基于对会计凭证所承载的商业秘密被泄露风险的考量。就该风险来说，在商业秘密保护体系较为完善的国家，有限公司股东通过查阅会计凭证获得的商业秘密一般不会被泄露。同时从德国立法体系中也可以看出，考虑到有限公司股东与公司本身同向的利益关系，泄露公司秘密的可能性较低。

（三）有限公司股东无法查阅会计凭证的风险分析

有学者认为，当前我国公司实务中，存在大量会计账簿作假的情况，[2]会计账簿作假的成本低，收益高，体量大。因此，如果仅允许有限公司股东查阅会计账簿，股东会对公司的会计账簿的真实性存疑，难以了解公司真实的经营状况。一般而言，有限公司股东与公司本身的利益是同向的，股东一般在对公司经营状况存疑，或是认为自身分红权受损，或是认为公司利润数据不真实等情况下才会行使会计账簿查阅权。在此情况下，如果将股东查阅权的范围严格限制于会计账簿本身，可能会导致公司对会计账簿作假更加有恃无恐的局面。

（四）有限公司股东查阅会计凭证的合法性和合理性

首先，基于目的解释和体系解释，可以发现，法律规定有限公司股东行使会计账簿查阅权的目的，是保障公司股东的知情权和对公司经营状况的监督权。但在我国公司实务中，有限公司股东仅查阅会计账簿往往难以有效保障其知情权和监督权。

其次，从公司运营成本的角度看，一般而言，会计凭证作为会计账簿的形成基础，查阅会计账簿时一并查阅会计凭证并不会增加过多的公司运营成本。

---

〔1〕 龚倩倩、高凛："有限公司股东会计账簿查阅权之查阅范围浅析"，载《山西省政法管理干部学院学报》2020 年第 4 期。

〔2〕 参见李建伟：《公司法学》（第 4 版），中国人民大学出版社 2018 年版。

再次，从商业秘密泄露风险的角度看，公司的商业秘密若因股东查阅会计凭证而遭泄露，公司也可以通过合法手段挽回损失。换言之，有限公司股东查阅会计凭证的风险，于公司而言存在救济渠道。

最后，从有限公司股东的知情权和监督权角度看，行使会计账簿查阅权是保障有限公司股东知情权和监督权的唯一途径。在股东对会计账簿真实性存疑时，若将查阅权的范围严格限制于会计账簿本身，则股东无法通过其他渠道来保障其知情权和监督权。

综上所述，笔者认为，应将会计凭证纳入有限公司股东查阅会计账簿的范围内。

四、结语

通过对我国立法情况及司法实践的梳理，可以发现有限公司股东行使会计账簿查阅权时，对其目的负有说明义务，但无须对其目的的正当性进行证明。同时，公司在拒绝有限公司股东查阅会计账簿时，对其主张的有限公司股东的"不正当目的"负有证明责任。此外，有限公司股东行使会计账簿查阅权时，如果股东认为单独查阅会计账簿难以反映公司真实的经营状况时，股东查阅权的范围应当扩展至会计凭证。

违约方解除权研究

邱湉韵*

（中国政法大学　北京 100088）

摘　要： 在市场交易过程中，合同解除权的使用愈加广泛，司法实践中，违约方在一定条件下行使解除权的情况也逐渐增多。本文从违约方解除权的性质入手，重点分析该项权利的适用条件，并结合其制度正当性，对该项权利的发展趋势进行了深入阐释。

关键词： 违约方解除权　履行不能　合同僵局

一、违约方解除权的性质

新宇公司诉冯某商铺买卖合同纠纷案是《中华人民共和国最高人民法院公报》中刊登的涉及违约方解除权的第一个案例。该案中，原告新宇公司在交付商铺给被告冯某后，并未及时履行向被告转移该商铺所有权的义务，后原告因经营计划失败以及股东变更等原因，欲解除合同，但被告拒绝解除合同，原告遂提起诉讼。该案中法院认为，应当突破合同严守原则，允许陷入合同僵局的违约方解除合同，但并不影响违约责任的承担，以此平衡合同僵局下双方当事人的利益。

解除合同是合同有效成立后，在具备合同解除条件时，当事人一方或双方行使解除权，使得既有的合同关系消灭的行为。目前学界通说认为，合同解除权属于形成权。然而对于违约方解除权的性质问题，学界尚未有统一定

---

* 作者简介：邱湉韵（1997 年-），女，汉族，江苏省常州市人，中国政法大学同等学力在读研究生，研究方向为民商法学。

论。本文认为，违约方解除权系请求权，而非形成权。[1]原因如下：首先，请求权与形成权对当事人行使权利的限制程度不同。实践中，法院对权利人因受欺诈、胁迫等行使解除权的情况，倾向于进行形式审查，但是对违约方解除权的行使，更多倾向于进行实质审查，以严格审查其是否违反诚实信用原则；其次，如果使违约方的解除权高于履约方，则有失公允，违约的前提下，合同一般也会面临解除，违约方若不行使法定解除权，虽然这么做构成权利滥用，也违反诚实信用原则，但其违约行为也确实存在，基于上述情形，若再赋予违约方更高的权利，属实不合情理。

综上所述，鉴于合同不解除会使违约方遭受不公平的待遇，因此应赋予违约方合同解除权，但与此同时考虑到违约方违约行为的客观存在，故本文认为违约方的合同解除权被认定为请求权更为合适。

二、违约方解除权的适用条件

（一）法律上或者事实上履行不能

关于该适用情形，本文认为，可以从主客观层面进行理解，即客观上法律明令禁止；主观上，履行该合同已经完全不具备实现其目的的可能性。

（二）债务的标的不适合强制履行或者履行费用过高

本文认为，债务标的不适合强制履行，即合同义务主客观上都难以继续履行：首先，主观方面，这类合同义务通常具有较强的人身专属性，强制履行可能侵犯人身自由；[2]其次，客观方面，该义务已无法履行或没有履行必要。例如在新冠肺炎疫情这样突发且人为所不能预见、不能避免且不能抗拒的情况下，受到疫情的冲击，很多个体户因受到疫情冲击，出现无力支付后续租金的情况，这种情况也将直接导致合同目的难以实现，此时商铺租赁合同中的承租方缴纳租金的义务不适合强制履行，相关司法实践也对该观点予以认可。

关于对"履行费用过高"的界定，则以诚实信用原则作为审查标准。同时，基于节约资源、注重效率的价值理念，在对标的物强制履行代价过大时，允许债务人拒绝债权人继续履行的请求。[3]在相关司法判例中，法院认为：

---

〔1〕 王毅纯、刘廿一："合同僵局下违约方解除的制度构造"，载《经贸法律评论》2021年第5期。

〔2〕 韩世远："继续性合同的解除：违约方解除抑或重大事由解除"，载《中外法学》2020年第1期。

〔3〕 徐博翰："论违约方解除权的教义学构造"，载《南大法学》2021年第1期。

"若继续履行所花费的成本高于合同目的实现所获得的收益,那么此类合同就与其订立的本心相违背。"因此,出于防止债权人权利被滥用以及维护债务人的权益角度考虑,法官对本条的适用应采取从严解释的方式。

(三) 债权人在合理期限内未请求履行

本文认为,此种情况可被视为权利人在合理期限内怠于行使法律所赋予的权利,正如谚语所言,"法律不保护躺在权利上睡觉的人"。这一条件是对权利人行使权利的时限进行合理限制,从法律层面尽快落实违约方的责任,从而防止债权人的机会主义行为,例如:买受人在合理的期限内未要求出卖人交付标的物,而等到商品价格大幅上涨后才开始要求履行的情况。

(四) 不能实现合同目的

如前所述,现有的法律规定旨在防止权利滥用和效率违约等一系列道德风险,防止违约方滥用权利或从中牟利,这一考虑有相应的合理性。对于履行不能的衡量标准,本文认为更多偏向于客观化,其发生原因多元,可能可归责于债务人 (债务人违约),也可能不可归责于债务人 (不可抗力)。司法实践中,法官审查的重点是债权人是否未在合理期限内请求履行。为了防止可能引发的道德风险,从而使恶意违约方滥用权利逃避相应的义务,建议应允许债权人提出"恶意抗辩",要求法院驳回债务人的请求,[1]进而对债务人进行合理限制。

(五) 金钱债务的合同僵局问题

《民法典》第 580 条的规定主要针对的是非金钱给付债务,现有理论认为,金钱债务几乎不存在履行不能的问题,最常见的情形是迟延履行。但通过对合同僵局类型的分析,现有合同僵局都是由于债务人无法履行金钱给付义务所致。例如,房屋租赁合同中往往会出现承租人欠付租金但出租人拒绝解除合同的情况,此时承租人负有支付租金的金钱给付义务。更有甚者,即使是金钱债务,当履约方拒绝解除合同时,也会给违约方造成不合比例的损失。因此,《民法典》第 580 条第 2 款关于打破合同僵局规则的适用范围具有一定的局限性。

---

[1] 石佳友:"履行不能与合同终止——以《民法典》第 580 条第 2 款为中心",载《现代法学》2021 年第 4 期。

三、违约方解除制度的正当性

（一）破解合同僵局的现实需求

违约方解除制度正当性的逻辑起点建立在司法实践对破解合同僵局的现实需求之上。合同僵局的破解需要在法律制度层面提供有效的规范供给，这是毋庸置疑的理论共识。如果双方当事人就此僵持不下，使得合同既无法完全履行以实现双方当事人的互利共赢，也无法使社会资源从原有合同关系中释放出来，将不利于社会交易的整体效率与效益。基于此，合同僵局下双方当事人的利益再平衡问题是司法实践中的难题。本文认为，应以"新宇公司诉冯某商铺买卖合同纠纷案"为典型，突破合同严守原则，允许陷入合同僵局的违约方解除合同，但不因此影响违约责任的承担，以此来平衡合同僵局下双方当事人的利益。但实践中由于没有确定的立法规范作为依据，这就容易导致法官行使自由裁量权后的审判结果不统一问题。因此，需要健全违约方解除制度的相关立法。[1]

（二）法律效果的不可替代性

在《民法典》编纂过程中，对于合同僵局破解路径的另一种立法建议是，允许债务人提起就排除实际履行抗辩权行使效果确认之诉的诉权提示条款。

首先，抗辩权的行使并不能导致请求权的绝对消灭。这会使履约方面临进退两难的尴尬局面，即履约方既不能要求对方实际履行，也无法解除合同，只得基于违约责任要求损害赔偿，履约方难以请求先前给付的返还，无法发挥标的物最大功效，不仅有违公平，也不符合寻求合同僵局破解路径的初衷。

其次，抗辩权与生俱来的被动性会使得拒绝给付的权能受到限制。同时抗辩权行使的法律效果只能针对将来之履行行为，并不能产生返还原给付的法律效果。但从司法实践来看，请求标的物返还是违约方申请解除的重要动因，也是将社会资源从合同僵局中释放出来的必要途径。[2]

由此可见，排除实际履行抗辩规则在法律效果上具有天然的缺陷。

---

〔1〕 王秋阳："民法典'违约方申请解除合同权'的内涵及制度价值"，载《上海法学研究集刊》2020年第11期。

〔2〕 武腾："民法典实施背景下合同僵局的化解"，载《法学》2021年第3期。

四、结语

综上所述，在一定条件下赋予违约方解除权有其相应的合理之处，但对于该项权利的行使，目前立法尚不完善，仍然需要通过进一步的立法来予以完善，这也是司法实践中亟待解决的问题。

公司瑕疵决议中善意相对人认定标准问题研究

张菁威*

（中国政法大学　北京 100088）

摘　要： 在目前的商事活动中，瑕疵决议影响善意相对人利益的情况时有发生，但与此同时，我国法律并未对善意相对人的认定标准予以明确规定，常常出现同案不同判的情况。因此，为了进一步保障交易顺利完成，打造良好的市场秩序，必须完善相关立法，明确善意相对人的认定标准。

关键词： 交易相对人　善意　越权代表

一、"善意相对人"认定标准的立法现状

（一）相关法律规定

关于公司瑕疵决议中善意相对人的法律规定，首先体现在《民法总则》（已失效）第 85 条中，即"营利法人的权力机构、执行机构作出决议的会议召集程序、表决方式违反法律、行政法规、法人章程，或者决议内容违反法人章程的，营利法人的出资人可以请求人民法院撤销该决议，但是营利法人依据该决议与善意相对人形成的民事法律关系不受影响"，此条也被纳入 2021 年施行的《民法典》第 85 条中。最高人民法院《关于适用〈中华人民共和国公司法〉若干问题的规定（四）》第 6 条也有相似规定。

由此可知，公司法人所依据的决议无效或被撤销后，其外部行为的效力问题，关键在于相对人是否"善意"，但现行法律中尚未对相对人"善意"

＊ 作者简介：张菁威（1993 年–）女，汉族，天津市人，中国政法大学同等学力在读研究生，研究方向为民商法学。

的认定标准予以明确。

公司法人分为营利法人、非营利法人和特别法人，在《民法典》第94条中仅对捐助法人瑕疵决议时，依据相对人是否"善意"判定外部行为的效力进行了规定，而对于其他类型的非营利法人和特别法人是否产生同样的效果并未提及。在此情况下，需要在保护该类法人及其成员利益与保护相对人的合理信赖利益之间进行平衡。笔者认为，当非营利法人或特别法人作出的决议存在瑕疵时，仍应当区分相对人"善意"与否，以此来保护相对人的合法利益。对此，应结合具体情况参照适用捐助法人的相关规定。

（二）《全国法院民商事审判工作会议纪要》中的相关规定

最高人民法院发布的《全国法院民商事审判工作会议纪要》对实践中"公司为他人提供担保的合同效力"问题提供了指导。该纪要区分了两种担保情形下相对人的审查义务：首先，在关联担保下，相对人应做到的审查义务包括出席会议的"非关联股东"所持表决权是否过半数同意，应签字人员与章程是否一致；其次，在非关联担保下，相对人只需审查同意该决议的人数和签字人员是否与章程一致即可。实践中，债权人仅需对公司决议内容进行形式审查，即视为尽到了必要的注意义务。相对人"善意"的认定标准是判断交易过程中侧重保护公司还是相对人利益最直观的标准，该纪要更倾向于保护善意相对人，表现为将"必要审查义务"解释为"可接受范围内的最低审查义务"，而公司法则不同，认为交易相对人应当知悉公司法定决议程序，并负有相应的审查义务。

二、"善意相对人"认定标准的理论与实践

（一）相关理论学说

通说认为知道或者应当知道即为"恶意"，而对应不知道或者不应当知道即为"善意"。但是笔者认为，知道与否是一种事实判断，一般通过行为人的行为进行推定。

关于"善意"的认定标准，学界主要存在以下三种观点：第一，单纯善意说，认为相对人对外观的信赖只要是出于善意即可，不考虑是否存在过失的情形。此观点更倾向于保护相对人利益，并没有对相对人提出注意义务要求。第二，无过失说。该观点认为善意应为"不知且非因过失而不知"。如果相对人在明知或者应当知道的情况下，却因过失而未能知，相对人也需要承

担一定的责任。该观点对相对人提出注意义务要求，即不存在过失，包括重大过失及一般过失。第三，无重大过失说。该观点认为善意应为"非因重大过失而不知"。与第二种观点相比，该观点并未对相对人的注意义务有过多要求，仅在其存在重大过失时才需承担责任。[1]

在商事领域中，经常出现越权代表行为，对"善意相对人"认定标准问题的讨论也愈发激烈。法定代表人的职权可以通过章程及董事会、股东（大）会决议进行限制，如《公司法》第16条规定了对外担保的权限问题。在法定代表人的职权存在限制的情况下，相对人是否需承担必要审查义务，适用何种审查制度，对此，学界大致存在以下三种观点：第一种观点认为，通过《公司法》16条规定可知，对法定代表人限权是公司内部事务，仅对公司内部有效，而不及于外部关系。因此该观点认为相对人对此并无审查义务，应推定善意，且越权担保亦有效。第二种观点认为，应当区分限权是管理性强制规范还是效力性强制规范进而判断越权担保的效力，仅在限权是效力性强制规范前提下才可否定越权担保行为的效力。因此，该观点也认为无须考虑相对人是否"善意"。第三种观点认为，应当根据交易事项是否重大来判断相对人是否"善意"。对于一些常规交易，相对人不负审查义务，而对于那些能够导致公司动摇，比如合并、分立、投资、担保等行为，相对人应当负有相应审查义务，应要求公司提供章程、决议等相关资料，否则无法认定相对人是"善意"的。

（二）相关司法实践

司法实践中，对越权担保的效力认定也经常出现同案不同判的现象。梳理其相关实践可知，一般情况下，公司越权担保行为被认定为有效，仅在少数情况下会被认定为无效。同时，绝大部分法官主张相对人无须承担审查义务，认为法定代表人被限权系其内部行为，作为外部相对人不需要突破内部关系审查公司内部规定，因此一般推定相对人为善意。但是，这种过度保护相对人利益的做法饱受争议，目前，法院也试图进行调整，要求相对人承担一定的审查义务，应审未审则应推定为恶意。最高人民法院也公布了相应判例也对此表示支持。与此同时，也存在另一极端情况，即更加侧重保护公司利益，只要存在法定代表人越权代表的情况，无论相对人能否知道该情况，均认定为恶意。对相对人"善意"的认定标准不清，是导致司法裁判结果不一致的主要原因。

---

〔1〕 袁碧华："论法定代表人越权代表中善意相对人的认定"，载《社会科学》2019年第7期。

三、"善意相对人"认定标准的完善

理论和实践中，对"善意相对人"的认定标准存在共性：一是相对人是否具有审查义务以及在承担的程度直接影响"善意"的认定；二是审查义务基于相对人是否具有特殊身份而不同，具有特殊身份的相对人应承担更高要求的审查义务。上述认定标准可概括为合理审查义务原则与区分原则。合理审查义务原则是判断交易相对人善意与否的基本原则，而区分原则是在确定相对人身份后，对其审查义务范围进行确定。

善意制度是基于保护信赖利益而产生的。商事活动与民事活动中的"善意"标准并不相同，商事活动具有外观主义，所涉及的利益远远大于民事活动，因此在商事活动中要苛以严格和谨慎的注意义务，法院在对商事活动进行审判时也应以保护交易安全与合理信赖为原则。善意制度的前提是"不知或不应知"，这取决于相对人的主观心理状态，因此具有模糊性和不确定性，法律上，将"善意"的认定落实到客观标准，过错分为一般过失与重大过失，相对人存在过错的情况下通常会被认定其为恶意，反之为善意。而相对人是否存在过失取决于其是否尽到了必要的审查义务。例如《德国民法典》第347条第1款规定，"因在其一方为商行为的行为而对他人负有注意义务的人，应对通常商人之注意负责"[1]。相对人的审查义务基于一定的公信力，如果相对人依据外观公示结果作出判断，应认定相对人履行了一定注意义务。为了进一步明确相对人"善意"的认定标准，《公司法》可参考《德国民法典》的相关规定明晰公司与相对人的义务，特别是对相对人合理注意义务的具体内容进行规定。

与此同时，由于商事交易类型复杂，对相对人的审查义务不能一概而论。实践中，一般情况下，相对人仅负有形式上的审查义务，而在特殊交易中，则要求相对人承担更为严格的审查义务。比如相对人为公司内部人员，则其应当知道公司内部管理制度，所以应提高审查义务的标准。亦如相对人从事金融业等，其有能力在交易过程中负有更严格的审查义务。又或者在一些特殊交易事项中，如严重影响公司利益的事项，或《公司法》中对此有明确规定，则交易相对人应负有相应更高要求的审查义务。

---

〔1〕 参见［德］Handelsgesetzbuch：《德国商法典》，杜景林、卢谌译，法律出版社 2010 年版。

论法律行为无效制度在司法审判中的困境

陈冠吟*

（中国政法大学　北京 100088）

摘　要： 21 世纪以来，互联网和移动支付的普及引发了人们生活和生产方式的巨大变革，民法在私法自治领域发挥的指导和规范作用也面临着新的挑战。这种挑战在合同领域最为明显，科技的发展常使得合同在实施过程中发生订立时未预料到的情形，致使法律行为归于无效，但简单的司法实践中判定法律行为无效的方法又违背了当事人的初衷。如何有效认定法律行为的无效和有效部分以及认定无效后的救济措施为何，是我国目前司法审判过程中面临的重大挑战。为此，需要从法理和立法层面明晰法律行为无效制度的内涵和适用方式，从而规范司法审判活动，保障私法领域的意思自治原则，规范人与人之间良好的合作关系。

关键词： 法律行为　部分无效　无效的转换制度

一、研究背景

我国民法中对法律行为无效的认定见于《民法典》第 156 条，该条文属一般性规定，并未明确阐明部分无效对其他效力影响的认定标准。司法实践中法官行使自由裁量权可能导致裁判不一致的现象。这一现象一方面不利于立法目的的实现，另一方面过度行使自由裁量可能会造成一定的道德难题。

法律行为在实施过程中不可避免地会发生无效转化的情形，因此，转化

---

　* 作者简介：陈冠吟（1988 年-），男，汉族，湖北省十堰市人，中国政法大学同等学力在读研究生，研究方向为民商法学。

制度与法律行为无效制度不应被分裂开来单独讨论，而应该在立法上形成完整的逻辑脉络，为之后司法实践提供统一的法律依据。基于此，本文意在通过归纳总结理论界和司法裁判中关于法律行为无效的观点和存在的问题，尝试提供解决方案以改变其困境。

二、法律行为无效制度理论与司法实践

（一）立法和理论现状

关于"部分无效对法律行为其他部分效力的影响"，立法和理论主要存在以下几种观点：

首先，罗马法规定"有效部分不受无效部分的影响"，因此，罗马法采取部分无效不致全部无效的原则。国内学者王利明[1]、韩世远[2]、胡长清、王泽鉴在其著作中也认为存在这一模式。

其次，《德国民法典》第 139 条规定，部分无效模式是完全无效原则和部分无效例外。国内学者朱庆育在其《民法总论》一书中也肯定了德国"部分无效，即全部无效"的规则。[3]对此，国内学者胡长清认为，在英美法中，若以无效原因事项为条件，则法律行为全部无效，否则会发生损害赔偿问题。我国《民法通则》（已失效）为避免误解，延续大陆法系国家的原则。[4]

综上所述，关于部分无效对法律行为效力的影响，学界普遍认为，存在罗马法规定的部分无效不致全部无效以及德国民法典中规定的部分无效导致全部无效两种模式。

而我国《民法典》中对法律行为效力问题的规定过于模糊，尚未明确我国采取的是部分无效则全体无效的原则还是部分无效不致全体无效的原则。问题的关键在于确定无效部分是否影响其余部分的效力，若存在影响，则整个法律行为无效，若不存在影响，则法律行为其余部分继续有效。因此，这两种模式并不因上述原则的不同而产生差异。由于我国法律尚未有明确规定，缺乏统一的认定标准，司法实践中赋予法官对该条文过于宽泛的解释权和自由裁量权，难以保证司法实践的一致性。为此，需要在贯彻立法目的和充分

---

[1] 参见王利明：《合同法新问题研究》，中国社会科学出版社 2003 年版。
[2] 参见韩世远：《合同法总论》（第 3 版），法律出版社 2011 年版。
[3] 参见朱庆育：《民法总论》，北京大学出版社 2016 年版。
[4] 参见胡长清：《中国民法总论》，中国政法大学出版社 1997 年版。

尊重当事人意思自治的基础上，进一步明确我国采用的模式，细化对"影响"的认定标准。

（二）司法实践现状

通过对我国相关司法实践的考察，可以发现，法院在涉及法律行为部分无效的情况下，如果认定无效部分不影响其余部分而使其余部分继续生效时，会对合同的内容进行变更，进而产生合同的变更。在此情况下，法院除去行为无效部分，进而裁判剩余的行为的效力问题。换言之，在司法实践中，法院一般将无效部分直接舍弃而使其余部分在当事人之间继续发生效力，起到了实际代替当事人变更合同的效果。法院的此种做法忽略了当事人继续履行剩余部分的意思表示，构成对合同的变更，实际上将新的权利义务强加给当事人，违背了当事人意思自治原则，不利于合同当事人乃至第三方的合法权益。因此，在法律行为部分无效情况下，是否可以舍弃无效部分，径直裁判剩余部分在当事人之间继续发生效力，是法院在司法实践中必须衡量的重要问题。

三、解决路径探析

（一）完善立法

造成目前困境的主要原因是我国立法尚未明确规定，因此，首先需要在立法上明确当无效部分对其他部分产生的影响不明确时，应区分适用部分无效导致全部无效和部分无效不致全部无效两种原则。以现有法律条文的无效条件为基础，明确区分标准和适用情形，在需要强制约束的领域，单独规定部分无效致全体无效的适用；而在其他情况下，则以部分无效不致全体无效为原则，充分尊重当事人的意思自治，为广泛和瞬息万变的交易市场提供空间。

（二）明确指导意见

在立法的指导下，可以借由学理和司法审判经验提炼出判定"不影响"的前提条件、判断标准、判断时点、当事人的意思表示等统一标准。结合对"不影响"可统一可回溯的常规判断路径，将部分无效规则细化，以此规范和补充审判依据。此外，还应当适用于无效转换制度的适用情形。对此，本文认为，为了避免无效转换制度实施后与部分无效不致其他部分无效原则之间的冲突，应明确和限制无效转换制度的适用条件，区分救济途径，避免部分无效后，因转换产生的法律关系与原其他部分依然有效的法律关系相冲突。同时，指导意见中还应对新的合议对第三方利益的影响、裁判对当事人意思自治的干预等因素予以考量，自上而下创设既宽松又有界限，既保护意思自治又避免合同变更损害当事人及第三人权益的裁判标准。

（三）司法实践释明

现有的司法实践中，很少有裁判对部分无效是否影响全部无效进行说明。一方面是因为立法规定的模糊性，另一方面是审判人员对该制度的内化使得对影响与否的认定少有明确的论证。司法改革以来，我国司法审判水平逐步提高，审判人员在审判过程中的专业性和独立性有了质的飞跃。因此，在法律行为无效规则不甚明确的立法现状下，司法裁判起着释明法律规定，同时又促进立法完善的作用，此外也是对审判人员内化的认知状态的再辨析。

违约金司法酌减规则适用研究

孟庆男*

（中国政法大学 北京 100088）

摘　要： 目前，我国各领域间商业往来频繁，书面合同订立数量与日俱增，但订立合同的形式和内容却存在许多不规范之处，甚至存在违反法律法规的情况，尤其是在违约金条款中最为显著，因此需要对合同条款予以适当规范。违约金司法酌减是合同法中较少被应用的领域，人民法院或仲裁机构在适用违约金酌减制度时也面临许多困境。本文通过梳理分析违约金司法酌减规则的理论与司法实践，分析存在的问题并在此基础上对其具体适用条件和方式予以探讨。

关键词： 赔偿性违约金　惩罚性违约金　违约金酌减

一、我国违约金制度的确立和发展

在我国，1981 年的《经济合同法》（已失效）中就有对违约金制度的规定，体现在第 35 条中，即"当事人一方违反经济合同时，应向对方支付违约金。如果由于违约已给对方造成的损失超过违约金的，还应进行赔偿，补偿违约金不足的部分。对方要求继续履行合同的，应继续履行"。这是我国成文法中最早出现的关于违约金制度的相关规定。

1999 年《合同法》第 114 条是在 1981 年《经济合同法》第 35 条的基础上确立的，但《合同法》第 114 条规定的违约金数额的合理性衡量标准是实

---

　　* 作者简介：孟庆男（1989 年-），男，汉族，辽宁省朝阳市人，中国政法大学同等学力在读研究生，研究方向为民商法学。

际损失，基于此，《合同法》规定的违约金系属赔偿性违约金。

之后，2021 年实施的《民法典》第 585 条完全吸收 1999 年《合同法》第 114 条的规定，也规定实际损失是违约金数额合理性的衡量标准，因此《民法典》规定的违约金亦属赔偿性违约金。

二、违约金与其他相近制度的关系

（一）违约金与损害赔偿责任

二者既有联系也有区别。赔偿性违约金主要是违约方对协议相对方因违约方的违约行为而遭受经济损失的补救或补偿，根据《民法典》第 585 条的规定，合同双方既可以商定一方违约时根据违约情况向对方支付一定数额的违约金，也可以约定因违约行为产生的损失赔偿额的计算方法，[1]在前述两种情况下的违约金数额过高或者过低于违约行为造成的实际经济损失，可以根据规定请求人民法院或者仲裁机构对违约金数额进行适当调整，而人民法院与仲裁机构则依据实际损失来认定违约金数额是否过高或过低。与此相比，惩罚性违约金不仅要求违约方对相对方因其违约行为而遭受的损失予以充分的补救或补偿，还需承担一定的损害赔偿责任。因此，损害赔偿责任仅是对相对方遭受损失的更为充分的补偿，并不存在高于经济损失的任何赔偿。

（二）违约金与定金

依据《民法典》相关规定，合同双方可以在订立合同时约定一方向另一方给付定金作为充分推行合同履行的保证，定金的数额由双方商定，但不得超过主合同标的额的 20%，超过部分将不产生定金效力。定金合同自实际交付定金时成立，实际交付的定金数额多于或者少于商定数额的，视为对约定定金数额的变动。关于定金合同主要存在以下几种情况：首先，当定金给付方履行合同时，可与相对方商定将定金抵作合同价款或者直接返还；其次，当定金给付方不履行合同或者履行合同不符合合同约定，以致合同目的无法实现的，给付定金的一方无权请求返还定金；最后，当定金接收方不履行合同或履行合同不符合约定，以致无法实现合同目的时，应当向定金给付方返

---

[1] 陈明添、王佳华："关于违约损害赔偿责任的探讨"，载《政法学刊》2002 年第 4 期。

还双倍定金，又称为"定金罚则"。[1]此时，如果合同既约定违约金又约定定金，当一方不履行合同或履行存在瑕疵时，相对方可以选择适用违约金或者定金条款。如果合同相对方选择适用定金条款，当双倍返还的定金不足以补偿相对方的损失时，还可以请求赔偿超过定金数额的损失。

三、我国违约金酌减规则适用的司法现状

（一）无约定或约定不明情况下违约金酌减规则的适用

民商事活动中，大部分合同都载有违约条款，尤其是对违约责任承担方式的约定条款。常见违约责任的承担方式主要是固定数额或固定比例的违约金支付。但实践中，很少有合同对违约金酌减作出相关约定，即使少数合同中可能载有相关约定，通常也是由于文本表述不清导致的条款约定不明甚至产生歧义。

这种情况导致人民法院或仲裁机构在审理该类纠纷时只能依据自由裁量权进行裁判。由于我国法律规定的是约定的违约条款，因此当没有约定违约条款时，非违约方不能用违约金追究相对方的违约责任，只可请求对方承担损害赔偿责任，此时人民法院或者仲裁机构只需认定是否存在损失以及合同约定的损失范围及数额即可。而在当事人于合同中约定违约条款的情况下，无论其具体承担方式如何，诉讼中责任人均有权主张违约金数额过高进而提出予以酌减的请求，此时，人民法院或者仲裁机构需要对违约金数额是否过高以及是否应予以调整进行认定，由于合同一般未提及有关酌减的相关规定，这就会导致法官因行使自由裁量权所引发的裁判不一致的情况。

（二）违约金过高或过低的认定标准不一

诉讼过程中，当一方提出违约金酌减请求时，人民法院或仲裁机构需要认定约定的违约金数额是否达到过高标准、是否需要调整以及如何调整。最高人民法院《关于适用〈中华人民共和国合同法〉若干问题的解释（二）》（已失效）第29条对违约金的标准设置了"百分之三十"的规定，但仍存在一定的模糊性。对此，在司法实践中存在两种不同观点：第一种观点认为违约金应以造成的实际损失为前提，兼顾合同的履行情况、当事人过错以及预

---

〔1〕李玉梅："论定金罚则适用的严格性——从一则房屋买卖合同纠纷案例说起"，载《法制与社会》2015年第20期。

期利益等综合因素进行承担，违约金的数额不得高于实际损失的30%，若超过30%即可视为"过分高于造成的损失"；另外一种观点认为约定的违约金数额达到实际损失的130%，则可被视为约定的违约金过高。本文认为，第二种观点更为合理。同时，本文亦认为，人民法院或仲裁机构在认定违约金过高或过低时，不应采用单一标准进行认定，还应结合不同类型合同的具体实际。

四、违约金酌减制度的构建

重点要区分合同种类及违约行为的可得利益空间。造成违约的原因大致可以分为故意违约和非故意违约两类：非故意违约是指如在途货物发生风险，包括运输货物因失窃、淋雨、道路受阻等客观原因而导致的逾期交付等违约行为。此类违约行为的发生非因当事人的主观故意所致，因此在认定约定的违约金是否"过分高于造成的损失"以及应否予以酌减时，应根据合同类型、合同标的、造成的损失、当事人的过错程度以及继续履行是否足以弥补等因素予以考量。而针对故意违约，如在买卖合同中，卖家未按时交付主要是因为货物价格上涨，衡量约定的违约金是否"过分高于造成的损失"以及应否予以酌减时，需要充分调查该种类货物在合同订立时和约定的供货时间的价格差，即考量违约方通过实施违约行为的可得利益，并以此来衡量相对方所主张的经济损失的合理范围，进而依据上述两个数值来判定约定违约金是否过高、是否应予酌减以及可酌减的程度。

综上所述，在司法实践中，对违约金酌减制度的适用不能一刀切，而是要做到依据事实内容进行具体分析，根据不同情况决定其适用的规则。

彩礼返还请求权研究

余贤鑫*

（中国政法大学　北京 100088）

摘　要：彩礼是我国传统婚姻礼仪的一部分，具有聘定的文化意义，承载着男女双方缔结婚姻的诚意以及对婚后生活的美好愿景。随着时代发展，彩礼数额不断增长且居高不下，解除婚约后的彩礼返还纠纷也不断增多，基于此，最高人民法院发布的《关于适用〈中华人民共和国婚姻法〉若干问题的解释（二）》第 10 条就彩礼返还规则作出了规定，但其规则设置过于简单模糊，因此，司法实践中彩礼返还问题仍然面临诸多困境。本文梳理了实务中彩礼返还存在的问题，并基于相关理论学说和司法案例的分析提出解决建议。

关键词：彩礼　返还　请求权

随着时代发展，彩礼的数额不断增长且居高不下，涉及彩礼返还的纠纷也不断增多，但我国《民法典》并未对彩礼制度作出明确规定，《关于适用〈中华人民共和国婚姻法〉若干问题的解释（二）》（以下简称《婚姻法解释（二）》，已失效）第 10 条的规定虽然填补了部分法律空白，但设置的彩礼返还规则过于简单，彩礼返还问题在司法实践中仍然存在许多争议。

一、立法中彩礼返还请求权存在的问题

（一）彩礼范围不清晰

我国法律并未针对彩礼范围作出明确界定，《婚姻法解释（二）》第 10

---

* 作者简介：余贤鑫（1994 年-），男，汉族，福建省福清市人，中国政法大学同等学力在读研究生，研究方向为民商法学。

条也仅笼统将其限定在"按照习俗给付的"范围内，导致实践中对彩礼的认定存在较大争议。学界对彩礼范围的认定也看法不一：有观点认为"彩礼给付是迫于习俗的非自愿行为，彩礼与单纯赠与性质的财物之间没有任何关系"，此观点针对彩礼数额较高的情况；还有观点认为"并非所有在男女交往过程中赠送的财物都是彩礼，只有明确表示聘定意义的财物才被认为是彩礼，对于这样的认定，男女双方都是很清楚的"[1]。但是，司法实践中，对于一般赠与的财物与彩礼之间的界限并不清晰，法官对此享有较大的自由裁量权。

（二）诉讼主体不明确

《婚姻法解释（二）》第 10 条规定的诉讼主体为"当事人"，与之后规定的"双方"并行于同一法条中，根据文义解释和体系解释，两者可被视为同一意思。因此，彩礼返还请求权中的诉讼主体可理解为"婚姻关系或订立婚约关系的男女双方"。但实际上，彩礼实际给付人通常是男方家庭（父母和亲属），与上述诉讼主体存在一定差异。

（三）"生活困难"的界定标准不明

彩礼作为大额财物支出，不可避免地会对给付方个人或家庭造成一定影响，加重经济负担。同时，这部分财物支出对家庭造成的影响会根据给付方家庭条件的富裕程度逐级递减，因此，对因给付"导致给付方生活困难"的界定标准不能一概而论，应有绝对和相对之分。有学者指出，相对困难是指，与给付彩礼之前的生活条件相比，目前生活出现困难。[2]但对"生活困难"的界定标准仍然模糊不清，实践中法官对此存在过于宽泛的自由裁量权，难以保障认定标准的一致性。

（四）"共同生活"的界定标准不明

"共同生活"的内容宽泛，包含日常生活的方方面面，如对对方精神上的抚慰、生理需求的满足、经济上的共有和扶助、家庭事务的共谋和承担、对子女的抚养、对家人的照料等。但法律也未就"共同生活"的内涵和界定标准以及影响因素等作出明确规定。

（五）遗漏对无过错方的保护

目前，相关法律条文并未就彩礼返还中的对错因素进行考量，司法实践

---

〔1〕 金眉："论彩礼返还的请求权基础重建"，载《政法论坛》2019 年第 5 期。

〔2〕 陈群峰："彩礼返还规则探析——质疑最高人民法院婚姻法司法解释（二）第十条第一款"，载《云南大学学报（法学版）》2008 年第 3 期。

中如果缺少对过错因素的考量，只是机械地认定是否满足彩礼返还的客观情况，即裁判是否返还彩礼，难免有失公允。例如男女双方未办理结婚登记手续原因系由男方过错（吸毒、赌博、虐待情形等）引起，如果符合客观情况，给付方仍可以要求彩礼返还，则不符合公平正义原则。

（六）未规定彩礼返还的时间

《婚姻法解释（二）》第10条未对彩礼返还的时间条件作出相关规定。在此情况下，如果没有诉讼时效对彩礼返还作出限制，则是否意味着给付方可以在任意时间要求彩礼返还，这样对相对方显失公平。

二、彩礼给付的法律性质

对彩礼返还请求权的研究，首先需要对彩礼给付的法律性质进行界定。关于彩礼给付的法律性质，学界争论不一，主要存在以下几种观点：

（一）一般赠与说

该学说认为，彩礼给付可定性为一般赠与，完成交付后，所有权即转移，因此，当不能缔结婚姻关系的结果发生时，彩礼的接收人也不必返还其接受的赠与。

（二）契约说

该学说认为，婚约属于主合同，彩礼属于赠与合同中的一种，为婚约的从合同。如果双方最终未能缔结婚姻，婚约被解除，则从合同也随之丧失效力，那么给付方可依不当得利或显失公平请求返还彩礼。

（三）目的性赠与说

虽然目前我国法律并未就目的性赠与作出相关规定，但是有学者认为，彩礼赠与基于男女双方缔结婚姻之目的，如果没有缔结婚姻，则彩礼赠与的目的也不能够实现，此时，法律上受赠人没有任何理由受领给付，构成不当得利。[1]

（四）定金说

持该观点的学者认为，彩礼是担保未来缔结婚姻的一种担保方式。如果由于男方及男方家庭的原因不能履行婚约，女方可不返还男方给付的彩礼；

---

[1] 参见王泽鉴：《民法学说与判例研究》（第1册），中国政法大学出版社2005年版。

反之若因女方原因不能履行婚约，则女方要双倍返还。[1]

（五）附生效条件赠与说

该观点认为，依据《婚姻法解释（二）》第 10 条之规定，彩礼应被视为附生效条件的赠与。如果没有结婚，则条件未成就，可按照不当得利返还相应财产。

（六）附解除条件赠与说

该观点认为，应将彩礼视为附解除条件的赠与，所附条件是婚约的解除，如条件不成立，赠与行为继续有效，彩礼归受赠人所有；如条件成立，则赠与行为失去法律效力，男女双方的权利义务关系当然解除，赠与的财物恢复到婚约前的状态，此时受赠方应返还彩礼。[2]

三、彩礼返还请求权的完善建议

（一）明确彩礼的范围

对彩礼的界定应基于尊重习惯风俗及双方当事人意思表示的基础上，只有那些明确表示用于双方结婚为目的的财物才应被视为彩礼。同时，给付时间应在订婚后直至结婚登记或婚礼前。此外，男女双方在交往过程中互相赠送的财物及婚宴中的宴请支出等不在此范围内。

（二）明确彩礼返还的诉讼主体

首先，婚姻关系或订立婚约关系的当事人以个人财产给付的，可单独作为原告；若以家庭财产给付，则婚约当事人及实际给付人可作为共同原告。其次，被告可为婚姻关系或订立婚约关系的女方、女方及其父母、女方及实际接收人。

（三）统一"生活困难"标准

应结合实际情况，将"生活困难"区分为绝对困难和相对困难，当男方或男方家庭（父母和亲属）完成彩礼给付后，如果收支标准无法维持基本生活，可通过居委会证明、当地收入水平等综合因素进行考量，进而认定是否构成"生活困难"。同时，需要证明该情况由给付彩礼导致且具有连续性，如

---

〔1〕 黄娟："彩礼返还的基础及规则探究"，载《工会论坛（山东省工会管理干部学院学报）》2006 年第 5 期。

〔2〕 金眉："论彩礼返还的请求权基础重建"，载《政法论坛》2019 年第 5 期。

若给付人系其他原因导致的生活困难，则不属于返还认定的情形之列。

（四）共同生活时间列入返还比例考量因素

对此，本文认为，男女双方未办理婚姻登记且共同生活时：第一，共同生活时间达 2 年以上，可认定女方无悔婚之嫌，原则上男方不得请求返还彩礼，但相对方存在过错或给付方生活困难时，可酌情返还原彩礼总额的 10%~20%。第二，共同生活 1 年以上 2 年以下的，返还数额为彩礼总额的 20%~30%。第三，未办理结婚登记而共同生活 1 年以内的，返还比例 30%~50%。当男女双方已办理婚姻登记，且共同生活时，依据法律规定，婚前给付并导致给付方生活困难并离婚时，可请求彩礼返还，建议返还比例占原彩礼总额的 10%~20%。

（五）将过错因素纳入考量范围

本文认为，将过错因素纳入考量范围，有利于更好地保护无过错方的利益，也可作为彩礼返还比例的司法裁量因素，进而保障公平正义。当男女双方未办理结婚登记手续原因系由男方过错（吸毒、赌博、虐待情形等）引起时，男方不得行使彩礼返还请求权。

（六）明确彩礼返还的诉讼时效

本文建议，对于有关彩礼的权利保护，适用普通的诉讼时效，即三年。

四、结语

彩礼自古以来作为聘定的含义，还将持续存在于我国婚恋文化中，而《婚姻法解释（二）》第 10 条规定过于笼统，导致实践中对该权利的行使存在较大争议。本文从彩礼返还请求权规则存在的相关问题着手，在对彩礼给付法律性质分析的基础上，进一步提出了对彩礼返还请求权的完善建议，以期对该权利的适用作出一定贡献。

未实缴股东表决权行使之限制研究

王 欣*

(中国政法大学 北京 100088)

摘 要：随着《公司法》将公司的资本制度规定为认缴制，导致股东违反出资义务的方式变得多样化，其中最为普遍的是股东不按期缴纳出资，甚至是"0"出资，这就导致公司资本在创立之初就严重缺失，进而出现许多"空壳公司"，而股东的权益却未受到影响，此种做法不仅严重损害了公司和债权人的利益，也在很大程度上扰乱了市场秩序。但是，我国《公司法》及相关司法解释尚未就如何限制未实缴股东表决权的行使作出明确规定。为了规范市场秩序，维护公司和债权人的合法权益，应当加大研究力度，同时完善相关领域的立法。

关键词：瑕疵出资 表决权 限制

一、问题的提出

公司创立初期的资本全部来源于股东，《公司法》将公司的资本制度规定为认缴制，但在股东违反出资义务时，其表决权应否受到限制以及如何进行限制，未作出明确规定。最高人民法院《关于适用〈中华人民共和国公司法〉若干问题的规定（三）》第 17 条规定了股东除名制度，即有限责任公司的股东未履行出资义务或抽逃全部出资，经催告缴纳在合理期间内仍未缴纳或返还的，公司可通过股东会决议解除该股东的股东资格。但是，第 17 条也仅对

---

* 作者简介：王欣（1989 年-），男，汉族，内蒙古自治区鄂尔多斯市人，中国政法大学在读研究生，研究方向为民商法学。

未实缴股东权利作出一般性限制，并未就其表决权作出限制规定。总之，现行法律中，并未有关于未实缴股东表决权限制的相关规定。但在实践中，股东的各种瑕疵出资行为层出不穷，严重损害了公司和债权人的利益，也扰乱了市场秩序，基于此，有必要对股东表决权应否限制及如何限制展开研究。

二、股东未实缴行为的内涵与外延

股东未实缴即股东出资存在瑕疵。关于"瑕疵出资"，学界尚无准确的定义，一般是指股东未按公司章程或者《公司法》的规定履行出资义务或者未完全履行出资义务。同时，学界对瑕疵出资的认定标准主要存在以下两种观点：第一种观点认为，瑕疵出资仅针对非货币财产出资或实物存在瑕疵。第二种观点认为，瑕疵出资包含了所有违反出资义务的行为。[1]通过分析《公司法》第28条规定，可以看出，无论是以货币还是非货币形式，股东未按照公司章程和《公司法》规定出资的，均属于未实际缴纳出资。

本文更倾向第一种观点，认为瑕疵出资即出资的形式和方式不符合法律或公司章程的规定，抑或未完全履行出资义务。股东未出资或者抽逃出资、虚假出资的，不应被纳入瑕疵出资的范畴。

三、股东表决权的内涵与性质

（一）股东表决权的内涵

关于股东表决权的含义，学界也存在不同观点。有学者认为，表决权是指股东在股东大会对重要事项表达是与否的一种权利。而有的学者则认为，股东表决权是指股东基于自身的股东资格，就股东大会的决议事项作出意思表示，从而形成公司意志的权利。[2]这两种观点皆表明，股东表决权是股东出资后依法享有的对于公司重大事项进行表决的权利。

（二）股东表决权的性质

首先，表决权是一种特殊的共益权利。股东首先通过行使表决权来完成对企业的管理和操控，此时该权利应被视为共益权。但表决权的行使也是股东维护自身权益的方式之一，因此，表决权也兼具自益权的特性。股东权利来

---

〔1〕 蒋国艳、漆飞："论瑕疵出资股东表决权的行使与限制"，载《学术论坛》2014年第10期。

〔2〕 蒋国艳、漆飞："论瑕疵出资股东表决权的行使与限制"，载《学术论坛》2014年第10期。

源于股东实缴资产，而表决权是股东行使股东权利，参与企业经营管理最直接的方式，基于此，依据平等原则或是权利与义务相统一原则，瑕疵出资的股东在没有彻底遵循企业章程的出资责任情况下，对其表决权进行限制，合乎我国《公司法》的立法目的，也符合公平正义原则，具有合理性。

其次，表决权是比例股权。根据《公司法》第42条的规定，表决权依出资比例行使，因此与股利分配请求权、剩余财产分配请求权相同，表决权是一种比例股权。[1]

四、表决权行使的重要性

对企业来说，表决权是其经营过程中的核心要素。首先，表决权的行使是公司产生合理决策的必要环节，公司的关键事项由公司股东在股东大会行使表决权来决定。表决权是公司股东依其股东资格，在股东大会作出意思表示，并最终形成公司共同意志的权利。同时，一定比例的表决权是作出合理决定的先决条件。如果表决权不符合《公司法》关于表决权比例的规定，公司决策可能因被提起诉讼而撤销。因此，表决权制度是形成公司意志、实现公司经营管理和发展的必备要素和关键环节。

其次，对股东来说，表决权是股东获得公司决策权的特殊工具。在目前的公司治理体系下，使用权和合同权相互分离。表面上，公司的管理和运营由执行董事和股东大会控制，但实际上由其背后公司股东的决策权占主导地位。基于此，公司执行者在经营层面的决策权，仅限于公司股东表决事项范围内，一旦超过限度，公司股东将行使表决权，进而达到对公司的实际控制，因此股东的表决权至关重要。

五、对未实缴股东表决权进行限制的建议

（一）完善立法

目前法律中，仅有《关于适用〈中华人民共和国公司法〉若干问题的规定（三）》对瑕疵出资股东的部分限制作出规定，但并未涉及表决权的限制问题。为有效防止企业乱象，督促公司股东按时注资，规范金融市场，需要

---

[1] 李玫、孙碧霞："论瑕疵出资股东的表决权限制"，载《哈尔滨商业大学学报（社会科学版）》2018年第5期。

对未实缴股东的表决权如何限制作出明确法律规定，以便为司法实践活动提供明确的法律依据。

（二）司法释明

2018 年修正的《公司法》第 42 条关于出资比例的规定较为模糊，对此，学界看法不一。有学者认为出资比例系认缴出资的投资比例，也有学者认为是实缴出资的投资比例。本文认为，将上述法律条文中的出资比例界定为实缴比例更为妥当。因为根据权利义务相统一的原则，公司股东的股东资格应以相应的实缴出资为条件，未实缴的股东不能够当然取得股东权利，只有在其按期履行出资义务之后才能享有相应的权利。对此，需要在司法实践过程中对该规定予以释明。

（三）公司做出相关规定

对于未履行出资义务的股东，公司应在出资期限届满前的合理时间内予以催告，如到期仍未缴纳出资，公司可以依法剥夺其表决权及其他股东权利，如催告后按时履行，可继续依法行使股东权利。同时，对于未全面履行出资义务和分期履行出资义务的股东，在每个缴纳期限届满前对其进行催告，根据其履行情况，确认其享有的股东权利比例。此外，对于补足出资的股东是否可以享有违约之前的股东权利，笔者持赞同态度。因为瑕疵出资仅限于瑕疵出资的期间内，股东全部或者部分权利被公司惩罚性冻结，但其在补足出资后，权利自然归于正常，无须加以限制。

综上所述，对未实缴的股东表决权应当受到合理的限制。这不仅是权利义务相统一原则和公平原则的集中体现，也是法律精神的核心所在。但是，目前关于未实缴股东行使表决权的限制并无明确法律规定，无法为公司维护其权利提供合法依据，不利于维护市场稳定秩序。为此，应当加强对该领域的立法解释及司法解释，以督促未实缴的股东积极履行出资义务，进而维护市场稳定，促进国家的繁荣昌盛。

我国同性婚姻模式立法问题研究

高 洋*

（中国政法大学　北京 100088）

摘　要： 本文简要分析了我国建立同性婚姻法律制度的必要性及国外同性婚姻立法的四种主要模式，提出了我国同性婚姻模式的"三步走"构想：首先构建符合中国实际的注册伴侣制度；其次待时机成熟时实现同性婚姻合法化；最后在此基础上进一步完善相关法律法规，使同性异性婚姻平权。

关键词： 同性恋　同性婚姻　同性权益

目前科学已证明同性恋是生物界中存在的一种普遍现象，根据国内最广泛使用的同性恋社交软件 Blued 发布的《2015 年中国同志社群大数据白皮书》显示，截至 2015 年，我国男女同性恋者占总人口比例为 5%，且该比例基本保持稳定。2021 年 5 月 11 日，第七次全国人口普查结果公布，全国人口（不含港澳台）共 1 411 778 724 人。按照 5% 左右的人口比例估计，我国大陆的同性恋总人口在 7000 万以上，相当于世界人口数量排名第 20 位的泰国的总人口数量，因此同性恋人群的权益保障是我国公民权益保障的重要组成部分。[1]

一、我国构建同性婚姻法律制度的必要性

目前我国只承认异性伴侣缔结婚姻的合法性，同性婚姻不被我国法律所认可。但鉴于时代发展的趋势及我国庞大的同性恋人数，建立同性婚姻法律

---

* 作者简介：高洋（1983 年-），男，汉族，上海市人，中级经济师，研究方向为民商法学。

〔1〕 张铮："浅析同性婚姻、宪法权利与自由"，载《法制与社会》2020 年第 1 期。

制度是十分必要的，主要表现在以下两个方面：

（一）有利于弥补现行法律漏洞

荷兰于 2001 年成为世界上首个将同性婚姻合法化的国家，截至 2022 年 1 月，世界上已有 26 个国家或地区完全或部分承认同性婚姻合法。[1]考虑到我国庞大的同性恋人口基数及日益密切的国际交往需要，我国没有制定任何同性婚姻法律制度的现状不仅使同性恋群体的合法权益难以得到保障，而且会导致我国和目前已承认同性婚姻合法化的国家或地区的法律冲突。[2]

（二）有利于控制性传播疾病传播

根据现有研究，男男同性恋人群在现有的艾滋病传播群体中占很大的比重，在生理上，男男同性恋者的性行为更容易传播艾滋病，同性恋者的性伴侣关系紊乱更加剧了艾滋病在男男同性恋群体中的传播风险。同性恋者通过婚姻形成稳定的伴侣关系客观上会促使同性恋群体规制自己的伴侣关系，从而降低性传播疾病的概率。

二、国外同性婚姻立法模式

在目前已有同性婚姻立法实践的国家中，同性婚姻制度主要有以下四种模式：

（一）完全的同性婚姻模式

这种模式以荷兰为代表，该模式是完全的同性婚姻模式，被视为同性婚姻法律制度的最终形态。[3]这种制度下的同性婚姻与异性婚姻制度几乎没有区别，同性婚姻和异性婚姻在法律上得到了同等的保障。1998 年 1 月 1 日，《荷兰登记伴侣关系法案》正式生效，该法案同时适用于异性伴侣和同性伴侣。法案规定，通过合法登记注册的同性或异性伴侣享有相同的权利。荷兰议会随后通过了《调整法》，将婚姻法律中的称谓进行了统一替换，例如将"妻子""丈夫"等词统一替换为"配偶"，从而使同性和异性婚姻伴侣享有同样的法律权利。

---

〔1〕 梁茂信："权力与权利的博弈：美国同性婚姻的合法化及其悖论思考"，载《吉林大学社会科学学报》2020 年第 3 期。

〔2〕 张镇涛、刘敏绮："浅谈同性婚姻合法化的可行性"，载《法制与社会》2020 年第 3 期。

〔3〕 Cossman Brenda, "Same-Sex Marriage Beyond Charter Dialogue: Charter Cases and Contestation Within Government", *University of Toronto Law Journal*, 11（2018）.

（二）注册伴侣制度

这种制度为同性恋建立了一套独立且完整的法律体系，从而避免了对传统婚姻制度的冲击。这种制度以德国和英国最为典型。2001 年 8 月 1 日，德国开始实行《同性生活伴侣法》。法案规定同性恋者只要在法定机构注册登记即可享有异性伴侣才能享有的绝大多数权利，该国法律也对同性伴侣之间的同居关系进行保障。2004 年英国议会通过了《民事伴侣法》，对于同性婚姻的法律规定与传统婚姻基本无区别。该法案规定同性伴侣之间只要签署官方发布的文件即可在此文件生效后享有诸如继承、监护、财产和收养等绝大多数异性婚姻享有的权利。

（三）互助契约模式

这种模式介于婚姻与同居关系之间，是一种中间模式。法国是这种模式的典型代表。2000 年 1 月，法国国会通过了《公民互助契约法案》（简称PACS 法案），创造性地设立了一种同性婚姻的保护模式。该模式同时适用于异性和同性伴侣之间，旨在对伴侣双方的同居关系进行规制。这种互助契约性质上类似于民事合同，想要建立此类契约并长期生活在一起的伴侣双方均需要通过向所在地的法院提交合同来表明自愿结成伴侣的意愿，契约中会详细列明伴侣双方的权利和义务，因此该契约实质上保护的是一个被法律所承认的同居关系。值得注意的是，传统的婚姻仍然是异性主体之间才能缔结，因此互助契约模式形式上并不影响传统婚姻制度。

（四）事实伴侣模式

这种模式以澳大利亚最为典型。1984 年澳大利亚新南威尔士州颁布了《事实伴侣关系法》，其他各州参考该法案先后制定了本地区的类似法案，这些法律调整的都是异性关系。1999 年新南威尔士州率先修订了《事实伴侣关系法》，将事实伴侣的概念扩大到同性伴侣，随后其他州也做了类似的调整。该模式下的事实伴侣是指两个没有法律上的婚姻关系但却又共同生活在一起的民事主体。事实伴侣模式是在澳大利亚高同居率和低结婚率背景下产生的，规制的主要是事实上的同居关系，是一种从实际出发的权宜之计。

三、我国同性婚姻模式的构建

（一）四种同性婚姻制度的可适用性

上述四种同性婚姻制度，目前只有注册伴侣制度比较适用于我国。[1]主要有以下原因：

（1）根据我国的文化传统及公民接受程度，我国现阶段难以实施完全的同性婚姻模式，该模式对于我国现有法律制度的冲击较大，并不适应我国现有国情。

（2）互助契约模式和事实伴侣模式在性质上更类似于事实婚姻制度，鉴于我国目前已普遍取消对事实婚姻的承认，采取这两种模式可能带来一系列的司法冲突。

（3）注册伴侣制度在保留传统异性婚姻制度的基础上另起炉灶建立了一套独立且完整的法律体系，这样可以最大限度避免对原有相关法律和法规的冲击，同时也比较容易被社会成员接受。

（二）注册伴侣制度的具体适用

根据上述思路，对于我国的同性婚姻模式制度的构建，可以按照以下三个步骤依次进行：

（1）构建符合中国国情的注册伴侣制度。作为过渡方案的第一步，可以在不触及我国传统异性婚姻制度的前提下，根据我国国情建立一种注册伴侣制度。对于同性伴侣只要在法定机构注册登记即可享有异性伴侣所享有的诸如监护和财产等绝大多数权利，此外，法律也会对同性伴侣之间的同居关系进行保障。但基于我国国情，我国注册伴侣制度应区别于欧美同性伴侣制度，对于同性伴侣的收养和继承权应予放缓。这种制度作为一种过渡方案将长期存在，直到我国社会对于同性婚姻的接受程度逐步提高时再进一步推动同性婚姻合法化。

（2）时机成熟时实现同性婚姻合法化。当我国社会对于同性婚姻的偏见降低到一定水平时，可以考虑制定专门的《同性婚姻法》来维护同性伴侣诸如继承和收养等合法权益。这一步是同性婚姻合法化的关键，也是同性婚姻合法化的标志。

---

〔1〕李睿琦：“我国同性婚姻合法化构建探究”，载《法制与社会》2019年第5期。

（3）完善相关法律法规，使同性异性婚姻平权。这一阶段的任务是完善我国的相关法律和法规，对同性婚姻进行法律法规的配套完善工作。例如《收养法》对于同性伴侣收养的规定，《继承法》对于同性伴侣继承权的规定，《医疗机构管理条例》对于同性伴侣手术签字权的规定，《保险法》对于同性伴侣一方遭遇不测时另一方作为受益人的规定等。

我国关联交易效力审查规则研究

王云龙*

（中国政法大学　北京 100088）

摘　要： 与关联交易相关的纠纷通常出现在中大型企业及上市公司中。然而近年来随着经济的发展，小微企业在关联交易中引发的纠纷日益增多，结合司法制度的改革特别是执行攻坚政策的落地，现行关联交易的法律适用问题愈发突出。

关键词： 关联交易　小微企业　法律适用

一、关联交易的利弊分析

（一）关联交易在公司运营中的作用

首先，体现在财务筹划中，公司在财务状况不理想的情况下为维系良好的财务状况，控制好公司盈余和利润存量及增量，以保证良好信用背书，从而便于在公司上市或筹资配股时满足相应条件，由此需要对关联方进行掌控，在此情况下常常会运用到与关联方的关联交易。

其次，同样基于对关联方的掌控，关联交易在企业的商业活动中交易费用低、沟通简洁，能有效控制商业成本，提高交易效率，进而缔造规模效益，具有直观的特殊优势。

最后，关联交易有利于实现纳税最优化。在许多情况下，关联企业为了能够实现整体税负额的最低化，通常都会借助各个区域范围内的税率差额进

　*　作者简介：王云龙（1989 年-），男，汉族，贵州省贵阳市人，贵州乾通律师事务所律师，业务领域为民商事诉讼及非诉讼业务。

· 244 ·

行纳税调整，或者凭借关联交易的方式转移利润，将利润从税负较高的一方转移至税负较低的一方，进而实现纳税最优化。

（二）关联交易的主要弊端

关联交易的弊端主要体现在以下三个方面：

第一，容易给广大投资者造成巨大损失。主要表现在某些公司的大股东常常凭借自身的权利，使用关联交易的方式损害其他小股东的利益；并且上市企业为了能够达到某些目的，存在对财务报表进行造假，粉饰业绩，虚构实际利润值，通过财务舞弊的行为抬升股票价格的情况。此外，在实现目标之后，造假的部分被打回原形，利润严重缩减，股票价格随之暴跌，进而导致投资者蒙受巨大损失。[1]

第二，关联交易本身存在侵害债权人利益的重大风险。如果公司通过关联交易蓄意制造不实的财务报表，将直接影响银行或金融机构对风险控制的判断，进而加剧未来不可控收款风险，债权人利益必然遭受影响。此外，某些公司通过频繁的关联交易将利润转移至关联公司，而关联公司并不与任意第三方进行业务往来，从而阻隔债权人通过法律手段强制实现债权的途径，关联公司进而成为资产的避风港，严重侵害了债权人的合法权益。

第三，滋生利己主义思想，通过关联交易让大股东或者掌控者直接或间接获利，例如通过关联方之间互相提供劳务，变向给高管支付高昂薪资，进而损害公司利益，致使公司丧失长远发展活力，削弱公司市场竞争力。

二、诉讼主体的确定及法律适用

（一）概念

公司关联交易损害责任纠纷属于民事案由中编号为 258 的三级案由。《公司法》第 21 条对公司关联交易损害责任作了概括性规定，《公司法》第 216 条明确了关联关系的范围。但《公司法》及司法解释对关联交易规定并不具体，《公司法》第六章"公司董事、监事、高级管理人员的资格和义务"未禁止关联交易或认定关联交易无效，也未对关联交易具体区分和细化，但是可

---

〔1〕 戴雅娟："关联交易利弊分析及弊端改善对策分析"，载《现代经济信息》2018 年第 31 期。

以参照或援引相关关联交易的规定来认定关联交易导致损害的情形。[1]

司法实践中有关关联交易损害公司利益情形主要包括：公司与关联主体之间的资产买卖、公司为其关联主体进行担保、控股股东无偿占有挪用公司资产资金及贷款、控股股东转移公司利润、控股股东的债务由公司的债权或者资产进行冲抵等。此外，还存在股东利用关联交易将出资抽回，进而侵害公司权益的情况。对此，最高人民法院《关于适用〈中华人民共和国公司法〉若干问题的规定（三）》第12条明确规定，公司成立后，公司、股东或者公司债权人以相关股东利用关联交易将出资转出且损害公司权益为由，请求认定该股东抽逃出资的，人民法院应予以支持。

综合上述相关法条规定和司法实践，我们可以从以下五个方面判断关联交易是否损害了公司利益：

（1）关联交易是否按照《公司法》及公司章程等规定履行了相应的程序。

（2）关联交易行为是否违反了法律法规禁止性或强制性规定。

（3）关联交易的对价是否符合市场交易的合理公允价格，定价过程是否公平协商，定价依据是否予以充分披露。

（4）关联交易的动机是否存在以各种形式占用或转移公司的资金、资产及其他资源的情况。

（5）关联交易活动是否遵循商业原则及商业习惯，有无明显不当或显失公平。

（二）诉讼主体的确定

依据《民事诉讼法》第122条规定，"原告是与本案有直接利害关系的公民、法人和其他组织"。公司关联交易损害责任纠纷中的原告主要有以下类型：

（1）公司作为原告。公司作为被侵权人，有权请求侵权人承担侵权责任。

（2）监事会或者不设监事会的有限责任公司的监事作为原告。依据《公司法》第151条第1款，如董事、高级管理人员利用关联交易损害公司利益时，监事会或者不设监事会的有限责任公司的监事可以向人民法院提起诉讼。

（3）董事会或者不设董事会的有限责任公司的执行董事作为原告。依据

---

[1] 刘雪峰、石坤："金融控股公司关联交易的现状及优势探讨"，载《市场论坛》2014年第1期。

《公司法》第 151 条第 1 款，如监事利用关联交易损害公司利益时，前述股东可以书面请求董事会或者不设董事会的有限责任公司的执行董事向人民法院提起诉讼。

（4）有限责任公司的股东、股份有限公司连续 180 日以上单独或者合计持有公司 1%以上股份的股东作为原告。依据《公司法》第 151 条第 2 款，如董事、监事、高级管理人员利用关联交易损害公司利益时，股东经过相应的前置条件（即监事会、不设监事会的有限责任公司的监事，或者董事会、执行董事收到股东书面请求后拒绝提起诉讼，或者自收到请求之日起 30 日内未提起诉讼），或者情况紧急、不立即提起诉讼将会使公司利益受到难以弥补的损害，股东有权为了公司的利益以自己的名义直接向人民法院提起诉讼。

同时最高人民法院《关于适用〈中华人民共和国公司法〉若干问题的规定（一）》第 4 条规定："公司法第一百五十一条规定的 180 日以上连续持股期间，应为股东向人民法院提起诉讼时，已期满的持股时间；规定的合计持有公司百分之一以上股份，是指两个以上股东持股份额的合计。"对股份有限公司的股东作为原告的规定进行了细化。特别需要注意的是，如股东在诉讼期间丧失股东资格（有限公司）或持股不满足 1%以上（股份公司），法院将驳回起诉。

利用关联交易的侵权人作为被告，依据《公司法》第 216 条，公司控股股东、实际控制人、董事、监事、高级管理人员、与上述人员有直接或者间接关联关系的主体都可以作为被告。

如监事会或者不设监事会的有限责任公司的监事、董事会或者不设董事会的有限责任公司的执行董事作为原告起诉侵权人，公司可以作为第三人。根据事实查明的需要，在以公司控股股东、实际控制人、董事、监事、高级管理人员为被告时，与其有直接或者间接关联关系的主体有时候也会作为第三人参加诉讼。

三、结语

市场活动中小微企业才是商业体量的担当，然而商业体量决定了其商业地位，个体的微小注定了其不需要过于复杂的商业操作，只是逐利的驱动也使得小微企业在现行法治环境下将目光投向了关联交易，虽然最高人民法院《关于适用〈中华人民共和国公司法〉若干问题的规定（五）》打破了程序合法的抗辩理由，拓展了股东代表诉讼的适用范围，然而小微企业滥用关联交易主要目的是对抗债权人债权实现，逃避法律责任。通常债权人只能通过主张恶意串通和行使债权人撤销权的途径维护自身合法权益，此时由债权人承担举证责任，但在实务中作为非掌握公司内情的债权人往往难以取证。而关联交易损害责任纠纷举证责任在被告，如果债权人亦能适用相关法律规定无疑将更大程度保护其合法权益，则会有利于市场环境的诚信交易。

个人信息与隐私的界限问题研究

许　臻*

（中国政法大学　北京 100088）

摘　要： 网络产品日渐成为人们日常生活密不可分的一部分，与此同时，由互联网所引发的关于个人信息和隐私保护的法律问题也成为广泛关注的话题。个人信息和隐私具有重合性，二者的界限问题也关系到对公民权利的保护。我国《民法典》对隐私、个人信息的基本概念作了明确的界定，但随着个人信息的不断外延，个人信息往往包含个人私密信息，因此需要进一步制定和完善相关法律法规，给予个人信息和隐私全面的保护。

关键词： 隐私权　个人信息　数字时代　法律保护

近年来，随着数字技术的更新迭代，数字经济的快速发展逐渐改变了人类生活、社交和工作的方式。在大数据时代，人们的行动轨迹、生活习惯、购物、社交等个人数据信息，被商业机构采集、分析、预测，形成了完整的用户画像。为了使用户画像和客户投放更为精准，网络产品需要对大量的数据样本进行分析，从而提升数据模型，而用户数据中往往包含着大量的个人隐私信息，使得个人信息和隐私边界更加模糊，从而增加了二者关系的复杂性，因此厘清个人信息和隐私概念，并在此基础上区分二者保护规则显得十分必要。

---

* 作者简介：许臻（1986 年-），女，汉族，上海市人，中国政法大学同等学力在读研究生，研究方向为民商法学。

一、个人信息与隐私的概念界定

（一）隐私权的界定

隐私权是近代文明的产物，是人类追求人格尊严和人格自由发展的结果。自1890年美国学者提出隐私权概念以来，隐私权经历了从普通法上的隐私权到宪法上的隐私权，从消极的"独处权"到积极的自主控制个人信息权利的转变过程。[1]

因此，隐私权主要分为传统隐私权和现代隐私权。传统隐私权更侧重个人独处权利，即强调"隐"的精神性权利，属于不受他人干涉的、防御型的消极性权利；而现代隐私权更注重的是自主控制信息的处理权，即一种自我决定、自主控制的积极性权利。

（二）个人信息的界定

对个人信息的界定主要存在三种理论学说：其一，"关联说"认为，个人信息是指凡是与个人相关的一切事项，包括判断、评价等可以直接或间接与公民个人相关联的一切信息。[2]其二，"隐私说"认为，个人信息指不愿意公开的各种个人信息，这种定义方式，主观意愿起到了关键作用。[3]其三，"识别说"认为，凡是能够识别出个人身份的信息都是个人信息。根据个人信息的识别程度，分为直接识别和间接识别。直接识别是指能够直接通过单个个人信息确认主体身份的识别方式；间接识别是指无法通过单一信息直接确认主体身份，需要与其他信息相结合来确认信息主体身份的识别方式。[4]

在立法层面主要有两种界定方式：其一，"概括式定义"，如欧盟1995年的《数据保护指令》规定，"个人数据指与一个人身份已被识别或者身份可以识别的自然人（数据主体）相关的任何信息"；为了适应信息技术发展的需要，2018年欧盟出台了《通用数据保护条例》（GDPR），进一步扩大了个人信息的保护范围，规定可识别的人是指能直接或间接识别的个体，将位置数据、网上标识、遗传信息等纳入个人信息的保护范围；其二，"概括列举式"，

---

〔1〕 魏晓阳："日本隐私权的宪法保护及其对中国的启示"，载《浙江学刊》2012年第1期。

〔2〕 王海洋："个人信息与隐私关系的法理研究"，厦门大学2019年硕士学位论文。

〔3〕 吴丧弘："个人信息的刑法保护研究"，华东政法大学2013年博士学位论文。

〔4〕 孙昌兴、秦洁："个人信息保护的法律问题研究"，载《北京邮电大学学报（社会科学版）》2010年第1期。

在概括个人信息特征的基础上，明确列举相关种类作为参照，从而进一步明晰个人信息的界定范围。

二、个人信息与隐私的联系与区别

根据上述对于个人信息与隐私的界定可以看出，隐私权和个人信息存在相当程度的重合，但在性质、客体等方面存在也比较明确的界限。

（一）个人信息与隐私的联系

第一，隐私与个人信息的权利主体都是自然人，属于人格权益的范畴。

第二，二者在客体上具有交叉性，尤其体现在隐私信息与个人信息存在高度重合的可能性。一方面，有的个人信息涉及个人不愿意公开、被外界打扰的范围，属于个人隐私；另一方面，许多个人信息也具有个人私密信息的属性，在大数据时代，通过数字化技术将具有一定隐私属性的信息进行收集和分析，以关联或识别确定体身份，从而具备个人信息的特征。某些隐私虽然要基于公共利益而受到一定的限制，但并不意味着这些信息不再属于个人信息，许多个人信息都属于个人隐私的范畴。[1]

第三，隐私与个人信息都包括非法收集、转让、泄密等侵害形式。同时，二者在侵权后果上也具有竞合性，如果随意传播具有隐私特征的个人信息，可能会同时产生侵犯个人信息权和隐私权。

第四，对二者权利保护的目的相同，都体现了个人对其私人生活的自主决定。无论是保障隐私还是个人信息，都是保障个人的人格权利和生活的自由安宁，维护自然人的人格尊严。[2]

（二）个人信息与隐私的界限

第一，隐私强调的是"隐"，主要表现为个人不愿意公开的私密信息，单个信息不一定能辨识权利主体的身份；而个人信息则强调身份的识别性，可以通过该信息已识别或者可识别特定自然人。[3]

第二，隐私属于精神性的人格权；而个人信息则是包含精神和财产利益的综合性权利，在信息时代，个人信息的商业价值尤为突显。

〔1〕 王利明："论个人信息权的法律保护——以个人信息权与隐私权的界分为中心"，载《现代法学》2013年第4期。
〔2〕 赵明、肖东、顾淑祥："个人信息权与隐私权的界分"，载《法制博览》2019年第17期。
〔3〕 王利明："和而不同：隐私权与个人信息的规则界分和适用"，载《法学评论》2021年第2期。

第三，隐私权属于消极、防御性的权利，只有当该权利受到侵害时，才可以提出主张；而个人信息权是一种积极的权利，可以进行防御，也可以对个人信息进行自主支配、控制和利用。

第四，从侵害的方式看，侵犯隐私权的行为包括非法披露他人不愿为他人知晓的私密信息及其他侵害方式，如非法窃听、私闯民宅等；而对个人信息权的侵害则更强调为了获取利益对个人信息进行非法利用。

三、个人信息与隐私界限问题的立法实践

我国《民法典》第 1032 条、第 1033 条提出了隐私的概念、界定标准以及侵犯隐私的行为方式，同时明确规定收集隐私信息时，需要"权利人明确同意"，才能进行免责。我国对于个人信息则采取了"概念+列举"式的方式界定，《民法典》第 1034 条和《个人信息保护法》第 4 条对个人信息进行了界定，强调了"个人信息""可识别性"的本质特征，同时规定在收集个人信息时，权利人可以采用明示和默示同意的方法。

对个人隐私的保护可以根据《民法典》第 995 条，行使人格权请求权，且可基于侵权责任请求损害赔偿。个人信息在受到侵害时，则可根据《民法典》第 1037 条之规定，要求侵权者采取更新、更正、删除等救济方式，此外由于个人信息还具有商业利用价值，个人信息权受到侵害时，除了主张人格权请求权外，还可以采取财产救济的方式。

由此可以看出，《民法典》为个人信息和隐私的区别提供了基本标准，并在此基础上制定了不同的保护方式，为完善我国个人信息与隐私制度提供了根本依据。

四、结语

在互联网和大数据时代，个人信息的范畴随着信息技术的发展不断延展，大数据和算法在便捷生活的同时，也一定程度上让渡了人们的个人隐私，人们为了使用网络产品而只能选择授权，抑或在不知情的情况下被过度收集和利用个人隐私信息。因此，需要进一步明确隐私和个人信息的界限。《民法典》已对两者进行了规则界分，但随着新兴技术的不断发展，个人信息的边界也逐步泛化，所以我们还需要制定和完善隐私和个人信息保护与监管体系，以实现对个人权利的保护，进一步促进数字经济的发展。

有限责任公司股东会决议未予执行行为可诉性研究

黄　丽*

（中国政法大学　北京 100088）

摘　要：在现代企业治理过程中，现有的公司法条款有时很难为解决有限责任公司的治理问题提供相应的法律依据。股东会作为公司治理的决策机构及最高权力机构，关于其决议的效力及执行问题往往易成为矛盾的焦点，因此本文将重点针对股东会决议可诉性情况展开研究。

关键词：股东会决议　诉讼主体　适格

一、关于股东会决议的相关法律规定

有限责任公司的股东是指向公司投入资金并依法享有权利、承担义务的自然人或法人。股东会是公司意思的形成机构和最高权力机构。[1]股东会是股东行使权力的机构，对公司作出的各项重大决策有决定权。针对股东对股东会决议存在异议时的救济问题，《公司法》第 22 条也作出了明确规定，即公司股东会或者股东大会、董事会的决议内容违反法律、行政法规的无效。同时规定，股东会或者股东大会、董事会的会议召集程序、表决方式违反法律、行政法规或者公司章程，或者决议内容违反公司章程的，股东可以自决议作出之日起 60 日内，请求人民法院撤销。同时《关于适用〈中华人民共和

---

*　作者简介：黄丽（1985 年-）女，汉族，江西省九江市人，中国政法大学同等学力在读研究生，研究方向为民商法学。

〔1〕范健主编：《商法》（第 2 版），高等教育出版社 2002 年版，第 169 页。

国公司法〉若干问题的规定（四）》明确规定，公司股东、董事、监事等请求确认股东会或者股东大会、董事会决议无效或者不成立的，人民法院应当依法予以受理。并对相关诉讼主体作出了规定，原告请求确认股东会或者股东大会、董事会决议不成立、无效或者撤销决议的案件，应当列公司为被告。对决议涉及的其他利害关系人，可以依法列为第三人。

但是针对股东会决议不存在无效、可撤销或不成立的情况即股东会决议合法合规，但是公司的股东会决议执行机构却未予以执行该决议，进而使股东利益受损时股东权利的保障却并没有明文规定。

为此，本文重点针对股东决议未予执行问题开展研究。首先，需明确有限责任公司股东为 50 人以下，股东人数是确定的，股东会决议的形成依据的是公司法和公司章程规定的权力机构决策程序，并非依据民法契约自由的行为而产生的相关的合约性合同要约或承诺行为。

二、股东会决议未予执行行为可诉性之法理分析

在公司法架构下，股东会决议作为公司治理内部的最高决策，其决议执行机构按照公司的机构设置区分为董事会或不设董事会的执行董事。在公司内部管理层面，当股东会决议未被执行而造成股东权益受损时，股东可以启动内部追责程序对渎职或不作为的董事会成员或执行董事进行相应的内部处理，即股东会认为董事会工作没有竭尽忠诚和勤勉可以通过法律或章程规定的程序撤换或罢免董事会成员，改组董事会。[1]但实践中董事会成员或执行董事往往由股东方代表担任，代表股东的意志，因此，股东会决议的执行容易受到股东的意志影响。

本文主要通过案例方式分析股东会决议未予执行行为的可诉性：甲公司是由 A 和 B 两家公司投资成立的有限责任公司，由于公司经营不善，亏损日益加剧，2009 年公司召开股东会，股东会形成决议，由 A 公司收购 B 公司所有股权，双方以 9 月 1 日为基准日进行资产评估。股东会决议形成后，由于双方针对股权收购及双方之间的债权债务未达成一致，导致股权收购工作迟迟未启动，同时由于 A 企业为国有公司，资产评估基准日应在转让前一年进行，现期间已过。B 公司要求 A 公司履行股东会决议，并赔偿相应的损失。

---

〔1〕 鲁桂华主编：《公司治理纠纷典型案例解析》，中国法制出版社 2021 年版，第 73~74 页。

通过上述案例可以发现，在有限责任公司治理模式下，两个股东之间通过股东会决议的形式形成了股权转让的一致表示，此种情形容易被误认为是双方之间的合意行为或先合同行为。依据《民事诉讼法》第3条的规定，民事行为的可诉性需要符合可受理性要求，即人民法院受理公民之间、法人之间、其他组织之间以及他们相互之间因财产关系和人身关系提起的民事诉讼，具体要求如下：

（一）主体适格

如果在股东会决议未予执行的情况下提起诉讼，涉及诉讼主体的确定问题。民诉法明确规定，适格的诉讼主体主要包括：公民、法人或其他组织。股东会决议的执行机构为董事会或公司章程规定的相应机构，股东作为诉讼主体毫无疑问是符合法律规定的。但与此同时，需要进一步对民事诉讼法所规定的"其他组织"进行界定。

根据最高人民法院《关于适用〈中华人民共和国民事诉讼法〉若干问题的意见》第40条（已失效）、《民事诉讼法》第49条规定，其他组织是指合法成立、有一定的组织机构和财产，但又不具备法人资格的组织，包括：①依法登记领取营业执照的私营独资企业、合伙组织；②依法登记领取营业执照的合伙型联营企业；③依法登记领取我国营业执照的中外合作经营企业、外资企业；④经民政部门核准登记领取社会团体登记证的社会团体；⑤法人依法设立并领取营业执照的分支机构；⑥中国人民银行、各专业银行设在各地的分支机构；⑦中国人民保险公司设在各地的分支机构；⑧经核准登记领取营业执照的乡镇、街道、村办企业；⑨符合本条规定的其他组织。

综上，除法律明确规定外的公司机构，其他机构并非诉讼法意义上的适格主体，具体而言，股东会决议执行机构并非诉讼适格主体。结合上述案例，B公司对A公司提起诉讼，请求赔偿损失，但A公司并非股东会决议执行机构，因此单纯起诉A公司不予执行股东会决议不具有可受理性。

（二）诉讼标的可诉

《民事诉讼法》第3条明确规定，针对人身关系和财产关系提起的诉讼属于民事诉讼法的管辖范围。在公司法架构下，关于股东会决议未予执行的行为本身既不属于人身关系也不属于财产关系，因此股东针对公司不履行生效的股东会决议的行为采取诉讼手段，其诉讼标的并不属于民事诉讼法管辖范围。

三、股东因股东会决议未予执行而利益受损的救济

股东会决议是对公司作出的一些决策，此类决策往往存在三种情况：第一类是公司实际经营过程中的重大事项，不涉及股东之间的利益分割或相关事项；第二类是股东之间针对某类涉及双方利益事项所作出的决策，例如案例中提到的股权转让事项；第三类涉及公司分红的情况。基于此，当股东的利益因股东会决议未予执行而遭受损失时，其可诉性依据主体和内容差异而产生不同结果，因此，应当结合具体情况分类处理。

在第一种情况下，股东会决议未执行造成股东利益受损时，股东会决议的执行机构应承担责任，此时我们不应以决议执行机构作为诉讼主体提起诉讼，而应该将不执行决议的行为具体到决议执行机构的每个具体的责任人，并根据《公司法》第 152 条之规定，由股东向人民法院提起诉讼。同时因股东会决议不执行的损害赔偿也并非诉讼标的，诉讼标的应为决议执行机构全体人员不作为或不履行义务造成公司或股东利益的损失。

针对第二种情况，在公司经营过程中，尤其是有限责任公司在股东人数较少的情况下，达成的股东会决议行为，如果其中涉及股东之间的股权收购或者转让，其性质实际上是股东之间就是否放弃股东优先购买权达成的决议。同时在股权评估或实际交易过程中，股东方经常会因各种突发情况改变收购或转让意向，此时股东之间虽无明确的合同行为，但是股东之间会基于股东会决议作出的收购或转让意向，进行相应的准备工作。针对因股东未按股东会决议达成的优先收购意向进行收购或转让导致另一方股东利益受损的情况，《公司法》尚未有明确规定，但是通过对《公司法》第 72 条的分析，可以得出，股东未执行股东会决议所达成收购决议，仅对其优先购买权产生影响，并不涉及股东之间转让或收购股权的要约或承诺。换言之，在准备收购或转让的过程中，其不执行股东会决议行为仅视为对优先购买权的放弃，股权出让方可以依据股东放弃优先购买权的方式，对持有的股权进行处理，其损失情况也可予以避免。在这种情况下，无法针对股东放弃优先购买权进行起诉，其不具有可诉性。

在第三种情况下，股东会或股东大会作出利润分配决议后，应当向公司股东分配利润。如果公司未执行该决议，针对股东权益的保障问题，《关于适用〈中华人民共和国公司法〉若干问题的规定（四）》第 13 条第 1 款规定，

股东请求公司分配利润案件，应当列公司为被告。本文认为，按照该司法解释的规定，在股东会决议涉及公司利润分配的情况下，如果公司未执行该决议，则可以根据第 13 条第 1 款的规定将公司作为被告，提起诉讼，请求利润分配。

个人信息保护范围界定标准研究

邹圣兰*

（中国政法大学 北京 100088）

摘 要： 随着我国对个人信息保护的重视程度不断增加，关于个人信息保护的法律体系不断完善，但在数字化背景下，个人信息保护范围仍较为模糊，需要予以进一步界定。本文回顾我国立法对个人信息保护范围界定的发展脉络，对个人信息保护界定中存在的问题进行分析，并从可识别程度、场景理论、损害风险等方面提出建议，以期对个人信息保护范围有更加清晰的界定。

关键词： 个人信息保护 敏感个人信息 场景理论 损害风险

我国高度重视个人信息保护，不断完善法律体系，为个人信息保护提供了明确的法律依据。但随着数字技术的发展，个人信息形式和内容仍处于拓展变化之中，个人信息的价值也愈发凸显。实践中个人信息保护范围的模糊性对保护个人信息造成了阻碍，因此为更好地保护个人信息，需要对个人信息保护范围有更加清晰的界定。

一、我国个人信息保护范围界定的立法脉络

2000 年全国人大常委会通过《关于维护互联网安全的决定》，正式开启了我国规制个人信息问题的进程，[1]其中规定不得"非法截获、篡改、删除他人电子邮件或者其他数据资料，侵犯公民通信自由和通信秘密"；2003 年通

---

* 作者简介：邹圣兰（1987 年-），女，土家族，湖南省张家界市人，中国政法大学同等学力在读研究生，研究方向为经济法学。

〔1〕 项金桥："个人信息私法保护"，武汉大学 2020 年博士学位论文。

过的《居民身份证法》规定国家机关或者有关单位不得泄露公民的个人身份信息，第 3 条则以列举的方式规定了个人信息的范围，包括姓名、性别、民族、出生日期、住址、身份号码、本人相片等，2011 年修正时又增加了指纹信息；2012 年全国人大常委会通过《关于加强网络信息保护的决定》第 1 条明确规定"国家保护能够识别公民个人身份和涉及公民个人隐私的电子信息"，并以识别性限定了个人信息保护的范围；此后，《网络安全法》通过"定义+列举"的模式，[1]明确了个人信息是指以电子或者其他方式记录的能够单独或者与其他信息结合识别自然人个人身份的各种信息，并列举了姓名、出生日期、身份证件号码、个人生物识别信息、住址、电话号码等具体类型的个人信息；之后，2017 年最高人民法院、最高人民检察院发布的《关于办理侵犯公民个人信息刑事案件适用法律若干问题的解释》第 1 条，又将反映特定自然人活动的信息纳入个人信息的范畴。

此外，2017 年通过的《民法总则》（已失效）将个人信息受法律保护作为民事权利的重要内容单独规定在第 111 条，至此，个人信息保护立法经历了一个从无到有、从粗放到细致的过程，[2]但该条款没有对个人信息的概念加以界定。《民法典》在分则人格权编第六章"隐私权和个人信息保护"中对个人信息保护有了更为详细的规定，其第 1034 条对个人信息作出了新的界定，增加了电子邮箱、行踪信息等类型，拓展了个人信息的范围。随着《个人信息保护法》的顺利通过，其第 4 条关于个人信息的概念在"识别"之外增加了"有关"的表述，并在第 28 条列举敏感个人信息时，较《民法典》增加了宗教信仰、特定身份、金融账户等个人信息类型。进一步扩展了个人信息的范围；另外，该法对死者个人信息的保护也作出了规定，也是对个人信息保护范围的扩展。[3]

二、个人信息保护范围界定中存在的问题

（一）个人信息的保护范围处在动态变化之中

个人信息是一个动态变化的法律概念，从自然人的姓名、肖像、生物识

---

[1] 李莎莎："大数据时代下的个人信息概念界定研究"，华侨大学 2020 年硕士学位论文。

[2] 乔榛、蔡荣："《民法典》视域下的个人信息保护"，载《北方法学》2021 年第 1 期。

[3] 王利明、丁晓东："论《个人信息保护法》的亮点、特色与适用"，载《法学家》2021 年第 6 期。

别信息，到身份证号、住址、手机号码、电子信箱、宗教信仰、金融账户，再到网络上的行为轨迹、位置信息等，个人信息的范围不断扩大。随着大数据、人脸识别、人工智能等技术的进一步发展，信息捕捉、分析技术的增强会大大增加通过碎片化信息识别个人的可能性，能够识别自然人身份的方式会越来越多，可以预见，还会出现更多新的个人信息类型，为明确界定个人信息保护范围造成了困难。

（二）敏感个人信息保护范围的不确定性

《个人信息保护法》第 28 条规定，"敏感个人信息是一旦泄露或者非法使用，容易导致自然人的人格尊严受到侵害或者人身、财产安全受到危害的个人信息……"实践中，敏感个人信息的界定面临以下困境：一是与隐私权中私密信息的区分。有学者认为，敏感个人信息与私密信息隐私是一种交叉重合的关系，[1] 如自然人的病历、遗传信息、银行账户、个人行踪等信息就属于二者的交叉部分，未经同意而泄露时，会出现《个人信息保护法》和《民法典》相关规则的竞合适用。同时，在特定的场景下，这种重合的关系也会发生变化，如某人在网上公开了自己的行踪信息，虽仍属于敏感个人信息，但不再属于私密信息。二是与一般个人信息的区别。《个人信息保护法》中将敏感个人信息与一般个人信息相区别，但在特定场景下，一般个人信息也会转化为敏感个人信息，比如在"数据画像"中，若只是单纯地搜集个人的酒店预订、机票购买等信息碎片，尚不构成敏感个人信息，但如果通过技术手段将这些碎片拼凑在一起，则可能形成用户的完整行踪轨迹，此时这些信息会转化为敏感个人信息。

（三）个人信息保护所涉利益的复杂性

个人信息承载了信息主体的人格利益和财产利益，也承载了信息处理者的财产利益，尤其是在大数据时代，信息自由流通具有的巨大社会效益和经济效益。基于此，《民法典》对个人信息的相关规定秉持着"兼顾自然人个人信息权益和信息资源有效利用"的双重目的。[2] 除此之外，个人信息还承载

---

〔1〕 王利明："敏感个人信息保护的基本问题——以《民法典》和《个人信息保护法》的解释为背景"，载《当代法学》2022 年第 1 期。

〔2〕 中共中央宣传部宣传教育局、全国人大常委会法制工作委员会民法室、司法部普法与依法治理局编：《〈中华人民共和国民法典〉人格权编学习读本》，中国民主法制出版社 2021 年版，第 125 页。

着公共利益，以滴滴公司赴美上市为例，"滴滴出行"APP 每天可以获取到巨量的用户出行信息，大数据对这些信息进行分析后，就可以推断出我国城市的实时地图和道路情况，一旦泄露将危害国家安全。[1]因此，在实现个人信息经济价值最大化的过程中如何保障受害人格利益以及公共利益风险的最小化，是一个复杂的多方利益平衡过程。

三、个人信息保护范围界定标准的完善

（一）依可识别程度认定个人信息

根据《民法典》第 1034 条的规定，构成个人信息需要满足三个要件：一是具有识别性，这是核心要件；二是要有一定的载体，这是个人信息的形式要件；三是个人信息的主体只能是自然人，法人或者非法人组织不是个人信息的主体。[2]《个人信息保护法》对个人信息的定义中增加了"有关"表述，这"实质上是以扩张解释的方法理解'识别'概念"，为界定新的个人信息类型预留了空间。本文认为，个人信息的认定首先仍需坚持"可识别"原则，同时明确识别包括直接识别和间接识别；其次，不应狭隘甚至僵化地划定"可识别"标准，而应将认定的重点聚焦于个人信息的可识别程度，《个人信息保护法》第 4 条把匿名化信息排除在个人信息之外，但第 73 条仍将去标识化信息认定为个人信息，就是对可识别程度的有益探索。

（二）依场景具体判断敏感个人信息

我国立法对敏感个人信息予以区分，并形成了法定的认定标准，其本质是对该类个人信息进行特殊保护。前文探讨了特定场景下对敏感个人信息保护范围的不确定性，同时以王利明教授为代表的学者也支持"在具体判断敏感个人信息时，还需要兼采场景理论"。因此，本文认为，在判断某一信息是否属于敏感个人信息时，不能囿于固定标准，而应结合信息主体的身份、信息处理者的目的、处理的环境以及可能造成的后果等场景因素，进行综合全面的考察。

---

〔1〕 国家互联网信息办公室："国家互联网信息办公室等七部门进驻滴滴出行科技有限公司开展网络安全审查"，载 http://www.cac.gov.cn/2021-07/16/c_ 1628023601191804.htm，最后访问时间：2022 年 5 月 1 日。

〔2〕《中华人民共和国民法典（实用版）》，中国法制出版社 2020 年版，第 565~566 页。

（三）引入损害风险作为个人信息保护范围的判断标准

大数据时代，个人信息承载的个人利益、信息处理者的利益以及公共利益都应受到相应的保护，法律在保护个人信息的同时，也在寻求个人利益与信息处理者利益、公共利益之间的平衡。本文认为，个人信息保护的重点在于对信息处理行为可能引发的损害风险进行防范。当上述三种利益发生冲突时，不能片面地对个人利益绝对维护或者对信息处理者利益、公共利益过分迁就，而应结合特定情形下、有关各方的意图、信息种类及其处理方法等因素，评估信息处理行为给个人带来的可能的、事实的、有意的和偶然的影响，进而将损害风险降到最低。

自动驾驶汽车侵权责任研究

黄 彬*

（中国政法大学　北京 100088）

摘　要： 无人驾驶车辆因其能够增加驾驶安全，减少碰撞危险，节约社会时间和人力成本的特性为人们的生活提供了便利，但也引发了对无人驾驶车辆侵权的讨论和争议。无人驾驶技术作为人工智能重要的现实应用对传统侵权责任理论造成了一定的冲击。无人驾驶车辆虽然具备一定的自主性，但因其缺乏人的"自主意识"，目前还不能构成法定主体，因此当驾驶员与自动驾驶系统共用方向盘时，容易导致责任主体判断不明；而当无人驾驶系统替代驾驶员时，又因驾驶员不存在驾驶行为，而无法直接适用现行规范，由此引发了对无人驾驶汽车侵权责任的争议。

关键词： 自动驾驶　汽车侵权　侵权责任

一、引言

学界通常主张，在传统侵权责任理论基础上，从鼓励科技创新和救济受害人原则出发，在辅助驾驶阶段，系统驾驶由于其运行优势和运行利益标准无法解决责任认定问题，此时应由系统背后的主生产者依据产品责任承担责任；而在辅助驾驶阶段，由于驾驶员失误造成的侵权损害，驾驶员需要承担一定责任。与辅助驾驶中的系统驾驶侵权相同，全自动驾驶侵权也不适用机动车交通事故责任，此时应由生产者承担侵权责任，而驾驶员则不应承担侵

* 作者简介：黄彬（1997 年-），男，汉族，河南省信阳市人，中国政法大学同等学力在读研究生，研究方向为民商法学。

权责任。本文通过对现有理论与司法实践进行梳理和分析，对自动驾驶汽车适用的侵权责任进行分析和归纳，并尝试对现行侵权法的完善提出建议，以妥善解决责任困境。

二、人工智能概述

无人驾驶技术是人工智能在实际应用中的重要组成部分，因此，探讨无人驾驶车辆侵权的责任问题，首先须解决将无人驾驶车辆作为主体，还是物的法律认定问题，涉及对人工智能的概念及法律地位的定性。当一部机器根据设定的程序完成工作时，这种行为被称为人工智能。自动驾驶汽车则是主要依靠人工智能及其他感知附件和硬件，使汽车具有相应的感知，规划和控制能力。汽车自动化存在着不同的层级和分类，以人的参与度为标准，可将其划分为：人类随时准备进行人工干预、人类在机器要求的情况下进行人工干预、人类依照自身意愿实施人工干预以及人类不进行任何干预四种类型；以授权程度为标准，可以将其分为：暂时自动驾驶系统、半自动驾驶系统和全自动驾驶系统三种类型。

三、赋予人工智能民事主体地位的必要性分析

关于人工智能的民事法律地位问题，学界争论不一，主要存在以下几种观点："工具说"，即基于人工智能的自主意识对人的本性和主体性的影响，主张将人工智能视为民法中的主体或对象。但是，该观点受到许多质疑，并随之出现"代理说""电子人格说""拟制人格说""有限人格说"等理论学说。[1]

对于是否应当赋予人工智能以民事主体地位，在理论上主要存在以下两种观点：

"客观说"对其法律人格持否定态度，认为人工智能只能作为权利的客体，而不能作为权利的主体，因此也当然无法作为民事责任主体，这是目前学界和各国司法实践中的主流观点。

也有部分学者持"主观说"，认为可以赋予其法律人格，并在法律中对此

---

〔1〕 郑翔、彭媛："自动驾驶汽车交通事故侵权责任主体认定的困境和可能"，载《上海法学研究》2020 年第 2 期。

加以特别规定，从而为其造成的侵权损害提供新的解决路径。主要原因如下：一方面，就其责任承担而言，如果将人工智能视为民事主体，则其可以获得相应的民事权利，同时履行相应的义务，并对其违法行为承担责任，以解决人工智能的侵权责任问题。另一方面，传统理论难以解决人工智能在艺术创造中所涉及的知识产权归属问题。

但是，本文认为赋予人工智能民事主体地位缺乏必要性。人工智能的法律性质与传统的产品保险责任相似，就其所致侵权损害而言，可以依据产品责任追究生产者的侵权责任。因此可以通过对现有规定进行法律解释解决人工智能导致的侵权责任问题，在现有基础上增加有关人工智能主体地位的规定并无必要。

四、无人驾驶车辆侵权责任的追责机制

（一）辅助驾驶阶段的侵权责任认定

（1）无人驾驶车辆存在质量缺陷时的产品责任。在辅助驾驶阶段，若发生交通事故的原因是该车辆存在产品质量缺陷，此时应由该辅助驾驶系统背后的主生产者和销售者依据产品责任承担责任。此时，需要对自动驾驶系统的产品缺陷予以认定，首先需要确定无人驾驶技术的标准。随着无人驾驶技术的发展和广泛应用，我国立法也在不断推进针对无人驾驶技术法律规制的完善，并制定了相关的标准体系，包括：《汽车事件数据记录系统》《道路车辆 先进驾驶辅助系统（ADAS）的术语和定义》。但是，目前无人驾驶技术正处于日新月异的发展变革中，这也导致现有的行业和国家标准无法涵盖所有的安全性能指标，还需不断发展适应。[1]

此外，认定自动驾驶系统的产品责任时，可以融入部分过失责任的要素，以鼓励生产者持续提高自动驾驶技术的安全性能。但缺陷认定中对生产者过失因素的考量并不影响其严格责任的本质，自动驾驶汽车生产者仍需要对源自车辆硬件和软件的各类缺陷所导致的损害承担严格产品责任。《产品质量法》应当借鉴制造缺陷、设计缺陷和警示缺陷的功能性分类，并细化其认定标准，实现消费者保护和鼓励技术创新的平衡。

（2）驾驶员存在过错时的机动车交通事故责任。在云端驾驶员接管无人

---

〔1〕 吴浩伟："域外自动驾驶汽车侵权责任的立法比较和启示"，载《南海法学》2021 年第 5 期。

驾驶车辆时，因驾驶人的操作失误而造成的损失，应适用何种追责机制也是无人驾驶车辆侵权责任研究中面临的主要难题。对此，本文认为，在辅助驾驶阶段，如果是驾驶员在行驶过程中自身存在主观过错，例如未履行必要的注意义务和安全防范措施，从而导致发生交通事故的，则由驾驶员一方承担过错侵权责任；如果是驾驶员在自动驾驶系统发出错误操作指示并依其指示进行驾驶导致交通事故发生，则应由汽车的生产者、销售者与驾驶员共同承担责任。另外在机动车的所有者与使用者不一致时，还需要注意：如果是安全部门的工作人员在履行对无人驾驶车辆的接管工作中造成的侵权损害，可以考虑适用雇佣责任。如果安全人员通过劳动派遣到制造商工作，就可以对其适用劳动派遣情形下的侵权责任承担机制。[1]

（二）高度自动驾驶阶段的侵权责任认定

（1）责任主体可否为"自动驾驶汽车"。本文认为，不赋予"自动驾驶汽车"民事主体地位更加符合社会大众朴素的"法感情"，也更符合当前实际。就目前来看，法律并不能形成人工智能本身如何作为民事主体独立承担责任的切实实施方案，人工智能很难脱离其创造者或者购买者而独立存在，没有独立财产可供执行。因此，即使在高度自动驾驶状态下，赋予"自动驾驶汽车"以法律人格并要求其独立承担侵权责任对于纠纷解决以及损害填补毫无助益。

（2）生产者、销售者的产品责任。在高度自动驾驶状态下，汽车的运行完全由自动驾驶系统独立完成，那么交通事故的发生应当归因于该自动驾驶系统存在的产品缺陷等问题，因此，完全处于产品责任制度的保护范围之内。当前我国《民法典》以及《产品质量法》均已对产品责任加以明确规定，应由产品的生产者、销售者作为产品责任的承担主体。因此，在高度自动驾驶状态下该自动驾驶汽车的生产者、销售者无疑就是承担汽车交通事故侵权责任的主体。[2]

五、结论

综上所述，本文对无人驾驶汽车侵权责任制度的研究可分为两部分：一

---

〔1〕 李洁："自动驾驶汽车交通事故侵权责任研究"，江西理工大学2021年硕士学位论文。
〔2〕 沈赛："自动驾驶汽车交通事故的责任承担问题研究"，华东政法大学2021年硕士学位论文。

是对辅助驾驶阶段侵权责任的认定，二是对高度自动驾驶阶段侵权责任的认定。在探讨无人驾驶车辆的责任模型时，司法监督人员必须秉持发展的理念，随着自动化驾驶技术的提高和行业的发展，适用不同的责任模式。为避免将来的不确定性所造成的影响，现有的车辆碰撞责任与产品责任的处理模式可以作为解决当前无人驾驶车辆损害赔偿问题的解决办法。

商标侵权认定中"相似性"与 "混淆可能性"适用研究

· · · ·

舒 姝*

（中国政法大学 北京 100088）

摘 要： 2013 年修正的《商标法》对商标侵权的认定标准进行了重大修改，在其第 57 条第 2 款中初次正式引入了"混淆可能性"概念，使我国长期内含于"相似性"的"混淆可能性"具备了独立法律地位，但该条文并未就"相似性"与"混淆可能性"之间的关系作出进一步说明。纵观世界范围内商标侵权认定规范的三种代表性立法以及商标制度的发展理论，本文认为这两者之间的关系可表述为以"相似性"为基础前提，以"混淆可能性"作为限制条件，共同作用于商标侵权的认定体系。

关键词： 商标侵权 相似性 类似性 混淆可能性

2013 年修正的《商标法》在第 57 条中规定了 7 种侵犯商标专用权的行为。第 57 条第 1 项对商标相同、商品也相同的商标仿冒行为予以规范；第 2 项则在原有的相似性要求之外，增加了对"混淆可能性"的认定标准。但并未就"混淆可能性"与原有的"相似性"在侵权认定中的作用及两者的关系作出进一步说明。因此，关于两种标准的适用引发了许多争议，例如：当商标相同近似和商品类似同时存在时，是否即可推定存在混淆，而无须引入混淆要件，此时是否仅需考量商标本身的音形义等构成情况？否则第 1 项与第 2 项的混淆可能性就出现了同义重复。又如第 2 项规定的"混淆可能性"要件

---

* 作者简介：舒姝（1975 年-），女，汉族，北京市人，中国政法大学同等学力在读研究生，研究方向为知识产权法学。

是否另行构成了对注册商标提供保护的条件以及在认定商标侵权时"相似性"与"混淆可能性"如何作用于商标侵权的认定。

一、世界范围内关于"相似性"与"混淆可能性"的立法

商标混淆通常是指未经许可的一方通过仿冒商标的特定特征,事实上造成了购买者对商品的来源或与被仿冒商标所有者的错误认识,以致影响了其是否购买的决策。[1]纵观世界范围内关于商标侵权中"相似性"与"混淆可能性"的适用主要有三种立法模式:

第一,"混淆可能性"完全吸收"相似性"的标准,即仅采用混淆可能性标准对商标侵权予以认定,美国是该立法模式的典型代表。《美国商标法》规定,是否构成商标侵权仅由混淆可能性决定,相似性并不是商标侵权的认定标准。司法实践中,美国法院认为只要达到了一定的混淆可能性,即构成商标侵权。同时采用多因素测试法对混淆可能性的有无和强度进行衡量,其中"商标的相似性"只是混淆可能性的核心测试因素之一,其他因素还包括商标的强度、原告的意图、商品的类似性等。

第二,将"混淆可能性"内化于"相似性",典型代表为日本。日本商标法在历史演变过程中,逐渐将混淆可能性内化于相似性。《日本商标法》中列举了8种商标侵权行为,均为在相同或类似商品或服务上使用相同或近似的商标,由此可见《日本商标法》规定的商标侵权认定标准是"商标相同或者近似"以及"商品或服务相同或类似",即仅采用相似性标准。然而在司法实践中,通过著名的"水山印"案件,日本引入了混淆可能性标准,确立了混淆可能性标准的相似性,即在认定商标侵权时不仅仅考虑相似性,当相似并不会引发混淆时则不构成商标侵权,表明日本商标侵权认定体系将混淆可能性内化于相似性之中。[2]造成这种认定模式的原因与日本的语言特点有关,因为日语只有五个元音,导致日语有大量同音字词,如果仅采用相似性标准,会使得大量同音商标无法注册和使用,"水山印案"就是典型代表。因此,日本使用内化于混淆可能性的相似性标准作为商标侵权的认定标准,与日本的实际国情相符合。

---

〔1〕 姚鹤徽:"论商标侵权判定中的消费者调查",载《电子知识产权》2015年第7期。

〔2〕 王太平:《商标法:原理与案例》,北京大学出版社2015年版,第229页。

第三，以"相似性"为基础、以"混淆可能性"为限定条件的判别标准，主要代表为欧盟。[1]在欧盟施行的商标法中，以相似性为基础，以混淆可能性为限定条件来构建商标侵权行为的甄别体系。如《欧洲共同体商标条例》第9条第1款b项规定，商标所有权人对他人未经授权的商标使用行为有权阻止。当商标相同或近似并且对应的商品或服务类似，可能引起公众混淆时，构成商标侵权。从文义上看，该条款所规定的商标侵权的认定标准既包括相似性，也包括混淆可能性，其要求的侵权认定条件是商标相同或近似且商品或服务相同或近似以及存在混淆可能性。

综上，世界各国或地区对商标侵权的判断标准基本相同，但又存在一些差异。我国2013年修正的《商标法》建立的商标侵权认定标准，在文义上与第三类别的立法最为相似。

二、商标侵权认定中"相似性"与"混淆可能性"的适用

法律规定的商标权主要包含商标专用权和商标禁止权。其中对商标专用权的规定较为清晰，是指权利人使用和允许他人使用其商标的专有权利，因此，对商标专用权侵权行为的认定标准也较为明确。而商标禁止权则扩展到近似商标和类似商品或服务，范围较广，规定也较为模糊，此时"混淆可能性"可以作为明确其权利边界和限制商标权过度扩张的工具来使用。换言之，在商标和商品均相同的情况下，这种行为直接构成了对商标专用权的侵权，此时无须考虑是否存在混淆可能性，即可构成商标侵权。原因是在商标专用权的权利范围内，商标所有权人可以自行使用或授权他人使用商标，也可以禁止未经授权的他人擅自使用自己的商标，这是商标所有权人的核心权利。但在商标或商品并不完全相同而只是近似的情况下，为了限制商标禁止权的过分扩张，对其侵权的认定增加了"混淆可能性"的限制条件。此时，相似性与混淆可能性的关系可以解读为，当商品或服务类似时，才会启用混淆可能性规范，也即商品或服务的相似性是混淆可能性规范被引入的前提条件。

关于商标侵权认定，2013年的《商标法》第57条第2项规定了可能的三种情形：商品相同且商标近似、商品类似且商标相同以及商品类似且商标近似。这三种情形的共同之处是商标相似以及商品或服务并不完全一致。由此

---

〔1〕 ［日］牧野利秋：「商標の類否判断の要件事実」，パテント13（2009），71.

可见，该规定排除了商标与商品或服务均不相似的情形，因为此时并不存在商标混淆的可能性，即双方在各自的商标使用中不会造成消费者的混淆，自然也不存在商标侵权的情况。而在规定的三种情形中，这些行为不能被直接推定构成商标侵权，而是要在初步符合商标侵权的标准前提下，适用"混淆可能性"标准来认定是否构成商标侵权。

2013 年修正的《商标法》构建的以"相似性"为基础、以"混淆可能性"为限定条件的商标侵权认定体系主要有以下几个方面的优点：首先，可操作性强，可以简化对商标侵权的认定。主要表现为第 57 条第 2 项区分了三种商标侵权的认定情形，即当商标相同且商品或服务相同时，可直接认定构成商标侵权；当商标不近似且商品或服务也不类似时，可直接认定为不具备混淆可能性，因此不构成商标侵权行为；当系争商标近似且商品或服务类似时，判断是否构成商标侵权，需要在符合商标侵权的初步标准情况下，启动"混淆可能性"标准作为限定条件予以进一步判断。其次，第 57 条构建的商标侵权认定规范，符合我国当前的国情和司法实践。上文分析的三种情形基本涵盖了实践中可能存在的商标侵权行为，能够切实为司法实践和商标的使用提供指导和规范作用，有效保障商标所有权人的合法权益。此外，第 57 条的认定规范，在保护商标权利人正当行使自己权利的同时，也对商标禁止权的边界予以适当限制，既保护了商标权人，又不过度限制正当竞争，有利于维护良好的市场秩序和消费者的合法权益。

三、结论

在社会经济生活中，商标发挥着重要作用，承载着重大的经济利益和社会利益，因此，完善商标侵权认定规范是维护商标制度发挥其应有作用、保障市场经济有序和创造公平竞争环境的重要手段。本文认为，无论是从学术研究的角度，还是司法实践的角度，厘清商标侵权认定中"相似性"和"混淆可能性"的关系，对于明确商标侵权的认定，明晰商标禁止权的边界，构建成熟、规范且易于操作的商标侵权认定体系具有重要意义。《商标法》构建的将"相似性"作为商标侵权认定的前提，将"混淆可能性"作为限制条件的认定体系，符合法理以及商标保护制度的本质，也符合我国商标侵权认定的历史现实和司法实践。

论知识产权领域专家型人民陪审员制度

李爽娜*

（国家知识产权局专利局专利审查协作江苏中心　江苏 215000）

摘　要： 近些年，知识产权侵权案件频发，由于该类案件所涉专业性程度较高，法官因缺乏相关专业背景，在审理案件时往往面临许多技术难题，为事实查明和法律认定造成了一定的阻碍。专家型人民陪审员具有相关领域的技术知识，对知识产权的案件事实理解更为深入，可以辅助法官查明案件事实，进而对法律认定发挥重要作用。

关键词： 知识产权侵权　专家型　人民陪审员

一、专家型人民陪审员制度的起源和发展

陪审员制度起源于英美法系中的陪审团制度。我国的人民陪审员制度经历了不断发展的过程，随着《人民陪审员法》的实施，人民陪审员制度被进一步规范化。人民陪审员被称为"不穿法袍的法官"，属于司法审判人员，人民陪审制度的确立极大地提高了司法审判的民主性及公开性，也有助于保障审判结果的公平公正。

一般来说，人民陪审员主要从辖区内的常住居民名单中随机抽选，意在避免陪审员的精英化问题，从而保证人民陪审制度的民主性。但对于专业性较强的知识产权案件，随机抽选的人民陪审员由于缺乏专业知识背景，往往很难在该类型案件的审判中发挥应有作用，同时，由于法官大多只掌握关涉

---

*　作者简介：李爽娜（1987 年-），女，汉族，黑龙江省绥化市人，中国政法大学同等学力在读研究生，研究方向为知识产权法学。

知识产权的法律知识，缺乏有关知识产权相关的技术背景，往往不利于案情的查明以及法律的适用，不利于保证审判结果的公正性。因此，《人民陪审员法》第 11 条第 1 款引入了专家型人民陪审员制度。通过专家型人民陪审员精湛的专业知识背景弥补法官对于知识产权技术方面的缺失，进而解决该类案件事实认定等方面的困难。专家陪审员的专业技术背景与法官的法律适用结合起来，更好地遵循"以事实为根据，以法律为准绳"的审判原则，确保审判结果的公正公平，进而保障当事人的合法权益。

二、专家型人民陪审员制度的适用

（一）专家型人民陪审员制度的具体适用规则

《人民陪审员法》对专家型人民陪审员参与审判的具体规则进行了详细规定，其与普通陪审员之间既有共性也存在一定差异，本文以表格形式对专家型人民陪审员制度的具体适用予以直观描述（见表 1）。

表 1　专家型人民陪审员和普通陪审员的比较

类型	成为人民陪审员的条件	对专业知识的要求	回避制度	陪审制度适用的案件	任期	调解权
专家陪审员	因审判活动需要，可以通过个人申请和所在单位、户籍所在地或者经常居住地的基层群众性自治组织、人民团体推荐的方式产生人民陪审员候选人，经资格审查，确定人民陪审员人选，由基层人民法院院长提请同级人民代表大会常务委员会任命。	是	适用	一审民事、刑事、行政案件	5 年	有
普通陪审员	从辖区内的常住居民名单中随机抽选陪审员候选人，从通过资格审查的人民陪审员候选人名单中随机抽选确定人民陪审员人选，由基层人民法院院长提请同级人民代表大会常务委员会任命。	否	适用	一审民事、刑事、行政案件	5 年	有

（二）专家型人民陪审员制度适用的重要性及存在的问题

在审判过程中，经常出现陪审员"陪而不审"的情况，使陪审制度流于形式，如何提高陪审员的参审效果，也是立法和司法工作中面临的主要难题。

本文认为，首先，初审法院可以根据所在区域审理的知识产权案件的类型，建立相应的专家型人民陪审员数据库，陪审人员可以涵盖相应领域的高校教师、专利审查员、科研人员、技术骨干等。之后再结合具体知识产权案件类型，随机选出相应领域的陪审员参与审判，以使专家陪审员充分发挥其技术优势，在案件审判过程中发挥应有作用，保证判决结果的公平公正。[1]但同时，由于知识产权领域涵盖专利、商标、著作权、软件著作权、地理标志等内容，范围广泛，领域差异较大。以专利侵权纠纷为例，其又可以细分为材料、机械、通信、电学、化学、医药领域的侵权纠纷。这些技术领域之间差异较大，对专业知识要求较高，跨领域参与审判的难度也较大，不利于充分发挥专家型人民陪审员在审判中的应有作用，难以确保判决结果的公平公正。

在此情况下，为应对上述专家型人民陪审员参与审判时可能出现的问题，首先需要确保专家陪审员数据库收录的陪审员数量充足，人员水平高，同时需要按照不同的类型对陪审员进行精细划分，保证陪审领域和陪审员专业知识对口，从而确保专家陪审制度的有效实施。例如在专利侵权纠纷中，可以选择相应技术领域的资深审查员参与审判过程。审查员一般掌握《专利法》和相应领域的技术知识，属于兼具技术和法律背景的复合型专家。审查员参与庭审，有助于辅助法官充分了解现有技术，准确查明案件事实，正确适用法律，既有利于保证裁判结果的公平公正，也提高了审判效率。同时，也使裁判结果更易被接受，以有效解决当事人之间的纠纷。此外，由于专家型人民陪审员不属于法院内部人员，陪审员参与庭审，也可以在一定程度上约束法官的自由裁量权，进而保证司法公正。同时，某种程度上，专家陪审员参与庭审，有利于提高司法审判的透明度，进而提高司法机关的公信力，降低诉讼成本。同时作为连接民众和法官之间的桥梁，也可以起到对民众的普法作用。

同时，专家陪审员和人民陪审员具有相同的调解权利，在知识产权侵权纠纷中，专家陪审员的参与调解程序，有利于促成调解的达成，也有利于保证调解结果的公平、公正、合理，很正做到定纷止争，也有助于提高司法审判效率，用一种比较柔和的方式来解决诉讼纠纷，为和谐社会贡献力量。[2]

---

〔1〕 牛红："我国专利侵权诉讼中专家型人民陪审员制度研究"，载《法制博览》2015 年第 4 期。

〔2〕 翟李鹏："专家陪审制度的研究"，载《证据科学》2017 年第 6 期。

三、专家型人民陪审员制度的完善建议

首先，在审判过程中，应当避免专家型人民陪审员制度流于形式，确保专家型人民陪审员实际参与案件的审判，发挥其应有作用，进而提高司法审判的透明度，避免法官滥用权力，保证裁决的公平公正。在三人合议庭或七人合议庭审判中，人民陪审员应保持独立性和中立性。同时，在有多名人民陪审员参与庭审的情况下，应尽可能选取相应领域不同职业的人民陪审员，进而保证人民陪审员的客观性和事实认定的准确性。

其次，最高人民法院《关于完善人民法院司法责任制的若干意见》第25条规定了法官对其办案质量的终身负责制。但是对于人民陪审员参与审判导致了错案的发生，在人民陪审员的任期内外如何追责，我国法律并未有明确规定，对此，本文建议应从立法角度对人民陪审员的责任予以规范。

此外，专家型人民陪审员一般具备较高水平的专业技术知识，但对相关知识产权领域的法律知识的掌握往往较为缺乏，在一定程度上也会影响案件事实认定的准确性。为此，需要在专家型人民陪审员的选任过程中，考量其法律背景，同时对专家型人民陪审员进行相关法律知识的普及和培训。

在我国加快推进知识产权强国战略，走中国特色知识产权发展之路的背景下，知识产权纠纷案件与日俱增，专家型人民陪审员的地位也日益凸显，同时也暴露出该制度适用过程中存在的问题。为此，需要不断完善相关立法，并在司法实践中加以规范。以最终达到规范知识产权市场，实现对知识产权强保护、严保护的目的，以保障创新型国家建设。

商标反向混淆与正向混淆的比较研究

黄翠仪*

(中国政法大学　北京 100088)

摘　要：正向混淆和反向混淆是两种常见的商标侵权类型。正向混淆是日常生活中常见的商标侵权类型，俗称"搭便车"；反向混淆虽不常见，但一些著名的商标侵权案件如"蓝色风暴"案、"非诚勿扰"案等均是围绕反向混淆行为的认定而展开的。本文意在厘清反向混淆与正向混淆之间的差异，在此基础上梳理分析我国在商标侵权立法及实践中存在的问题，并尝试提出完善建议，以助力我国知识产权行业的健康发展。

关键词：反向混淆　正向混淆　认定标准　商标侵权

一、商标反向混淆与正向混淆的差异分析

(一) 基本概念区分

正向混淆和反向混淆是在商标侵权案件中常见的类型，首先需要从概念上对两者进行区分。正向混淆又称顺向混淆，是常见的商标侵权类型，主要是指后注册商标对先注册商标进行混淆的情形，常见的正向混淆行为有"商标攀附"和"搭便车"。正向混淆的主要方式是商标侵权人使用与被侵权人相同或者类似的商标，实质上是利用先注册商标的商誉，以混淆商品或服务来源，进而增大消费者购买的概率。反向混淆概念的确立可追溯至 1968 年美国"Mustang"案[1]，该案中首次明确提及了"reverse confusion"（反向混淆）

---

* 作者简介：黄翠仪 (1988 年-)，女，汉族，广东省佛山市人，中国政法大学同等学力在读研究生，研究方向为知识产权法学。

[1] Westward Coach Mfg. Co. v. Ford Motor Co., 388 F. 2d 627 (7th Cir. 1968).

一词，但并未明确说明反向混淆是否应被作为一种商标侵权行为。直至 1977 年，在美国"Big Foot"案中，〔1〕法官才首次认定反向混淆行为作为一种商标侵权行为的性质。这种混淆主要是指后商标使用权人借由其更高的商誉和知名度，擅自使用涉案商标，通过营销及宣传手段使公众误认为涉案商标属于后商标使用人的行为。〔2〕

（二）规范文本的差异

正向混淆与反向混淆在规范文本上也存在较大差异。现有法律条文所规定的"混淆"一词一般指正向混淆，对于反向混淆只是预留了规范空间，并未予以明确规定。我国法律对正向混淆的规定主要体现在《商标法》第 57 条第 2 项中，该条文对正向混淆行为进行了界定并对其侵权性质予以确认。此外，最高人民法院《关于审理商标民事纠纷案件适用法律若干问题的解释》亦对正向混淆的认定标准、性质确认以及责任承担等问题有详细规定。

由此可见，正向混淆作为常见的商标侵权行为，有较为完善的法律条文予以规范。但是我国法律并未对反向混淆有明确规定，只是在《商标法》少量的条款中可以找到反向混淆存在的空间。《商标法》第 57 条列举了商标权侵权的方式，在其第 1 项、第 2 项和第 7 项中可以找到反向混淆的存在空间，若认为正向混淆与反向混淆是同类侵权类型，则可援引第 1 项和第 2 项对混淆行为进行评价，而第 7 项作为兜底条款可以在前两项无法兼容反向混淆的情形时对反相混淆行为予以规制。〔3〕因此，在对比分析关于正向混淆与反向混淆的规范性文本后，可以看出，当前法律体系对正向混淆的规范较为完善，体系结构也较为明确，而对反向混淆的立法却有待完善。尽管在司法实践中，法官一般援引《商标法》第 57 条的相关规定对反向混淆行为进行裁判，但由于缺乏明确的法律条文依据，出现了司法实践中认定困难和法律依据不清等问题。

〔1〕 Big O Tire Dealers, Inc., v. Goodyear Tire & Rubber Co., 561 F. 2d 1365 (10th Cir. 1977).

〔2〕 贺文奕："论商标反向混淆中停止侵权的适用——基于财产规则和责任规则的分析"，载《南海法学》2021 年第 5 期。

〔3〕 李谦："从'非诚勿扰'案看商标反向混淆的认定标准"，载《安康学院学报》2019 年第 5 期。

二、司法实践中对商标反向混淆与正向混淆的认定

（一）对正向混淆的认定

较之反向混淆，商标正向混淆引发的纠纷在司法实践中较为常见。司法实践中，对正向混淆的认定通常以消费者的"一般注意力"为标准，辅之以"隔离观察比较""显著部分观察比较"和"整体观察比较"的方法，同时考虑已经注册商标的显著性和知名度。[1]以德国宝马公司的蓝白标识为例，宝马公司在其服装类产品上注册了蓝白颜色为"左上右下"的标识，而被诉服装公司虽将蓝白颜色标识改为"左下右上"，但公众仍极易因两个商标的相似性对商品的来源产生误认，该案中将该行为定性为混淆行为。实践中，小商户通过仿造大品牌的商标以混淆商品来源的案例屡见不鲜，例如将"雪碧"变成"雷碧"，大白兔奶糖变成"大白兔奶糖"等。

（二）对反向混淆的认定

反向混淆与正向混淆的差异性还体现在司法实践当中。由于缺乏对反向混淆的明确法律规范，因此，反向混淆的内涵及认定标准等问题主要是在司法实践中不断确立发展起来的。在2005年的"蓝色风暴"案[2]中，法院认为百事可乐公司使用"蓝色风暴"作为商品标识，并对该标识进行广泛宣传，使消费者将"蓝色风暴"标识与百事可乐相联系，造成蓝野酒业公司在先使用的"蓝色风暴"标识的商品与百事可乐公司的商品发生混淆，影响了蓝野酒业公司标识的正常发展，构成反向混淆侵权。该判决依据的是2001年修正《商标法》第52条第1项的规定，如前文所述，这一规定较为笼统，可以认为是对反向混淆和正向混淆的同一规范。2013年的"非诚勿扰"案让反向混淆这一侵权行为受到了更多关注。该案中原告金某认为，其在2009年就开始对"非誠勿擾"标识进行使用，并对该标识进行了注册，注册门类为"交友服务、婚姻介绍"，而2010年江苏卫视推出的"非诚勿扰"相亲节目通过其高知名度使民众对该标识的归属产生混淆，构成反向混淆侵权，因此向深圳市南山区人民法院提起诉讼。该案件经历了一审、二审和再审后，最终广东省高级人民法院主要依据电视节目与线下婚姻介绍难以存在公众混淆可能性，

---

〔1〕 王迁：《知识产权法教程》（第5版），中国人民大学出版社2016年版，第505页。

〔2〕 浙江省高级人民法院［2007］浙民三终字第74号民事判决书。

判定被告不构成"反向混淆"。[1]在 2015 年的"新百伦"案[2]中，原告周某作为"百伦"与"新百伦"的在先使用人与注册商标专有权人对"new balance"提起了诉讼，认为其在中国市场使用的名称"新百伦"侵害了其商标使用权。法院认为，相关公众对商品的混淆不仅包括实际误认的可能性，也包括混淆在先使用的商标来源于在后使用权人的情形。从上述三个关于反向混淆的案例可以看出，目前法院对该种混淆情形的裁判依据主要是《商标法》第 57 条第 1 项和第 2 项，将反向混淆作为一种混淆类型进行处理。但同时，以"非诚勿扰"和"蓝色风暴"两个案件为例，不同审级的法院对相同行为是否构成反向混淆的认定也存在标准不一致的问题。

三、商标反向混淆与正向混淆认定中存在的问题

通过上述对正向混淆与反向混淆的比较分析可以得知，对正向混淆的规范较为完善，认定也较为简单，而对反向混淆的认定无论是在立法规范还是司法实践中，都亟待完善。司法实践中，通常依据《商标法》第 57 条第 2 项的笼统规定对反向混淆加以认定和规范，但是，该规范的模糊性以及不确定性，给反向混淆的认定造成了一定困难。尽管实践中反向混淆行为出现的频次较少，但有关反向混淆侵权纠纷往往涉及较为出名的市场主体，如前文列举的"福特公司""新百伦""非诚勿扰"以及"百事可乐"，往往极易引发社会广泛关注。在此情况下，需要明确反向混淆的相关内涵和认定标准，确立和完善反向混淆制度，以有效指导司法实践，也可以对商标使用起到有效的规范作用。同时，司法实践中对反向混淆的认定标准、责任追究问题也应统一，避免同案不同判的情况。此外，与正向混淆不同，反向混淆一般不存在利用大品牌商誉的"搭便车"行为，对该类侵权行为进行规范主要是保护商标在先使用权人的合法权益不受到后来强势市场主体的倾轧，因此，法官在裁判时应注重衡量被诉主体的显著性和知名度，而不仅仅考量起诉主体的知名度。

---

[1] 广东省高级人民法院 [2016] 粤民再 447 号民事判决书。
[2] 广东省高级人民法院 [2015] 粤高法民三终字第 444 号民事判决书。

四、结语

本文从概念、规范文本、司法实践认定三个层面对正向混淆和反向混淆进行了比较分析。总体来讲，二者在概念上存在较大差异，司法实践中对两者的认定标准也不尽相同，两者的差异性明显，区分起来较为简单。但是，由于目前我国立法中尚未对反向混淆予以明确规定，司法实践中常援引同一条款对这两种侵权行为进行认定和裁判，难以保证裁判的准确性，也常常出现同案不同判的情况。在此情况下，需要在立法中对反相混淆予以明确规定，并在司法实践中对认定标准加以发展和统一，以维护良好的市场秩序。

国有土地上房屋征收决定的合法性研究

朱希亚*

（中国政法大学　北京 100088）

摘　要：2011 年通过的《国有土地上房屋征收与补偿条例》为国有土地上房屋征收决定提供了合法性审查标准，但未能完全解决房屋征收决定中存在的诸如公共利益界定模糊、征收决定程序弱化以及公众参与边缘化等问题。基于此，应首先明确公共利益的界定标准，进而通过正当程序和听证制度增强征收决定的合法性。

关键词：征收决定　公共利益　正当程序

一、引言

近年来，随着我国经济和社会的发展，城镇化进程不断加快，房屋征收和补偿逐渐成为广泛热议的社会热点问题。2011 年，国务院审议通过了《国有土地上房屋征收与补偿条例》（以下简称《条例》），完善了国有土地上征收和补偿的相关法律规范，是我国国有土地上房屋征收与补偿制度的重大进步。但近年来，各级人民法院审理的房屋征收案件不断增加，因房屋征收导致的矛盾和纠纷也引发了社会的广泛关注，国有土地上房屋征收和补偿实践中，仍然有许多问题亟须解决。

国有土地上房屋征收问题可分为征收决定问题和征收补偿问题。本文将以征收决定为视角，梳理分析国有土地上房屋征收决定中存在的主要问题，

---

　* 作者简介：朱希亚（1990 年-），男，汉族，江苏省邳州市人，中国政法大学同等学力在读研究生，研究方向为民商法学。

探究征收决定的合法性审查要件，在此基础上，提出征收决定合法性审查的完善建议，从而进一步完善我国国有土地上房屋征收与补偿制度。

二、国有土地上房屋征收决定存在的合法性争议

如上文所述，虽然《条例》为房屋征收行为构建了大致的法律框架，但该法律框架尚未能涵盖房屋征收中面临的所有问题。[1]司法实践中，国有土地上房屋征收中，尤其是在作出征收决定过程中，依然面临许多问题，具体表现在以下几个方面：

（一）公共利益界定的模糊性

《条例》第 8 条规定，人民政府作出房屋征收决定，应当是出于保护公共利益的需要；《民法典》第 117 条也规定，只有符合公共利益的需要才能进行征收。然而，在所有的法律概念中，公共利益属于典型的不确定法律概念，具有明显的模糊性。王利明教授指出，公共利益的不确定性表现在"外延和内涵没有确切的界定，而是需要结合个案的具体情况来判断"。[2]因此，在国有土地上房屋征收中，除需符合公共利益外，还应当符合"四规划一计划"。但是，实践中，司法机关往往并不直接审查"四规划一计划"。是否符合公共利益是征收的前提，也是衡量征收决定是否合法的重要标准，这种对公共利益的模糊界定，不利于征收决定的作出，也给征收决定的合法性审查造成了障碍。

（二）征收程序遵循的漠视性

"依法治国的核心是依法行政，而依法行政的关键是依程序行政。"[3]作为具体行政行为的征收行为，除一般行政程序外，还须遵守征收行为特有的行政程序。《条例》第二章对征收决定的程序作出了明确规定，主要表现为在作出征收决定前，应当进行征收补偿方案拟定、论证、公布，并进行风险评估，建立专户专款，征收决定公告。同时在公告征收决定后，应当对征收范围内房屋进行登记等。在作出征收决定过程中，要遵循严格的征收程序，以制约征收决定权，保障被征收方的权利。但实践中，征收主体在作出征收决定时，往往会有意或无意地忽略征收程序，抑或淡化征收程序的重要性，难

---

〔1〕 焦清扬："国有土地上房屋征收的立法透析与制度反思"，载《河南财经政法大学学报》2016 年第 1 期。

〔2〕 王利明："论征收制度中的公共利益"，载《政法论坛（中国政法大学学报）》2009 年第 2 期。

〔3〕 刘云华："行政程序法的价值与功能"，载《求实》2011 年第 12 期。

以保障征收决定的合法性。

（三）公众参与程度的边缘性

行政法越来越重视公众参与在政府行政行为中的重要性。而征收行为不仅关系着公共利益，更关乎征收行为所指向的每一个行政相对人的个人利益。虽然《条例》规定了政府应当征求意见并进行公告，以及"因旧城区改建需要征收房屋，多数被征收人认为征收补偿方案不符合本条例规定的，市、县级人民政府应当组织由被征收人和公众代表参加的听证会，并根据听证会情况修改方案"。但规定的公众参与程度与征收的公共利益重要性相比并不相匹配。同时，按照《条例》规定，只有因旧城区改造征收房屋才能举行听证，且对于听证的规定也只是概括性的，并未明确听证的程序、主体、内容、时间等。对于涉及公共利益的重大事项，应当使公众参与贯穿行政决策、行政行为的全过程，形式化的公众参与无法有效保障公民的基本权利和利益。

三、国有土地上房屋征收决定制度的完善

《条例》作为规范国有土地上征收与补偿问题的具体办法，为我国的国有土地上房屋征收与补偿制度构建了较为完整的法律框架。但这种框架并不能完全解决我国经济社会发展中日益变化的房屋征收问题，仍然需要对现有的房屋征收决定制度加以完善。

（一）明确界定公共利益

正如前文所述，公共利益具有极大的模糊性，是一个难以界定的法律概念。《条例》虽然规定了征收决定应当符合公共利益的需要，但并未明确规定如何界定公共利益，换言之，公共利益的界定权力掌握在行政机关手中，因此，存在滥用公权力的可能。对此有学者提出，可以通过设立常规程序机制来界定公共利益的内涵，同时在有争议的情况下，赋予司法机关一定的自由裁量权。亦有学者认为，应当把"民主商谈"作为公共利益界定的原则。[1]本文认为，可以将公共利益的听证程序作为征收决定作出前的前置程序，行政机关可以根据听证意见来对征收决定作出修改和调整，以使征收决定符合公共利益。但应当注意的是，征收利益不仅指被征收对象的利益，还包括征收范围内所有群体的利益，因此，关于公共利益的听证应当重视不同群体的

---

[1] 房绍坤："论征收中'公共利益'界定的程序机制"，载《法学家》2010年第6期。

意见，平衡各方利益。

（二）完善征收决定程序

目前，我国因征收决定引起的行政诉讼中，有很大一部分案件是因为程序合法问题引起的，从侧面说明了我国征收决定制度中正当程序的不完善。"一个不良的法律，如果使用一个健全的程序去执行，可以限制或削弱法律的不良效果。"[1]因此，征收决定的合法性应当强调完善征收决定作出的正当程序。本文认为，《条例》应当进一步完善征收决定程序，建立严格的征收决定程序机制，明确各程序的形式、顺序、期限等内容，严格按照程序规定作出征收决定。

（三）建立征收听证制度

我国《行政许可法》第46条规定："法律、法规、规章规定实施行政许可应当听证的事项，或者行政机关认为需要听证的其他涉及公共利益的重大行政许可事项，行政机关应当向社会公告，并举行听证。"本文认为，征收决定涉及重大公共利益，应当在征收决定的作出过程中构建完整的征收听证制度，且这种听证制度应当贯穿公共利益的认定、征收补偿方案的认定、社会稳定风险的评估等全过程。在传统的听证制度中，听证是否举行往往都由行政机关认定，对此，本文提出的建议是可在征收听证制度中纳入依公众申请的听证方式。同时，应当进一步明确听证的时间、方式、主体等听证内容以及听证意见作为征收决定作出的依据的法律地位。

四、结语

《条例》作为国有土地上房屋征收与补偿的具体办法，为我国的房屋征收制度构建了较为完整的法律体系，但仍未能完全解决房屋征收过程中面临的所有问题，尤其体现在征收决定中。房屋征收决定涉及重大公共利益，应当对其合法性进行严格审查，一方面，要完善征收决定制度中的各项程序，为征收决定提供正当性和合法性；另一方面，要建立征收听证制度，切实保护行政相对人的财产和其他权益。

---

〔1〕 参见王名扬：《美国行政法》，中国政法大学出版社1995年版。

退役军人群体法律援助工作的现状与对策研究

覃　俊*

（中国政法大学　北京 100088）

摘　要： 近年来，退役军人群体依法维权的案件不断增多。退役军人事务部门组建后，我国在退役军人法律援助方面进行了积极的探索，取得了显著的成绩，但也存在一些弊端亟须解决。本文通过分析退役军人法律援助工作的现状，提出对策建议，以期更好地维护广大退役军人的合法权益。

关键词： 退役军人　法律援助　财政保障

一、做好退役军人法律援助工作的重要意义

党的十八大以来，习近平总书记高度重视退役军人工作，先后作出一系列重要指示、批示，推动组建了退役军人事务部门。2021 年 1 月 1 日，《退役军人保障法》正式施行，对规范退役军人工作，保障退役军人合法权益具有重大意义。2022 年《法律援助法》的正式施行，标志着我国法律援助工作迈入新时代。做好退役军人法律援助工作是贯彻落实退役军人保障法的现实要求，是加强退役军人服务保障的重要举措，也是维护退役军人合法权益的重要民生工程，对建立健全退役军人权益保障机制，完善公共法律服务体系，具有重要意义。做好退役军人法律援助工作的重要性主要体现在以下几个方面：

（一）事关国防和军队建设大局

退役军人为国防和军队事业作出了重要贡献，是社会主义现代化建设的

---

* 作者简介：覃俊（1990 年-），男，壮族，广西壮族自治区南宁市人，中国政法大学同等学力在读研究生，研究方向为社会法学。

重要力量，保障退役军人利益是全社会的共同责任，直接关系国防和军队建设大局。

（二）事关经济社会和谐稳定

随着全民法治意识的不断提升，近年来，退役军人涉法涉诉问题不断增多，维护好退役军人合法权益尤为迫切。然而，由于诸多方面的原因，各地涉军信访问题屡见不鲜，涉及移交安置、优待抚恤、教育培训等各个方面，如若处理不当，极易激化社会矛盾甚至产生政治安全风险，影响社会和谐稳定。

（三）事关社会主义法治社会建设

退役军人是社会的重要组成力量，社会主义法治社会建设离不开退役军人的支持与参与。近年来，国家紧密结合我国国情，坚持以人民为中心，针对军人、退役军人等特殊群体研究出台了法律法规和政策文件，促进了我国社会法治体系的健全与完善。特别是在《退役军人保障法》出台后，中央和各地党委、政府相继出台了系列配套政策，初步构建了系统完备的退役军人政策制度体系，对完善社会主义法律制度体系具有重要意义。

二、退役军人群体法律援助工作中存在的主要问题

虽然退役军人政策制度体系已初步构建，但退役军人群体的涉法涉诉问题仍居高不下，针对退役军人的法律援助工作仍需不断加强。笔者结合个人退役军人事务系统的工作经历，深入研究分析后认为，主要存在以下突出问题：

（一）缺乏配套的激励机制

近年来，退役军人事务部先后与司法部、最高人民法院联合出台了加强退役军人法律援助工作、加强退役军人纠纷解决和诉讼服务保障等方面的指导性意见，对推动退役军人法律援助工作具有积极作用，但在激励机制建立方面仍有待增强。比如，文件鼓励和支持律师、法律援助志愿者等在法律服务资源相对短缺的地区为退役军人提供法律援助，鼓励各类群体为退役军人多元化解决纠纷提供"菜单式"服务，但是由于缺乏相应的激励机制，社会各界参与热情不高，服务质量难以保障。

（二）法律援助队伍力量薄弱

根据退役军人事务部、司法部的要求，各级退役军人服务中心（站）普遍设立了法律援助窗口，但法律援助力量不足、质量不高的问题仍然突出。尤其是在部分地区法律援助资源短缺，严重制约了退役军人法律援助工作的实施。以广西壮族自治区为例，截至 2020 年底，广西壮族自治区具有执业律师 1.1 万人，每百万人口仅拥有律师 2.2 人，且 70% 集中在南宁、柳州、桂林三个城市，供求矛盾突出。[1]在此情况下，退役军人法律援助工作中的供求矛盾则更为突出，法律援助队伍力量相对薄弱。

（三）法律援助队伍专业化程度不高

退役军人事务部、司法部《关于加强退役军人法律援助工作的意见》指出："（十一）提高办案质量。……要注意挑选对退役军人工作有深厚感情、熟悉涉军法律和政策、擅长办理同类案件的法律援助人员为退役军人提供法律援助服务……"[2]由于军队的特殊性质，退役军人涉法问题有时会涉及军队历史遗留问题、退役军人政策制度调整改革、部队调整改革等问题，对退役军人的法律援助工作提出了专业性要求。然而，目前法律援助队伍中的专业人才较为缺乏，法律援助人员的专业性还有待进一步提升。

（四）法律援助资金不足

随着人们法律意识的提高，退役军人法律援助需求也不断攀升，法律援助资金缺口相对较大，特别是在经济欠发达地区法律援助工作中，这一问题则更加突出，不利于法律援助工作的开展。以广西壮族自治区为例，"十三五"期间，广西壮族自治区法律援助人员共办理法律援助案件 14 万件，但各地公共法律服务保障体系建设经费普遍不足，部分地区经费未完全纳入同级财政预算，各类专项经费落实不到位，全区只有 9 个设区市制定了人民调解员案件补贴标准并落实保障。而大多数基层退役军人事务部门尚未设立法律业务方面的专项经费，难以通过政府购买服务等方式聘请律师为退役军人提供优质法律援助。法律援助工作中的资金不足和资源短缺等问题，导致相关部门很难调动专业人才参与法律援助的积极性。

三、退役军人法律援助工作的完善建议

为进一步健全退役军人法律援助体系，加强退役军人法律援助工作，针

---

〔1〕 参见《广西壮族自治区人民政府办公厅关于印发广西公共法律服务体系建设"十四"五规划的通知》。

〔2〕《退役军人事务部、司法部关于印发〈关于加强退役军人法律援助工作的意见〉的通知》。

对退役军人法律援助工作中存在的问题，本文建议可以从以下几个方面予以完善：

（一）完善退役军人法律援助制度机制

明确退役军人法律援助工作的重要意义，统筹推进退役军人政策制度改革，健全退役法律援助体系，进一步贯彻落实《法律援助法》《退役军人保障法》和中央文件精神，建立完善的退役军人法律援助体制机制，为退役军人法律援助工作的开展提供法律指引。

（二）增强法律援助工作力量

首先，加大对退役军人法律援助工作的保障力度和政策支持，广泛调动法律人才参与法律援助的积极性，鼓励法官、检察官、公职律师、人民调解员等法律人才参与法律援助工作，健全法律援助队伍。其次，健全退役军人法律援助网络，发挥"实体平台+网络平台"的协助作用，为退役军人提供优质便捷高效的法律服务。同时，建立退役军人法律援助协作机制，形成司法机关、退役军人事务部门、基层自治组织、相关职能部门以及社会组织的系统性合力，进而切实解决退役军人面临的法律难题。此外，要进一步加强对基层退役军人服务中心（站）法律工作人员的培训，提高法律援助队伍的专业素质和服务能力。

（三）加大对退役军人法律援助的财政保障

建立中央和地方财政分担法律援助经费机制，保证法律援助经费增长与经济社会发展相协调。同时，充分发挥退役军人关爱基金会、爱国拥军促进会等各类社会组织的作用，多措并举筹措法律援助资金，争取全社会的广泛支持，解决当前政府财政拨款不足的问题。要充分考虑律师和法律援助工作者的办案成本、基本劳务费等因素，严格按要求及时、足额兑现办案补贴，建立科学合理的办案补贴动态调整机制。

有限合伙型基金"双 GP"模式运作中的法律风险研究

赵浚辰 *

（中国政法大学　北京 100088）

摘　要："双 GP"模式是有限合伙型基金在实操中的创新。对一些拥有产业资源但并无持牌资格的企业和有专业私募基金团队但产业资源有限的基金管理人进行资源整合互换。但"双 GP"模式的运作也面临一定的法律风险，主要源于各部门监管规范的不完善以及具体条款内容的模糊性。为此，在监管机构尚未能完善限制机制的情况下，可以在合伙协议中对两个 GP 的权责关系作出明确约定，做到合规有效地运作，以应对可能的法律风险。

关键词：有限合伙模式　双 GP 执行事务合伙人　基金管理人

一、我国私募股权基金的发展现状

在全球疫情的持续影响下，医药产业（化学制药、生物制品、医疗器械）成为投资者新的关注焦点。2021 年 11 月，中国人民银行等四部门发布《金融标准化"十四五"发展规划》，提出了实现碳达峰、碳中和目标的新任务，并进新一步强调绿色发展是金融行业未来五年的重要工作。近两年新能源发展带来的边际效应，也为投资者提供了"新"的投资方向。新的发展机遇吸引了更多的投资者进入资本市场，为私募股权投资基金提供了更加丰厚的资金投入和更加丰富的项目来源。

---
* 作者简介：赵浚辰（1988 年-）女，汉族，辽宁省沈阳市人，中国政法大学同等学力在读研究生，研究方向为经济法学。

截至 2021 年底，私募股权和创投基金规模达到约 13 万亿元。截至 2021 年第三季度末，投向高新技术企业、中小型企业、种子期和初创期企业本金占比分别达 26%、28% 及 33%，金额高达约 8 万亿元。[1] 我国私募股权基金规模现已位居世界前列。

二、私募股权基金概述

（一）私募股权投资基金的概念及运作方式

私募股权投资基金是指在基金业协会备案的私募基金管理人以非公开募集的形式向特定合格投资者发起募集从而设立的基金。私募股权投资基金的投资标的主要针对一些已具备一定企业规模，并能产生稳定现金流处于成熟期有上市预期且未上市公司的股权。投资后参与到企业的日常管理当中，主要针对企业的各类风险进行监督管理并为企业提供增值服务，规范企业经营所需的各项制度，帮助企业尽早完成既定的发展目标。同时，退出后产生的收益也是私募股权投资基金盈利的主要来源，现阶段大部分的基金主要是以被投资企业上市的方式选择，另外还可以通过管理层回购、资产出售、重组并购等方式退出，从而获得收益。

（二）私募股权投资基金的类型

私募股权基金按组织形式可划分为公司型基金、契约型基金以及有限合伙型基金三类。其中，有限合伙型基金出现得较晚，但相较其他基金类型来讲，运作模式更灵活简便，因此得以迅速发展，成为私募股权投资最主要的运作方式之一。

有限合伙型私募基金主要由一名有持牌资格的普通合伙人（GP）和多名有限合伙人（LP）构成，并由 GP 担任执行事务合伙人，即"单 GP 单管理人"模式。

在此单一模式中，GP 与 LP 的信息不对称时常使 GP 陷入治理困境，又因 LP 对管理权与收益权的渴望促成了"双 GP"模式的出现。

（三）"双 GP"模式

（1）"双 GP"模式下的基金管理人及执行事务合伙人。首先，在"双 GP"模式下，可商定其中一方 GP 不作为执行事务合伙人。在此情形中，基

---

[1] 数据来自 2021 年证券投资基金业协会。

金管理人也可以不由 GP 或者执行事务合伙人担任,而是聘请有持牌资格且有关联性的第三方机构担任。[1]其次,"双 GP"模式下,其中一名 GP 有基金管理人资格,另一名 GP 没有。而根据拥有基金管理人资格的 GP 是否同时担任执行事务合伙人,又衍生出以下两种模式:

双GP模式
管理人=执行事务合伙人

双GP模式
管理人≠执行事务合伙人

(2)"双 GP"模式的合规问题。"双 GP"模式运作的法律基础是《合伙企业法》的相关规定以及中国证券投资基金业协会发布的关于私募投资基金的工作规范。特别是《合伙企业法》第 61 条第 2 款规定:"有限合伙企业至

---

〔1〕《企业会计准则第 36 号——关联方披露》第二章第 3 条。

少应当有一个普通合伙人。"该条并未禁止"双 GP"存在的可能性。此外，证监会及基金业协会的管理规范或问答也没有明确否定"双 GP"基金的合规性。"双 GP"也符合《私募投资基金备案须知》中对于管理人职责的描述。[1]

三、"双 GP"模式涉及的法律风险

（一）在募集阶段，存在投资者不适格的风险

在"双 GP"单一管理人的模式中，虽然没有明确规定，但作为执行事务合伙人的 GP 必须是在基金业协会备案的持牌机构。而另一个 GP，由于没有持牌资格，故不被视为合格投资者。[2]因此，无持牌资格的 GP 必须满足合格投资者的条件，避免产生主体不适格风险。

（二）在投融阶段，存在具有持牌资格的 GP 不完全履行的风险

私募基金管理人在基金投融阶段要进行详细的项目审查，以免未来陷入投资失误的窘境。审查包含对项目的初步选择与筛查、尽职调查及项目决策等。此时，存在作为基金管理人的 GP 将其一部分项目审查义务分配给无持牌资格的 GP 的情况，而这些无持牌资格的 GP 由于缺乏专业性，在参与尽职调查的过程中，无法高效监控，有可能因双方信息不对称导致决策失误。此时，具有基金管理人资格的 GP 也需就违反基金业协会关于尽职调查的相关规定承担相应的责任。

（三）在管理阶段，存在无持牌资格的 GP 变相参与基金管理的风险

根据《合伙企业法》第 68 条第 1 款之规定，有限合伙人不执行合伙事务，不得对外代表有限合伙企业。基金业协会出台的《私募投资基金合同指引 3 号（合伙协议必备条款指引）》在此基础上加入了基金监管层面对有限合伙人的理解，即"合伙协议可以对有限合伙人的权限及违约处理办法做出约定，但是不得做出有限合伙人以任何直接或间接方式，参与或变相参与超出前款规定的八种不视为执行合伙事务行为的约定"。总而言之，在"双 GP"有限合伙型基金中，有持牌资格的一方担任其中的一个 GP，而无持牌资格的

---

〔1〕《私募投资基金备案须知》第 1 条第 3 款。

〔2〕《私募投资基金监督管理暂行办法》第 12 条第 1 款规定："私募基金的合格投资者是指具备相应风险识别能力和风险承担能力，投资于单只私募基金的金额不低于 100 万元且符合下列相关标准的单位和个人：（一）净资产不低于 1000 万元的单位；（二）金融资产不低于 300 万元或者最近三年个人年均收入不低于 50 万元的个人。"

GP 一般由 LP 聘任的机构担任，这种情况可能面临"违反有限合伙人以间接方式变相参与不视为执行合伙事务行为的约定"的法律风险。

（四）在退出阶段，存在无持牌资格的 GP 参与基金管理费分配的风险

以往 LP 的收益是按瀑布收益法[1]来分配收益，LP 无法获取基金管理费是"双 GP"模式产生的原因之一。"双 GP"的基金管理费的约定比例一般为 1∶1。事实上，无持牌资格的 GP 收取基金管理费的行为违反了基金业相关规定。根据《私募投资基金合同指引 3 号（合伙协议必备条款指引）》的规定，仅基金管理人有收取管理费的权利，基金管理费是有限合伙企业向基金管理人支付的基金管理报酬，而在我国基金管理人需由向基金业协会备案且同意开展基金管理业务的私募基金管理公司担任。但在此模式中，无持牌资格的 GP 作为执行事务合伙人，并无专业管理基金经验只是对企业日常经营进行管理，这对界定参与私募基金管理的无持牌资格 GP 按出资比例计提基金管理费存在法律规定的模糊性。

四、"双 GP"模式涉及的法律风险的应对策略

实务中或采取以下几种方式应对"双 GP"模式涉及的法律风险：首先，无持牌资格的 GP 在基金运作中取得持牌资格，符合合格投资者条件；其次，无持牌资格的 GP 采取在基金的投资决策委员会中占有更多表决席位的方式，参与基金管理；最后，有持牌资格的 GP 持有或间接持有部分无持牌资格 GP 的股份，进而分配协议中约定的管理费收益。这样也更有利于基金架构的稳健。各取所需，取长补短。

五、结语

"双 GP"模式是有限合伙型私募基金在传统结构上的创新，无论是在组织架构的设计方面，还是参与人方面，都相对"单 GP"模式更为复杂。这种模式在 LP 参与基金的管理以及收益分配方面取得了很大突破，也有助于一些拥有产业资源但并无持牌资格的企业和有专业私募基金团队但产业资源有限的基金管理人进行资源整合互换，取长补短。但是，目前"双 GP"模式在运作中的各个阶段都蕴含着法律风险，这和各部门的监管规范不完善，具体条

---

[1] 瀑布收益法主要分为四个阶段：返还出资额—优先收益—追赶机制—超额收益。

款内容模糊有很大的关联性。

2021 年 8 月基金业协会已经取消了双管理人的备案申请，"双 GP"模式虽具有一定可行性，但也面临着一定的法律风险。因此，在监管机构没有完善限制机制的情况下，应在合伙协议中对两个 GP 的权责关系作出明确的约定，做到合规有效的运作，以有效规避这些风险。

浅析大数据预防犯罪可行性

赵 伟*

（中国政法大学 北京 100088）

摘 要： 大数据算法技术的日益发展为犯罪侦查和预防提供了新的手段。目前，大数据已被广泛应用于犯罪侦查中，但就其在犯罪预防中的应用存在较大争议。大数据算法在提高犯罪侦查效率的同时，也面临是否侵犯隐私权、是否违背无罪推定原则、能否作为对已犯罪者判刑的依据以及是否会导致算法歧视等问题，需要予以进一步思考和规范。

关键词： 法律 大数据 犯罪预防

一、引言

大数据技术发展为犯罪的侦查与预防提供了新的途径。目前，大数据在诸如抓捕逃犯或查找犯罪窝点等犯罪侦查活动中已经取得了良好的成效。但犯罪的预测和预防是一个动态复杂的过程，现有技术仍无法完全涵盖其中存在的问题，无法充分利用海量数据进行自动分析。同时，大数据预测犯罪也面临着许多的法律障碍，主要体现在利用数据预测个体行为并对其采取相应措施的合法性方面，即如何合法合理地使用数据、应当对预测结果采取何种程度的措施及其法律依据。

二、大数据在犯罪预测中的应用案例

犯罪预测是警察部门进行犯罪预警与侦查的重要手段，其重要意义在于

---

* 作者简介：赵伟（1971年-），女，汉族，河南省郑州市人，现就职于河南易安工程公司。中国政法大学同等学力在读研究生，研究方向为经济法学。

对犯罪的预防。犯罪预测的大数据化极大地改变了传统警务的执法模式，提升了犯罪预测的效率与精准度，确保了执法过程中的证据留痕和可追溯性。

目前，运用大数据进行犯罪预测在个别地区已经得到了一定程度的实施。2011 年，洛杉矶警局与加州大学洛杉矶分校共同开展了一项大数据预测犯罪的实验，[1]在分析了不同类型的上千万案件后，发明出了一种能够预测各区域犯罪可能性高低的算法。之后的一百天，洛杉矶警方将此算法应用于实际执法过程中，在更有可能犯罪的地区加强排查，并提醒该区域警察可采取强制行动制止可疑人员。正如当地警官所说："我们的目的是让警员在合适的时间出现在合适的地点。这样，那些准备干坏事的家伙一出现，就会看到有警察在场，受到震慑后不敢再作案。"事实证明该算法非常有效，该算法覆盖区域的犯罪率下降了 36%。

近年来，国内公安机关也开始依托大数据平台进行犯罪预测和预警。2014 年，北京市怀柔区警方采用了基于大数据的犯罪数据分析预测模型。该模型能够预测犯罪的高发地区和种类，使警力投入更有效率。同年 5 月，北京警方利用该系统预测泉河派出所辖区北斜街附近很有可能发生盗窃案件，于是派出警力加强对这一地区的巡逻监视，并在 5 月 7 日成功逮捕一犯罪团伙，经调查发现该团伙曾长期盗窃电动车及其他财物。[2]

理论和实践均表明，与传统犯罪预测手段相比，大数据算法基于其在处理大量信息以及应对复杂环境时无可比拟的优势极大地提高了犯罪预测的效率和准确性。然而，大数据在犯罪领域的运用呈现出"双刃剑"的特点，需要进一步明确大数据预测犯罪的合法性依据以及对其可能带来的风险进行有效规制。

三、大数据预测犯罪中存在的问题

（一）大数据预测犯罪是否侵犯隐私权

由于犯罪预测涉及对家庭、职业、教育背景、住址、身体精神状况、违法记录等隐私信息的收集，因此，运用大数据进行犯罪预测时面临的首要问

---

〔1〕 刘定朋、梁坤："'互联网+'时代公安大数据犯罪防控对策初探——以数据信息犯罪渠道理论为路径"，载《北京警察学院学报》2016 年第 2 期。

〔2〕 郭伟："美国预测警务的发展与启示"，载《公安教育》2019 年第 5 期。

题是公民的隐私权问题。经过论证，大数据预测模型并不会侵犯公民的隐私权，主要体现在以下两个方面：首先，根据我国现有法律规定，犯罪预测过程中的信息收集，属于司法过程中的履职行为，这些信息并非商用或个人用途，不涉及侵犯公民隐私权的问题；[1]其次，大数据的本质在于运用能够处理海量数据的机器系统代替人工分析，在此情况下，数据并不直接对处理者显示，而是完全交由计算机内部运算，最终只呈现分析后的结果。因此，只要保证收集的信息不外泄、不作其他用途，则不会侵犯到公民的隐私权。

（二）大数据预测犯罪是否违背无罪推定原则

反对将大数据运用于犯罪预测的学者认为，这一手段违反了无罪推定原则，而这也是大数据预测接受程度远低于大数据侦查的主要原因。如果一件犯罪事件已经发生了，那么只要搜集到了相关证据，必定可以证明谁是犯罪者。但是，如果一件犯罪事件还没有发生，那么被怀疑的个体需要证明的并不是"没有犯罪"，而是"没有犯罪的想法"。尽管加强巡逻等手段能够对犯罪产生一定的震慑效果，但这种做法实际上构成预先假定犯罪，使行为人就不存在的犯罪事实承担责任，而这恰恰违反了贝卡里亚无罪推定原则这一法律公正的基石。[2]因此，运用大数据进行的犯罪预测结果只能作为公安机关采取相关警戒措施的参考，而不能被视为对未犯罪者法律量刑的依据。

（三）大数据预测能否作为对已犯罪者判刑的依据

经过上文论述，根据无罪推定原则，犯罪预测结果并不能作为法院对未实际犯罪者的量刑依据。但在某些情况下，法官在对实际犯罪者的量刑中也带有一定程度的预测性。例如法律规定，对于防卫过当、自首等特殊情节给予一定程度的从宽处理或者是对某些恶劣情节的从严处理。法官在认定时蕴含着对犯罪者再犯罪危险的预测。值得思考的是，大数据算法是否可以运用到此类预测的过程中呢？

表面看来，大数据算法得益于其庞大的数据库和在信息处理方面的天然优势，其预测结果在统计学上更加准确。然而，对大数据算法的过度依赖，

---

〔1〕　齐鹏飞："论大数据视角下的隐私权保护模式"，载《华中科技大学学报（社会科学版）》2019年第2期。

〔2〕　陈光中、张佳华、肖沛权："论无罪推定原则及其在中国的适用"，载《法学杂志》2013年第10期。

将会使法律的权威性受到一定挑战。例如：在 2013 年美国威斯康星州的卢米斯案[1]中，卢米斯被指控参与枪击案，但他本人否认这一指控。在量刑阶段，预测系统显示被告卢米斯对社区构成高风险，而法官的判决也部分地以此为依据。随后，卢米斯提交了定罪后的缓解动议，认为依据美国宪法第六修正案，被告人有权知道被控告的理由，而大数据算法本身复杂的"黑箱"属性并不能清楚地解释其结果的生成过程。因此，法官应把大数据算法作为辅助工具而非参考建议，从而尽可能减少先入为主的锚定效应。

（四）大数据预测犯罪是否会导致算法歧视

运用大数据算法预测犯罪可能会面临的第四个问题在于是否会导致算法歧视，从而对本就处于不利地位的特定人群造成进一步的伤害。由于算法本身是一种基于历史与概率的较易生成偏见的系统，因此统计学上犯罪率更高的人群（如黑人、男性、失业者、学历较低者等）势必会被系统认为具有更高的犯罪可能性。如果不及时纠正这种偏见，很可能会进一步加剧这些群体的不利地位，从而把他们推向犯罪，造成预期自我实现的恶性循环。

美国所使用的 COMPAS 算法造成的歧视就是一个典型的例子。"COMPAS"的全称为"Correctional Offender Management Profiling for Alternative Sanctions"，即"罪犯矫正替代性制裁分析管理系统"。司法实践中，美国法院常常在量刑时使用 COMPAS 预测罪犯再次犯罪的概率，而这一并不成熟的系统因算法歧视而备受争议。根据美国新闻机构 ProPublica 在 2016 年 5 月的报道，COMPAS 系统预测的黑人被告再犯罪风险要远高于白人。在算法看来，黑人的预测风险要高于实际风险，比如两年内没有再犯的黑人被错误地归类为高风险的概率是白人的 2 倍（45%：23%）。而未来 2 年内再次犯罪的白人被错误地认为是低风险的概率同样是黑人再犯的近 2 倍（48%：28%）。[2]

四、完善建议

（一）执法机关必须谨慎使用大数据犯罪预测系统

首先，相关的公民信息必须加密存储，并对信息处理全过程严格监管，

---

〔1〕 朱体正："人工智能辅助刑事裁判的不确定性风险及其防范——美国威斯康星州诉卢米斯案的启示"，载《浙江社会科学》2018 年第 6 期。

〔2〕 崔靖梓："算法歧视挑战下平等权保护的危机与应对"，载《法律科学（西北政法大学学报）》2019 年第 3 期。

避免信息用于任何除犯罪预测之外的用途。其次，执法机关应平衡犯罪预防与尊重公民权利之间的关系，应以非针对性手段为主，比如加强对高风险地区的巡逻、守法宣传等。而针对个体的措施则要谨慎使用，如短信警告、上门调查等。

（二）增加判断依据和算法合理性，减少算法歧视

算法歧视虽然难以完全消除，但并非无法改善。如同人类认知的歧视来源于用个体的个别信息盲目推测整体特征一样，算法歧视很大程度上也来源于数据种类的单一。如果一种算法只有种族和犯罪率两种指标，它所给出的结果当然会表明种族和犯罪有强相关性。但是随着更多种类的指标，尤其是目前所缺少的偏向积极方面的指标（如职业成就、志愿服务、家庭和睦等）的加入，将会稀释种族这一指标的权重，并让机器更有可能预测出与犯罪真正相关的因素。

基于专利挖掘的全面性方法研究

谢 芸*

（中国政法大学　北京 100088）

摘　要： 目前，在企业专利申请工作中，存在挖掘深度不够、定位不全面的情况。因此，本文提出一种综合分析的纵横结合法，全方位对专利技术方案进行挖掘，一方面可以提升专利挖掘的深度和广度，另一方面可以通过该综合分析法挖掘技术突破点。本文主要基于对耳机声学领域进行了实证分析，进一步验证了纵横结合法的实用性，以期对重点领域行业创新起到一定启示作用。

关键词： 专利挖掘　全面性方法　纵横结合

一、引言

科学技术是经济社会发展的原动力，创新是引领发展的核心助推力，知识产权作为国家发展战略性资源和国际竞争力核心要素的作用更加凸显。中共中央、国务院印发《知识产权强国建设纲要（2021-2035 年）》，从顶层设计提出了建设知识产权强国的各项举措。随着国家越来越重视知识产权的作用，近年来专利工作也显得越来越重要。对企业而言，专利不仅是企业技术的保护屏障，更是企业发展的核心。企业专利质量的提升，可以提高企业核心竞争力、保护企业产品市场占有份额，形成企业知识产权无形资产，进而提升企业自身价值。

---

　　* 作者简介：谢芸（1982 年-），女，汉族，山东省潍坊市人，中国政法大学同等学力在读研究生，三级律师，研究方向为知识产权法学。

因此，专利如何挖掘和布局就显得尤为重要。专利挖掘是指从专利的角度出发，基于研发项目任务或产品技术开发等，对相关研发成果进行剖析、拆分、筛选以及合理推测，进而得出各技术创新点和专利申请技术方案的活动。专利布局是指企业综合产业、市场和法律等因素，对专利进行有机结合，涵盖了企业利害相关的时间、地域、技术和产品等维度，构建严密高效的专利保护网，最终形成对企业有利的专利组合。其中专利挖掘尤为重要，但目前很多企业针对专利的相关挖掘和布局工作都是由研发部门进行，没有从专利布局的角度系统挖掘专利，由此导致申请专利缺少全面系统性保护。企业的专利申请工作中，个别企业存在挖掘深度不够，定位技术方案要点不全面的情况。通过系统的专利挖掘工作，可以精准全面识别企业的技术创新成果要点，并对其进行全面充分的保护，以实现利益最大化；同时也可以提高企业的技术竞争力，实现企业专利风险最小化。[1]

二、现有专利挖掘方法概述

目前常见的专利挖掘类型是以技术研发为基础的专利挖掘和以现有专利为基础的专利挖掘。[2]具体描述见下图：

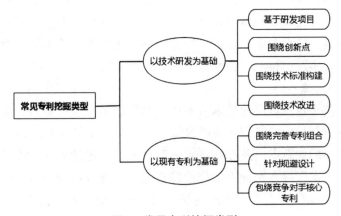

图1　常见专利挖掘类型

〔1〕 李梦瑶、刘彤、蒋贵凰："我国专利挖掘研究现状分析"，载《科技创新与应用》2015年第36期。

〔2〕 梁宏："浅谈企业如何挖掘专利和进行专利布局"，载《中国发明与专利》2015年第1期。

第一种以技术研发为基础的专利挖掘，一般需要从该技术研发项目入手，围绕创新点构建技术方案，进而改进技术方案研究，最后进行总结。该途径从项目任务出发，按分解研发项目模块、分析各组成的技术要素、找出各技术要素的创新点、根据创新点总结技术方案的次序进行。

第二种从现有专利入手的专利挖掘类型，与第一种方式不同，该途径是从项目的某一创新点出发，按查寻该创新点的关联因素、找出各关联因素其他创新点、结合其他创新点总结技术方案的次序进行。

若按照以上两种路径进行专利挖掘，则会形成若干个大相径庭的技术方案，在这些技术方案中，以技术问题为切入点，结合解决技术问题的技术方案，进而产生大量专利申请素材，在此基础上企业专利管理部门可以结合以上两种方法的钻研所得出的结论进行分析筛选，从而确定专利申请的主题。从整体上讲，上述两个专利挖掘途径的出发点不同，因此使用者可以根据不同的出发点自由选择。两者可以单独使用，也可以有取舍地联合使用。

三、纵横结合法概述

本文针对专利挖掘提出一种综合分析的方法即纵横结合法。该方法不局限于以技术研发或以现有专利为基础，而是以技术要点为基础进行专利挖掘。使用该方法，首先需要明确企业研发所需解决的技术问题，或者目前项目研发的产品特性，或企业未来要做的产品特性，我们把这几种情况简单地定义为技术要点，实践中技术要点可能有一个或者多个。

（一）横向法

主要是基于企业目前的技术方案以及其发展情况进行检索，可以参考使用图1的专利挖掘方法进行，通过检索（本文检索工具为incopat）得到企业目前技术方案的创新点以及在此技术方案基础上改进的方向，或者基于对手相似的技术方案探寻本企业方案修改的思路，以有效进行规避。通过该方法也可以获悉竞争对手或者客户的专利布局方向，分析其重点专利技术方案，进而提升企业自身的市场竞争力。

（二）纵向法

基于时间轴，围绕要展开的技术方案进行梳理，可以对该技术方案的发展历史有所了解，从而进一步预测未来技术点的更新情况。

纵横结合法是相互结合使用的，基于时间轴的纵向法进行查找分析时，比如分析前五年某一领域技术点分布情况，也会基于横向法展开分析。纵横结合法的网格化分析，会尽快找到企业技术方案的创新点和后续发展的思路，提升企业技术方案的广度和深度。

四、纵横结合法的实证应用

目前元宇宙（Metaverse）概念成为热议的话题，过去的 2021 年甚至在网络中被称为"元宇宙元年"。元宇宙由 Meta 和 Verse 两个单词组成，Meta 表示超越，Verse 代表宇宙，合起来即为"超越宇宙"之义，简单来说就是虚实结合。而由 AR、VR 等技术支持的虚拟现实的网络世界也得到了越来越多人的喜爱。许多电子通信企业纷纷进入 AR/VR 声学领域，期望在 AR/VR 领域分得一杯羹。在 AR/VR 的使用中，视觉和听觉声学的两大感受占主要地位，本文基于纵横结合法针对 AR/VR 类可穿戴声学领域的技术方案进行分析。

（一）横向法的应用

检索 AR/VR 声学领域，同时加关键词"扬声器""发声""喇叭""声学设计"等，共搜索到 283 篇相关发明、实用新型专利。同时获知 AR/VR 现有的下游主要成品厂商如下：

成品厂商	Apple、HUAWEI、Bose、Facebook、Oppo、Sumsung、LG、Sony、Google、HTC 等

针对检索到的技术方案进行分析：

表1　AR/VR 声学领域相关专利检索情况

技术方案	专利数量
扬声器相关	260
麦克风相关	6
骨传导技术	26
耳机相关	13
多发声单元	8
扬声器结构设计	66

续表

技术方案	专利数量
音频算法	45
立体声 & 空间音频	7

（二）纵向法的应用

从 AR/VR 的发展历史来看，虽然在 2021 年 AR/VR 才开始流行，但早在 1987 年索尼公司已经开始进行专利布局声学领域，其专利号为 JP2000210948，专利申请日为 1987 年 11 月 19 日，下图为对应专利附图，图中标记 24 指扬声器，可见，在 1987 年，虽然 AR/VR 尚未形成成品，但是其技术理念已初具形态。

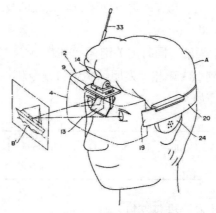

图 1　对应专利附图

同时，通过对相关专利申请年度进行系统分析，可以看出，从 2011 年开始，AR/VR 的申请专利数量呈现逐年递增趋势，在 2019 年达到最高（2021 年度可能会有未公开的专利，2021 年度专利数量仅供参考，详见表 3）。由此可见当前正处于 AR/VR 技术方案层出不穷的阶段，需要有此需求的企业根据自身技术发展进行对应的专利挖掘和布局。

表 2　AR/VR 声学领域相关专利年度汇总

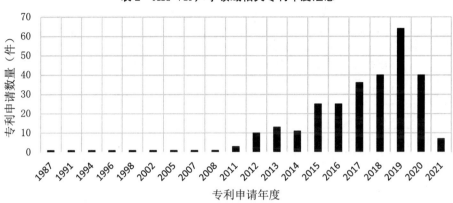

表 3　AR/VR 技术方案 vs 年度汇总

申请年度	技术方案							
	扬声器相关	麦克风相关	骨传导技术	耳机相关	多发声单元	扬声器结构设计	音频算法	立体声&空间音频
1987	1							
1991	1							
1994	1							
1996	1							
1998	1							
2002	1							
2005	1		1					
2007	1			1				
2008	1							
2011	2	1		2				
2012	9		3			1		1
2013	13		6		1	4	2	1
2014	9		1		1	2	2	
2015	22	1	4	2		1	5	

续表

申请年度	技术方案							
	扬声器相关	麦克风相关	骨传导技术	耳机相关	多发声单元	扬声器结构设计	音频算法	立体声&空间音频
2016	22		3	1	1	1	3	
2017	33		4		1	5	2	1
2018	35	1	2	1		12	5	2
2019	61	1	2	4	3	19	15	
2020	38	2		2		17	9	2
2021	7				1	4	2	

　　基于以上分析得出，在 AR/VR 技术领域，专利申请开始的几年，主要是1987 年至 2002 年，AR/VR 的设计方案已基本具备扬声器功能，随着科学技术的进一步发展，目前技术方案的发展方向主要集中在人们日益增长的对音质的需求上。其发展方向主要体现在以下两个方面：一是结构设计使其佩戴后入耳声能量大，而远耳泄露度小；二是通过 AR/VR 所具备的音频算法，尤其是近几年来的空间音频技术，可以弥补扬声器单元及结构设计上的不足。因此，一个企业如果想做好一款 AR/VR 眼镜的声学，需要在以上两点有所突破，可以两点都包括，也可以集中一点重点突破。

五、结论

　　本文通过对专利挖掘的思考分析，提出了纵横结合法，进而迅速实现全方位的专利布局。同时通过对 AR/VR 声学领域进行纵横结合法的实证分析，明确了 AR/VR 声学的发展方向。之后将进一步分析纵横结合法在其他领域的适用。

金融机构在基金销售中适当性管理的义务与责任

赵 园*

（中国政法大学　北京 100088）

摘　要：《关于规范金融机构资产管理业务指导意见》及配套细则（以下简称"资管新规"）于 2018 年正式实施，基金产品严禁承诺保本保收益，广大投资者需自行承担投资风险。资管新规下更凸显了基金销售中适当性管理的重要性。金融机构应强化适当性管理的义务和责任，做好基金产品的风险认定、投资者风险承受能力评测，使基金销售与投资者风险承受能力相匹配，才能为投资者提供更好的金融服务。

关键词：基金销售　适当性管理　金融机构义务与责任

一、引言

近期金融机构被投资者起诉的案例层出不穷，河南省某中级人民法院民事判决书，判决销售银行赔偿投资者亏损。具体案例如下：舒某在中行某分行购买理财产品，基金产品由中行某分行的理财经理推介，并代投资者在其手机上完成交易。到次年相关产品合计亏损 20 余万元，舒某要求理财经理及时赎回，但经沟通并未赎回。后期上述产品共亏损 50 余万元。

法院认为投资者与银行之间形成了理财服务的法律关系。银行在向投资者推介理财产品时，并未充分说明该产品属于风险较高的产品，也未向投资者出具书面材料供投资者查阅、知悉产品，未履行风险告知义务，投资者基

---

* 作者简介：赵园（1983 年-），女，满族，辽宁省锦州市人，中国政法大学同等学力在读研究生，研究方向为民商法学。

于不当推介而产生购买行为，且交易行为与最终的经济损失存在因果关系。此案一审法院判定金融机构未尽风险揭示义务，认定金融机构赔偿投资者损失，上诉后，二审法院判定金融机构在销售中存在过错，判决维持原判。本文认为，上述案例中金融机构销售产品中存在不当销售行为，即对投资者进行不合理推介，此种情形与适当性管理责任相违背。[1]纵观国内外金融市场发展，国外的市场环境相对成熟，对适当性管理工作比较重视，现已构建了较为全面的机制保障，呈现了较好效果。[2]

二、基金销售中做好投资者适当性管理工作的重要性

资管新规颁布后，基金产品严禁承诺保本保收益，强调投资者自担风险。自 2021 年资管新规正式施行后，各家金融机构已陆续停售了原来承诺保本保收益的产品，也将原产品预期收益率的描述变成了业绩报酬比较基准或业绩报酬计提基准，这代表着宣传中提到的收益率不再是承诺收益的概念，而是根据该产品的历史表现提供的一个管理人计提业绩报酬的参考值。

2019 年《全国法院民商事审判工作会议纪要》对金融机构在基金销售中的适当性义务和举证责任等内容进行了规定，这些规定为司法领域提供了统一的审判思路，也给后资管新规时代金融机构适当性管理行为的违规裁判提供了依据和抓手。在实践中，由于金融机构是基金产品的创设者和销售者，在产品推介中应负起相应责任，同时应把适当性管理逐步转变成投资者能够予以引用的相应规则。

三、金融机构在基金销售中适当性管理的义务和责任

（一）金融机构尽职调查义务

金融机构在基金销售中，应积极履行尽职调查义务，此时的尽职调查包括两部分内容，即不仅要做好对基金产品的风险等级评价，同时要做好对拟投资者的了解和尽职调查工作。

---

〔1〕 李妍："我国金融商品销售行为的适合性原则与说明义务研究"，西北大学 2013 年硕士学位论文。

〔2〕 高腾远："金融消费者权益保护制度研究"，河北经贸大学 2014 年硕士学位论文。

1. 做好基金风险等级评价

金融机构应做好产品等级评价，即要对自己所发行和销售的产品进行独立且充分的判断，知悉拟销售产品的风险特性，履行机构尽职审核义务，即金融机构要做到充分了解待售产品。在实践操作中，金融机构一般将金融产品的风险等级由低到高分为 R1（低风险）、R2（中低风险）、R3（中风险）、R4（中高风险）和 R5（高风险）五类。

2. 做好投资者风险测评

金融机构在基金销售中，首先要了解产品特征，还要保证充分了解拟投资客户，在实践中，了解产品和熟悉客户是适当性管理必不可少的两个环节。实践中金融机构通常通过产品风险等级打分表和投资者风险承受能力调查问卷对产品和拟投资者进行尽职调查和工作底稿保存。实践中金融机构根据投资者实际情况，将投资者按其风险承受能力等级由低至高划分为 C1（保守型）、C2（谨慎型）、C3（稳健型）、C4（积极型）和 C5（激进型）。

（二）金融机构适当性管理义务

金融机构在完成知悉待售产品和了解拟投资者后，要严格按照适当性管理要求，遵循风险匹配原则，对投资者提出适当性匹配意见，向投资者推荐适配其风险承受能力的基金产品。禁止误导投资者购买与其风险承受能力不匹配的产品，禁止向风险承受能力低于产品风险等级的投资者销售该产品。

实践中，对于产品风险等级和拟投资者风险承受能力的匹配原则为：C1投资者可购买 R1 级产品；C2 投资者可购买 R2 及以下风险等级产品；C3 投资者可购买 R3 及以下风险等级产品；C4 投资者可购买 R4 及以下风险等级产品；C5 投资者可购买所有风险等级的产品。

产品风险等级和拟投资者风险承受能力相匹配的重要意义在于金融机构根据投资者实际情况选择最合适的产品，结合客户的投资目标、风险承受能力、财务状况等尽职调查情况，进行专业判断，厘清待销售产品风险特征，为投资者选择最适合的产品，力争客户利益最大化。[1]

（三）金融机构信息披露和风险揭示的义务

鉴于《全国法院民商事审判工作会议纪要》明确规定了金融机构对其是

---

〔1〕 王超："香港衍生品市场投资者适当性制度研究"，载《金融理论探索》2016 年第 5 期；戴雅娟："关联交易利弊分析及弊端改善对策分析"，载《现代经济信息》2018 年第 21 期。

否履行了适当性管理义务承担举证责任，即金融机构如果能举证其在基金销售中已履行了适当性管理义务，做到了充分揭示产品风险并完整留痕，方可免除承担赔偿责任。此项要求也印证了金融机构销售的前提是有充分证据证明该产品与投资者风险承受能力相匹配，如此才能规避风险，减少不必要的损失。〔1〕在实践中，特别关注普通投资者以及60岁以上投资者的"双录"问题，强化录音和录像的必要性和重要性，以及对投资者后续情况的跟踪回访工作，并根据回访情况，重新做好适当性匹配或调整工作，且全程充分留痕，以最大限度保障金融机构适当性管理义务的履行。

（四）金融机构提高从业人员适当性管理水平

除了以上几点，金融机构要做好适当性管理工作，还要健全公司适当性管理制度和适当性内控机制，同时要提高从业人员适当性管理水平。一般情况下，金融机构的中后台合规风控人员对于适当性管理的合规和风险意识较强，但要建立全面的适当性管理体系，更要强化普通从业人员的适当性管理意识，特别是产品设计人员、销售人员的适当性管理重视程度，对于待销售产品的认知准确度也是金融机构能够形成科学有效的投资者适当性管理工作的关键。〔2〕

四、结论

基金销售中的适当性管理工作，是保护投资者的重要手段，也是对金融机构做好风险揭示和自我工作留痕的重要保障。因此金融机构要不断强化适当性管理的义务和责任，实时跟踪监管最新动态，学习处罚案例，强化外规内化和培训宣导工作，自上而下、全员加强和落实适当性管理工作，力争最大限度知悉待售产品、了解拟投资者、做到风险等级匹配和风险揭示充分留痕，做好全流程的适当性管理工作。

---

〔1〕 蔺捷："论欧盟投资者适当性制度"，载《法学评论》2013年第1期。
〔2〕 "投资者适当性制度是金融市场创新关键"，载《中国证券报》2012年8月15日。

我国居家办公模式的法律困境与立法设想

林 芳*

（中国政法大学　北京 100088）

摘　要：随着互联网信息技术的普及，劳动形态愈发多样化，在此种背景下，居家办公逐渐发展起来，尤其是受重大公共卫生安全事件的影响，居家办公被众多企业采用。作为一种新型劳动形式，居家办公超越了时间和空间的限制，具有自主灵活的优势，同时又超前于我国现有劳动者保障的法律法规，存在法律适用困境。本文立足于居家办公中的劳动权益保障，从其内涵入手，分析居家办公的立法缺失之处，结合我国实际提出法律适用设想。

关键词：居家办公　劳动者权益保障　工时制度　工伤认定

一、"居家办公"的发展及内涵

居家办公的兴起得益于互联网科技的发展，劳动者不仅越来越依靠信息技术完成工作，更可以脱离用人单位提供的固定办公地点，在线交流工作信息。在新型冠状病毒肺炎疫情暴发之后，居家办公已经成为我国许多互联网公司的常态化办公模式，至 2020 年农历春节期间，我国"远程办公企业超过 1800 万家，远程办公人员超过 3 亿人"。[1] 居家办公既是劳动者、用人单位、社会面对重大公共卫生事件必然采用的应对方式，又是经济发展依靠科技实现远程扩张的内在要求。

---

* 作者简介：林芳（1989 年－），女，汉族，福建省福州市人，中国政法大学同等学力在读研究生，研究方向为民商法学。

〔1〕宋娟："新冠肺炎疫情下中小微企业发展路径与趋势分析"，载《中国经贸导刊（中）》2020 年第 7 期。

居家办公是一种新型的劳动形式，以劳动关系为依托，劳动者依靠电脑、手机等能够实现远程交流和办公的智能工具，在住所完成工作任务。对比传统的坐班劳动，居家办公有以下特征：第一，与互联网信息技术的相辅性：信息技术的更新和互联网的普及是居家办公兴起的基础，在居家办公需求扩张的同时也极大促进了信息化办公的进一步发展；第二，劳动管理的松散性：居家办公脱离了用人单位在空间上的"控制"，带来了管理的不便利性，考勤与考核方式只能服从单一的线上监督；第三，劳动权益的易损性：由于居家办公使得用人单位在劳动管理上存在阻碍，有的用人单位不认可居家办公模式下劳动者可以获得同等的、完整的权益保障，例如在劳动报酬、劳动时间以及其他方面采取苛刻的方式减损劳动者的合法权益。[1]

二、居家办公模式的法律适用困境

尽管各类规范性文件中频繁出现倡导"远程办公""居家办公"的措辞，也重点强调了保护劳动者的相关权益、福利，然而随着居家办公的常态化，我国始终未出台专门针对保障居家办公劳动者权益的立法文件，或者在现有的劳动与社会保障法律体系中明确增加居家办公情形，导致居家办公模式下的劳动者面临权益无法落实或得到保障、现行法律无从适用的困境，以工时、工伤的认定最为典型。

（一）工时的计算和认定标准

居家办公区别于传统的坐班劳动，突破了劳动时间和空间的限制，但同时也模糊了工作时间和生活时间。由于劳动者没有坐班，脱离用人单位的直接管理空间，无法判断工作对其时间的"支配"。[2]居家办公中劳动者容易陷入"弹性工作"的误区，一方面劳动者可能出现无须工作的状态，另一方面又可能在居家时段里随时被要求工作——这导致了实际工作时间无法被计量。我国现行劳动法采用了标准工时制度、不定时工时制度、综合计算工时制度，居家办公模式下劳动者无法通过标准工时制度申请"加班工资"；用人单位如果从管理角度采用弹性的工时制度就能够减少对加班费用的争议，然而居家办公情形是否符合弹性工时的审批条件，现行立法尚未给出答案。

---

〔1〕 王雅鑫："居家远程办公的劳动者权益保护"，载《百科知识》2021年第18期。

〔2〕 牛骏儒："远程办公形态下工作时间认定问题的初步思考"，载《西部学刊》2020年第12期。

（二）工伤认定标准

我国目前对于"工伤"的认定，主要考虑工作原因、工作时间、工作地点三要素。居家办公模糊了工作地点和生活地点，其灵活性使得劳动者对于工作原因和工作时间的举证变得困难，从而阻碍了劳动者获得工伤认定与救济。

除了立法缺失外，用人单位也极少专门制定居家办公的公司内部章程，这也是居家办公模式下用人单位管理的松散性使然。用人单位没有成文的、针对居家办公的公司制度，将会在实际居家办公情景中使劳动者接受临时的制度安排，尤其是当有关工资、福利、考勤等制度不够透明时，容易引发用人单位与劳动者的纠纷，进而面临现行法律无法适用的困境。

三、完善居家办公法律适用的设想

（一）居家办公法律适用的基本原则

居家办公立法构建时，其特殊性要求用人单位和劳动者遵循书面协议、同等待遇和合理监管原则。[1]

由于现行立法未对居家办公的各项政策进行细化，用人单位通知劳动者采用居家办公形式提供劳动时，区别于坐班劳动，为了减少争议，有必要签订临时的、书面的居家办公协议，或者针对居家办公时间、考勤或其他事项予以明确，保留有效的书面记录。用人单位在对劳动者居家办公进行制度安排时，应当遵循同等待遇原则，不因远程劳动而提高劳动条件、降低福利待遇等。

劳动者行使合法权利的同时也需要受到合理的监管，居家办公仍需自我约束和勤勉自律，不因远离办公场所而降低劳动效率和质量。用人单位可以通过打卡考勤、在线管理、线上会议等方式实现监督管理。

（二）允许适用不同工时标准

实际工作时间的认定、加班及加班费的讨论不仅仅存在于居家办公模式中，在传统工作模式中，用人单位与劳动者对于工作时间和加班费用的争议也尚无定论。因此，对于居家办公工时计算的设想，本文倾向立足于既有制度进行灵活适用。原则上非特殊行业和特定职业的劳动者，居家办公模式下仍使用标准工时制度，用人单位采用线上监督管理的方式落实工作时长，加

---

〔1〕 田思路："远程劳动的制度发展及法律适用"，载《法学》2020年第5期。

班的申请则在制度框架下依据用人单位和劳动者的约定；而对于特定工作任务需要集中较长工作时间或者工作自由度较大的岗位，则采用综合计算工时制度或者不定时工时制度。[1]

（三）将居家办公纳入工伤救济场景

居家办公模式下对工伤的认定应灵活处理，采取有利于劳动者权益保护原则。基于传统的工伤认定"三要素"，劳动者居家办公的地点即为工作地点；工作时间以用人单位的工时制度认定为原则，辅之以线上办公的后台数据资料；工作原因需要进行举证，在举证制度的设计上，本文倾向采用举证责任倒置的规则，即由用人单位举证证明事故不满足工伤认定的工作时间和工作原因要素，如用人单位无法证明事故发生于非工作时间且无相反证据表明劳动者处在非工作时间的，可认定劳动者在事故发生时正处于工作时间。[2]这是考虑到：一方面工伤制度的设立属于救济性制度安排，对劳动者起到弥补伤害的作用，不存在劳动者因此非法获利的空间；另一方面劳动者处在弱势地位，因居家办公的特殊性而对用人单位的管理体系和管理能力提出更高要求无可厚非。当然这一制度的构想也依赖于完善的在线监督管理制度。

（四）立法倡议用人单位明确居家办公制度

现有的劳动与社会保障法律体系要求用人单位建立和完善具有内部约束效力的劳动规章制度，立足于居家办公模式的发展态势，立法应当将这一劳动形式纳入各项条款的考量中，可以要求用人单位前置性地制定居家办公劳动规章制度，包括居家办公模式的启动和终止条件、考核安排等，对于相关居家办公制度未被明示且不属于正常理性人能够接受的事项，应视为劳动者遵守了用人单位居家办公的要求。

---

[1] 徐佳："远程办公之劳动法律问题对策研究"，载《重庆广播电视大学学报》2021 年第 6 期。

[2] 邹开亮、王霞："居家办公模式下劳动法制度的适用困境与突破"，载《长春理工大学学报（社会科学版）》2021 年第 3 期。